D1666085

# Integrale Führung

Heike Kuhlmann · Sandra Horn

# Integrale Führung

Neue Perspektiven und Tools für Führung,
Management, Persönlichkeitsentwicklung

Heike Kuhlmann
Düren, Deutschland

Sandra Horn
Köln, Deutschland

ISBN 978-3-658-13465-5          ISBN 978-3-658-13466-2 (eBook)
DOI 10.1007/978-3-658-13466-2

Die Deutsche Nationalbibliothek verzeichnet diese Publikation in der Deutschen Nationalbibliografie;
detaillierte bibliografische Daten sind im Internet über http://dnb.d-nb.de abrufbar.

Springer Gabler
© Springer Fachmedien Wiesbaden 2016

Illustrations by Clara Scharping, www.scharpinc.com

Gedruckt auf säurefreiem und chlorfrei gebleichtem Papier

Springer Gabler ist Teil von Springer Nature
Die eingetragene Gesellschaft ist Springer Fachmedien Wiesbaden GmbH

# Vorwort

Vor circa zehn Jahren haben wir erstmalig von dem integralen Ansatz AQAL Ken Wilbers gehört. Wir waren spontan begeistert, wie der Ansatz komplexe Dinge ganzheitlich erfasst, strukturiert, das Wesentliche fokussiert.

Seit 2010 befassen wir uns intensiv damit, den integralen Ansatz auf den Businessbereich zu transferieren. Wir haben seither die Erkenntnisse in unsere Coaching- und Beratungspraxis eingeflochten und in unseren Ausbildungen und Seminaren vermittelt. So sind viele Fallbeispiele und praxisnahe Methoden in Verbindung mit dem Ansatz entstanden. Praxisnah deshalb, weil wir über eine langjährige Erfahrung als Trainer/Berater/Coach *und* als Manager und Führungskraft verfügen.

Die Resonanz bei Führungskräften und Kollegen war meist sehr positiv. Führungskräfte waren insbesondere überrascht von der Effektivität und Effizienz der Methoden. Viele Coaches, Trainer und Berater sind genauso begeistert wie wir, denn der integrale Ansatz bietet ein effektives „Navigationsinstrument", eine Art Landkarte, um Unternehmen und sich selbst durch den von Komplexität und Schnelligkeit geprägten Alltag erfolgreich in die Zukunft zu steuern und den Herausforderungen unserer Zeit zu begegnen. Uns ist es ein Anliegen, dieses Wissen und den Nutzen daraus mehr Menschen zugänglich zu machen. Wir wünschen Ihnen spannende Erfahrungen!

Düren                                       Heike Kuhlmann
Köln                                            Sandra Horn
im März 2016

# Inhaltsverzeichnis

| | | | |
|---|---|---|---|
| **1** | **Einleitung** | | 1 |
| | 1.1 | Herausforderungen unserer Zeit | 1 |
| | 1.2 | Herausforderungen für Unternehmen und Führungskräfte | 4 |
| | 1.3 | Der integrale Ansatz generell | 5 |
| | 1.4 | Der integrale Ansatz im Businessbereich | 6 |
| **2** | **Quadranten – Alles im Blick, wesentliche Handlungsfelder bestimmen** | | 9 |
| | 2.1 | Definition und Nutzen des Quadranten-Modells | 9 |
| | 2.2 | Blinde Flecken in der Mitarbeiter- und Unternehmensentwicklung (Fallbeispiele) | 12 |
| | | 2.2.1 Im Verkauf | 12 |
| | | 2.2.2 Unternehmerische Herausforderung | 12 |
| | | 2.2.3 Die Werbeagentur | 14 |
| | | 2.2.4 Die „kranke" Mitarbeiterin | 15 |
| | | 2.2.5 Überprüfung von Produktpositionierungen und Absatzquellen im Markt | 18 |
| | 2.3 | Praxisteil: Quadrantenperspektiven selbst anwenden | 18 |
| | | 2.3.1 Autokauf | 19 |
| | | 2.3.2 Auswahl eines Mittelfeldspielers | 19 |
| | 2.4 | Alles im Blick – ein Beispiel aus dem Sportbereich | 21 |
| **3** | **Linien – Entwicklungspotenziale spezifizieren** | | 25 |
| | 3.1 | Quadranten und Linien in Kombination – Definition und Nutzen | 25 |
| | 3.2 | Linien von Individuen – Linien je Quadrant | 26 |
| | | 3.2.1 Der hochbegabte Student – Linien OL | 28 |
| | | 3.2.2 Die Umweltbeauftragte – Linien OL | 29 |
| | | 3.2.3 Der Heiratsschwindler – Linien OL | 29 |
| | | 3.2.4 Der IT-Spezialist – Linien OR | 30 |
| | | 3.2.5 Der leitende Angestellte – Linien UL und OR | 31 |
| | | 3.2.6 Die ayurvedische Ärztin – Linien in allen Quadranten | 32 |

3.3   Linien im Führungskontext – die Quadranten-Liniendiagnose . . . . . . . . .  35
     3.3.1  Definition Führungsverantwortung . . . . . . . . . . . . . . . . . . . . . . . .  35
     3.3.2  Quadranten-Liniendiagnose: Unternehmen/Team. . . . . . . . . . . . .  38
     3.3.3  Quadranten-Liniendiagnose: Führungskraft . . . . . . . . . . . . . . . . .  41
3.4   Praxisteil: Liniendiagnose selbst anwenden . . . . . . . . . . . . . . . . . . . . . .  44
Literatur . . . . . . . . . . . . . . . . . . . . . . . . . . . . . . . . . . . . . . . . . . . . . . . . . . . .  47

**4   Ebenen – Entwicklungsstufen des Bewusstseins** . . . . . . . . . . . . . . . . . . . . .  49
4.1   Definition des Ebenen-Modells. . . . . . . . . . . . . . . . . . . . . . . . . . . . . . . .  49
4.2   Der individuelle Ebenen-Test . . . . . . . . . . . . . . . . . . . . . . . . . . . . . . . . .  51
4.3   Die individuelle Bewusstseinsentwicklung. . . . . . . . . . . . . . . . . . . . . . . .  56
4.4   Die historisch-gesellschaftliche Bewusstseinsentwicklung . . . . . . . . . . . .  60
4.5   Überblick aller Ebenen und Prinzipien der Entwicklung . . . . . . . . . . . . .  65
4.6   Bewusstseinsebenen in Organisationen . . . . . . . . . . . . . . . . . . . . . . . . .  69
     4.6.1  Beschreibung der roten Organisation. . . . . . . . . . . . . . . . . . . . . . .  69
     4.6.2  Beschreibung der blauen Organisation . . . . . . . . . . . . . . . . . . . . .  72
     4.6.3  Beschreibung der orangen Organisation . . . . . . . . . . . . . . . . . . . .  75
     4.6.4  Beschreibung der grünen Organisation . . . . . . . . . . . . . . . . . . . . .  78
     4.6.5  Beschreibung der gelben Organisation . . . . . . . . . . . . . . . . . . . . .  82
4.7   Vorstellung einer gelben Organisation – Kliniken Heiligenfeld. . . . . . . . .  84
4.8   Praxisteil: Entwicklungsebenen selbst feststellen. . . . . . . . . . . . . . . . . . .  91
     4.8.1  Der Organisations-Check. . . . . . . . . . . . . . . . . . . . . . . . . . . . . . . .  91
     4.8.2  Der Selbst-Check. . . . . . . . . . . . . . . . . . . . . . . . . . . . . . . . . . . . .  92
Literatur . . . . . . . . . . . . . . . . . . . . . . . . . . . . . . . . . . . . . . . . . . . . . . . . . . . .  94

**5   Typologien – Denk- und Handlungsmuster erkennen und ausweiten** . . . . .  95
5.1   Typologien und Metaprogramme – Definition und Nutzen . . . . . . . . . . . .  95
5.2   Metaprogramme und ihre Stärken . . . . . . . . . . . . . . . . . . . . . . . . . . . . .  96
5.3   Einsatz der Metaprogramme (Fallbeispiele). . . . . . . . . . . . . . . . . . . . . . .  99
     5.3.1  Selbstmanagement. . . . . . . . . . . . . . . . . . . . . . . . . . . . . . . . . . . .  99
     5.3.2  Optimierung der Zusammenarbeit mit dem Kollegen . . . . . . . . . .  100
     5.3.3  Analyse einer kritischen Situation sowie eine
           mögliche Konfliktlösung . . . . . . . . . . . . . . . . . . . . . . . . . . . . . . .  101
     5.3.4  Change-Management. . . . . . . . . . . . . . . . . . . . . . . . . . . . . . . . . . .  103
     5.3.5  Effektive Zusammenstellung eines Teams. . . . . . . . . . . . . . . . . . .  103
     5.3.6  Optimierung der Kundenansprache. . . . . . . . . . . . . . . . . . . . . . . .  104
     5.3.7  Interessenbalance. . . . . . . . . . . . . . . . . . . . . . . . . . . . . . . . . . . . .  105
5.4   Praxisteil: Metaprogramme analysieren und nutzen. . . . . . . . . . . . . . . . .  106
     5.4.1  Metaprogramme bei sich selbst analysieren . . . . . . . . . . . . . . . . .  106
     5.4.2  Metaprogramme in Konfliktsituationen nutzen . . . . . . . . . . . . . . .  108
5.5   Metaprogramme mit ihren möglichen Schwächen
     und nachteiligen Folgen . . . . . . . . . . . . . . . . . . . . . . . . . . . . . . . . . . . .  109
Weiterführende Literatur . . . . . . . . . . . . . . . . . . . . . . . . . . . . . . . . . . . . . . . .  112

**6    Zustände – die Tagesform steuern** .................................. 113
6.1   Zustände – Definition und Nutzen ............................ 113
6.1.1   Individuelle Zustände. ................................ 113
6.1.2   Zustände in Systemen. ............................... 115
6.2   Zustände – Selbstregulationskräfte aktivieren,
Flow-Zustände im Team initiieren ............................... 116
6.2.1   Emotional negative Zustände entmachten ................... 116
6.2.2   Einen ressourcenvollen Zustand aktivieren ................. 119
6.2.3   Bewusster Umgang mit Stress-Zuständen ................... 120
6.2.4   Auswirkungen von Stress-Zuständen ...................... 121
6.2.5   Blockaden im Team auflösen, effektive
Kommunikationszustände initiieren. ........................ 122
6.3   Praxisteil: Tagesform aktiv beeinflussen. ...................... 123
6.3.1   Zustandsmanagement bei Beziehungsstörungen
und Konflikten ........................................ 123
6.3.2   Mit Metaphern-Arbeit zum „Wunderteam". ................ 126
6.3.3   Fokussierung des Lösungserlebens – mit der
Wunderfrage. .......................................... 128
Weiterführende Literatur ........................................... 129

**7    Integral führen und Unternehmen ganzheitlich entwickeln** ............ 131
7.1   Bekannte Führungs- und Managementtheorien aus integraler Sicht ..... 131
7.1.1   Führungsstile nach Kurt Lewin ......................... 132
7.1.2   Situative Führung nach Paul Hersey und Ken Blanchard ....... 134
7.1.3   Transformationale Führung von B. Bass und B. Avolio ........ 136
7.1.4   Systemische Ansätze für die Führung .................... 138
7.2   Was bedeutet integral führen mit AQAL?. ...................... 143
7.3   Praxisteil: Ein Leitfaden für die integrale Führungspraxis ........... 146
7.3.1   Das Unternehmen/Team führen. ........................ 146
7.3.2   Mitarbeiter führen ................................... 147
7.3.3   Sich selbst führen. ................................... 153
Literatur ......................................................... 157

**8    Resilienz** ......................................................... 159
8.1   Was ist Resilienz?. .......................................... 159
8.2   Zeichen unserer Zeit ........................................ 159
8.3   Folgerungen für Unternehmen ................................ 162
8.4   Individuelle Resilienz ....................................... 163
8.4.1   Historie und Forschungsergebnisse. ...................... 163
8.4.2   Resilienzfaktoren entwickeln. .......................... 166
8.4.3   Resilienz integral betrachtet. ........................... 171
8.5   Was hat Resilienz mit Gesundheitsmanagement zu tun? .............. 173

8.6     Praxisteil: Resilienz entwickeln .............................. 176
        8.6.1   Individuelle Resilienz – mit der Rollenklärung beginnen ...... 176
        8.6.2   Ganzheitliches Gesundheitsmanagement – mögliche
                Inhalte bestimmen .................................... 178
        Literatur ...................................................... 181

**9    Integrale Persönlichkeitsentwicklung** ........................... 183
9.1     Was ist integrale Persönlichkeitsentwicklung .................... 183
9.2     Dimension Körper .......................................... 184
        9.2.1   Schlaf............................................... 186
9.3     Dimension Verstand ......................................... 187
9.4     Dimension GEIST .......................................... 187
        9.4.1   Spiritualität im Verlauf der Bewusstseinsebenen ............. 188
        9.4.2   Zustände und Ebenen in Bezug auf Spiritualität ............. 189
        9.4.3   Meditation und Achtsamkeit........................... 191
9.5     Dimension Schatten ......................................... 193
        9.5.1   Definition und Fallbeispiel ............................. 193
        9.5.2   Schatten können viele Erscheinungsformen haben ........... 195
        9.5.3   Praxisteil: Schattenarbeit ............................. 197
        Literatur ...................................................... 198

**10   Blick über den Tellerrand** .................................... 199
10.1    Integral beraten, coachen und trainieren ........................ 199
10.2    Ein integraler Blick auf Familie und Kindererziehung ............. 201
10.3    Einige geopolitische Beispiele für die unterschiedlichen Meme....... 205
10.4    Jede Reise beginnt mit einem ersten Schritt .................... 209
10.5    Praxisteil: Themen integral durchdenken........................ 209
        Literatur....................................................... 210

**Die Autoren** ...................................................... 211

**Danksagung** ...................................................... 215

# Abbildungsverzeichnis

Abb. 2.1    Quadranten-Modell: Die vier Perspektiven nach Ken Wilber.
            (Quelle: „eigene Darstellung")................................    10
Abb. 2.2    Quadranten-Modell: Aspekte der Quadranten nach Ken Wilber.
            (Quelle: „eigene Darstellung")................................    10
Abb. 2.3    Die vier Quadranten eines Individuums und die vier
            Quadrivia eines Themas. (Quelle: „eigene Darstellung")...........    11
Abb. 2.4    Quadranten-Modell: Entwicklungsfelder.
            (Quelle: „eigene Darstellung")................................    13
Abb. 2.5    Quadrantenperspektiven der Werbeagentur.
            (Quelle: „eigene Darstellung")................................    15
Abb. 2.6    Quadrantenperspektiven der „kranken" Mitarbeiterin.
            (Quelle: „eigene Darstellung")................................    16
Abb. 2.7    Quadrantenperspektiven für Produktpositionierungen.
            (Quelle: „eigene Darstellung")................................    18
Abb. 2.8    Quadranten-Modell (Leerformular).
            (Quelle: „eigene Darstellung")................................    19
Abb. 2.9    Quadranten-Modell für den Autokauf.
            (Quelle: „eigene Darstellung")................................    20
Abb. 2.10   Quadranten-Modell für die Auswahl eines Mittelfeldspielers.
            (Quelle: „eigene Darstellung")................................    20
Abb. 3.1    Handlungsfelder der Mitarbeiter- und Unternehmensführung.
            (Quelle: „eigene Darstellung")................................    26
Abb. 3.2    Entwicklungslinien und ihre Ausprägung.
            (Quelle: „eigene Darstellung")................................    27
Abb. 3.3    Liniendiagnose: der hochbegabte Student.
            (Quelle: „eigene Darstellung")................................    28
Abb. 3.4    Liniendiagnose: die Umweltbeauftragte.
            (Quelle: „eigene Darstellung")................................    29
Abb. 3.5    Liniendiagnose: der Heiratsschwindler.
            (Quelle: „eigene Darstellung")................................    30

Abb. 3.6    Liniendiagnose: der IT-Spezialist. (Quelle: „eigene Darstellung") . . . . .    31
Abb. 3.7    Liniendiagnose: der leitende Angestellte.
            (Quelle: „eigene Darstellung") . . . . . . . . . . . . . . . . . . . . . . . . . . . . . . . .    32
Abb. 3.8    Quadranten-Liniendiagnose: die ayurvedische Ärztin.
            (Quelle: „eigene Darstellung") . . . . . . . . . . . . . . . . . . . . . . . . . . . . . . . .    33
Abb. 3.9    Führungsverantwortung der Führungskraft.
            (Quelle: „eigene Darstellung") . . . . . . . . . . . . . . . . . . . . . . . . . . . . . . . .    37
Abb. 3.10   Quadranten-Liniendiagnose: Organisation.
            (Quelle: „eigene Darstellung") . . . . . . . . . . . . . . . . . . . . . . . . . . . . . . . .    39
Abb. 3.11   Quadranten-Liniendiagnose: Abfrage im Team.
            (Quelle: „eigene Darstellung") . . . . . . . . . . . . . . . . . . . . . . . . . . . . . . . .    40
Abb. 3.12   Quadranten-Liniendiagnose: sich selbst führen.
            (Quelle: „eigene Darstellung") . . . . . . . . . . . . . . . . . . . . . . . . . . . . . . . .    43
Abb. 3.13   Quadranten-Liniendiagnose (Leerformular).
            (Quelle: „eigene Darstellung") . . . . . . . . . . . . . . . . . . . . . . . . . . . . . . . .    45
Abb. 3.14   Quadranten-Liniendiagnose: die patente Oma.
            (Quelle: „eigene Darstellung") . . . . . . . . . . . . . . . . . . . . . . . . . . . . . . . .    46
Abb. 4.1    Entwicklungsebenen nach Beck und Cowan.
            (Quelle: „eigene Darstellung") . . . . . . . . . . . . . . . . . . . . . . . . . . . . . . . .    50
Abb. 4.2    Entwicklungsebenen – Existenz nebeneinander.
            (Quelle: „eigene Darstellung") . . . . . . . . . . . . . . . . . . . . . . . . . . . . . . . .    68
Abb. 4.3    Entwicklungsebenen – Wellenbewegung.
            (Quelle: „eigene Darstellung") . . . . . . . . . . . . . . . . . . . . . . . . . . . . . . . .    68
Abb. 4.4    Beispiel einer roten Organisationsstruktur.
            (Quelle: „eigene Darstellung") . . . . . . . . . . . . . . . . . . . . . . . . . . . . . . . .    71
Abb. 4.5    Beispiel einer blauen Organisationsstruktur.
            (Quelle: „eigene Darstellung") . . . . . . . . . . . . . . . . . . . . . . . . . . . . . . . .    74
Abb. 4.6    Beispiel einer orangen Organisationsstruktur.
            (Quelle: „eigene Darstellung") . . . . . . . . . . . . . . . . . . . . . . . . . . . . . . . .    77
Abb. 4.7    Beispiel einer grünen Organisationsstruktur.
            (Quelle: „eigene Darstellung") . . . . . . . . . . . . . . . . . . . . . . . . . . . . . . . .    80
Abb. 4.8    Integramm Organisation (Leerformular).
            (Quelle: „eigene Darstellung") . . . . . . . . . . . . . . . . . . . . . . . . . . . . . . . .    92
Abb. 4.9    Selbsteinschätzung mit dem Integramm.
            (Quelle: „eigene Darstellung") . . . . . . . . . . . . . . . . . . . . . . . . . . . . . . . .    93
Abb. 6.1    Zustände aus Quadrantenperspektive.
            (Quelle: „eigene Darstellung") . . . . . . . . . . . . . . . . . . . . . . . . . . . . . . . .    116
Abb. 6.2    Wechselwirkungen von Zuständen aus Quadrantenperspektive.
            (Quelle: „eigene Darstellung") . . . . . . . . . . . . . . . . . . . . . . . . . . . . . . . .    117
Abb. 6.3    Stressreaktionskurve. (Quelle: „eigene Darstellung") . . . . . . . . . . . . . .    122
Abb. 7.1    Managementtheorien aus Quadrantensicht.
            (Quelle: „eigene Darstellung") . . . . . . . . . . . . . . . . . . . . . . . . . . . . . . . .    132

Abb. 7.2  Fokus der Führungsstile nach Kurt Lewin aus der
          Quadrantenperspektive. (Quelle: „eigene Darstellung") . . . . . . . . . . .  133
Abb. 7.3  Fokus der Situativen Führung aus der Quadrantenperspektive.
          (Quelle: „eigene Darstellung") . . . . . . . . . . . . . . . . . . . . . . . . . . . . . . . .  136
Abb. 7.4  Fokus der transformationalen Führung aus der
          Quadrantenperspektive. (Quelle: „eigene Darstellung") . . . . . . . . . . . .  137
Abb. 7.5  Fokus systemische und integrale Führungsansätze aus der
          Quadrantenperspektive. (Quelle: „eigene Darstellung") . . . . . . . . . . .  141
Abb. 7.6  Motivation aus der Quadrantenperspektive.
          (Quelle: „eigene Darstellung") . . . . . . . . . . . . . . . . . . . . . . . . . . . . . . . .  148
Abb. 7.7  Motivation blauer Mitarbeiter (Leerformular).
          (Quelle: „eigene Darstellung") . . . . . . . . . . . . . . . . . . . . . . . . . . . . . . . .  149
Abb. 7.8  Motivation oranger Mitarbeiter (Leerformular).
          (Quelle: „eigene Darstellung") . . . . . . . . . . . . . . . . . . . . . . . . . . . . . . . .  149
Abb. 7.9  Motivation grüner Mitarbeiter (Leerformular).
          (Quelle: „eigene Darstellung") . . . . . . . . . . . . . . . . . . . . . . . . . . . . . . . .  150
Abb. 7.10 Motivation blauer Mitarbeiter: Auflösung.
          (Quelle: „eigene Darstellung") . . . . . . . . . . . . . . . . . . . . . . . . . . . . . . . .  150
Abb. 7.11 Motivation oranger Mitarbeiter: Auflösung.
          (Quelle: „eigene Darstellung") . . . . . . . . . . . . . . . . . . . . . . . . . . . . . . . .  151
Abb. 7.12 Motivation grüner Mitarbeiter: Auflösung.
          (Quelle: „eigene Darstellung") . . . . . . . . . . . . . . . . . . . . . . . . . . . . . . . .  151
Abb. 8.1  Stress – Zeichen unserer Zeit. (Quelle: „eigene Darstellung"). . . . . . . .  161
Abb. 8.2  Resiliente Unternehmen. (Quelle: „eigene Darstellung") . . . . . . . . . . .  163
Abb. 8.3  Individuelle Resilienz. (Quelle: „eigene Darstellung") . . . . . . . . . . . . .  166
Abb. 8.4  Das 7-Phasen-Modell der Veränderung nach
          Prof. Richard K. Streich. (Quelle: „eigene Darstellung") . . . . . . . . . . .  168
Abb. 8.5  Future-Excellence-Gesundheitsmanagement-Circle.
          (Quelle: „eigene Darstellung") . . . . . . . . . . . . . . . . . . . . . . . . . . . . . . . .  176
Abb. 8.6  Fallbeispiel aus Kapitel: Rollen der „kranken" Mitarbeiterin.
          (Quelle: „eigene Darstellung") . . . . . . . . . . . . . . . . . . . . . . . . . . . . . . . .  178
Abb. 8.7  Leerformular für Frage a). (Quelle: „eigene Darstellung") . . . . . . . . . .  179
Abb. 8.8  Auflösung des Fallbeispiels Gesundheitsmanagement – Frage a).
          (Quelle: „eigene Darstellung") . . . . . . . . . . . . . . . . . . . . . . . . . . . . . . . .  180
Abb. 8.9  Auflösung des Fallbeispiels Gesundheitsmanagement – Frage b).
          (Quelle: „eigene Darstellung") . . . . . . . . . . . . . . . . . . . . . . . . . . . . . . . .  181
Abb. 9.1  Kernmodule der individuellen Entwicklung nach Ken Wilber. . . . . . . .  183
Abb. 9.2  Wilber-Combs-Raster . . . . . . . . . . . . . . . . . . . . . . . . . . . . . . . . . . . . . . .  190
Abb. 9.3  „Mach es allen recht"-Antreiber aus Quadrantenperspektive.
          (Quelle: „eigene Darstellung") . . . . . . . . . . . . . . . . . . . . . . . . . . . . . . . .  195

# Einleitung

## 1.1   Herausforderungen unserer Zeit

Wenn wir unsere Welt heute im Vergleich zu Mitte des 20. Jahrhunderts betrachten, hat sich sehr viel im Leben der Menschen verändert. Wir möchten mit einem kurzen Vergleich dieser unterschiedlichen Welten beginnen, mit Ihnen gemeinsam aus einer Metaperspektive auf Entwicklungen in der Gesellschaft, in der Wirtschaft und im privaten Lebensumfeld schauen. Warum? Langfristvergleiche zeigen am besten auf, auf welche positiven Entwicklungen und Errungenschaften wir stolz zurückblicken können, aber auch, welche Entwicklungen mehr und mehr Unzufriedenheit hervorrufen, wo sich Defizite zeigen und was dies für Unternehmen bedeutet. Nehmen wir als Beispiel die westliche Welt.

**Mitte des 20. Jahrhunderts**
Damals wurden die Menschen in einer bestimmten Region geboren, wuchsen dort auf, wählten einen Beruf, den sie ein Leben lang ausführten, gründeten eine Familie, blieben meistens dem Partner und der Heimatregion verbunden.

Informationsquellen waren das Radio und die Tageszeitung, erst in den 1960er-Jahre kam das Fernsehen hinzu. Auch das Telefon war nur in wenigen Haushalten zu finden. Man ging höchstens ein bis zweimal in der Woche aus, um sich mit Freunden zu treffen und Dinge persönlich zu besprechen. Kommunikation und Diskussion fanden im engsten Familien- und Freundeskreis statt. Auslandsreisen waren eher selten, daher der Kontakt auf den eigenen Kulturkreis beschränkt. Auch die vielen Fremd- oder Gastarbeiter blieben unter sich.

Es wurde noch viel körperlich und hart gearbeitet, sechs Tage die Woche, denn die Technologisierung war noch nicht so weit fortgeschritten. Die Unternehmen waren meistens in Familienbesitz und der Chef bestimmte als Patriarch über das Wohl seiner Mitarbeiter. Die Abläufe, Prozesse und Strukturen in den Unternehmen waren über lange Zeit

© Springer Fachmedien Wiesbaden 2016
H. Kuhlmann und S. Horn, *Integrale Führung,*
DOI 10.1007/978-3-658-13466-2_1

unverändert, es wurden Produkte überwiegend für den heimischen Markt hergestellt. Die Mitarbeiter fühlten sich häufig dem Unternehmen ein Leben lang verbunden wie einer Familie.

Auch gesellschaftliche Veränderungen vollzogen sich nur langsam. Nach den Wirren des Krieges waren Stabilität und Ordnung für die Menschen das Wichtigste – ein friedvolles geregeltes Leben. Und nach den Entbehrungen des Krieges wollten sie, dass es ihnen und besonders ihren Kindern wirtschaftlich besser geht. Das Wirtschaftswunder begann, der Aufbruch in eine „bessere" Welt.

**Heute – ein gutes halbes Jahrhundert später**
Wirtschaftlich gesehen geht es uns heute in der westlichen Welt so gut wie keiner Generation zuvor. Seither haben sich viele wirtschaftliche „Wunder" vollzogen, viele Veränderungen haben Einzug gehalten in Wirtschaft, Gesellschaft und Politik, aber auch in unserem kleinen „System Familie". Insbesondere bahnbrechende wissenschaftliche Erkenntnisse und eine explosionsartige Entwicklung verschiedenster Technologien haben uns eine längere Lebenszeit und den meisten ein komfortables Leben ermöglicht.

Kinder werden in eine multikulturelle Gesellschaft hineingeboren, lernen früh andere Länder und Kulturen kennen durch Auslandsreisen, Schüleraustausch und Auslandsstipendien. Ein Großteil erwirkt eine höhere Schulbildung als früher und strebt Bürojobs oder akademische Berufe an. Wir haben immer mehr „Kopfarbeiter".

Viele Menschen wechseln mehrmals im Leben das Unternehmen oder sogar den Beruf. Sie nehmen einen Ortswechsel in Kauf, werden zu Pendlern oder gehen ins Ausland und nehmen dabei auch Trennungen vom Partner oder der Familie auf sich. Sie sind flexibel, häufig sehr erfolgreich, verdienen viel Geld, legen viel Wert auf ihren persönlichen Freiraum. Das Single-Dasein oder Lebensabschnittspartnerschaften nehmen deutlich zu. Man könnte auch sagen: Viele sind mit ihrer Karriere verheiratet. Familien werden häufig erst spät gegründet, Ehen werden viel öfter als früher geschieden. Alleinstehende mit Kindern oder Patchwork-Familien sind neue Familienkonstellationen.

Die Informationsquellen sind mit dem Internet rasant angestiegen. Jeder hat Zugang zu einem breiten Wissen und kann sich weltweit informieren. Die Vernetzung über *communities* ermöglicht einen Austausch mit Gleichgesinnten. Durch Smartphones ist man jederzeit „on" und erreichbar. Die Kommunikation findet immer mehr online statt. Persönliche Kontakte gehen zunehmend verloren, wir kommunizieren von Maschine zu Maschine, und Quantität steht vor Qualität.

Firmen produzieren überwiegend weltweit, haben Tochtergesellschaften in anderen Ländern und müssen sich nicht nur strategisch immer wieder neu aufstellen und global auf Veränderungen der Märkte reagieren, sondern auch interkulturelle Kompetenzen erwirken, um effektive Zusammenarbeit mit den anderen Ländergesellschaften sicherzustellen. Aber auch permanente Struktur- und Prozessoptimierungen prägen den Businessalltag genauso wie der Wechsel in den Führungsetagen. Change – Change – Change: Nichts ist so beständig wie der Wandel. Die Unzufriedenheit in Unternehmen nimmt zu, Mitarbeiter sind demotiviert oder werden sogar krank. Führungskräfte fühlen sich getaktet, durch die Komplexität und Schnelllebigkeit zum Teil überfordert. Das Privatleben leidet, die eigenen Bedürfnisse werden zurückgestellt und nicht selten wird eine innerliche Leere hinter vorgehaltener Hand zugegeben. Das Leben in Unternehmen wird zunehmend als desillusionierend wahrgenommen.

Unsere gesamte Gesellschaft legt ein rasantes Tempo vor: Kinder müssen auch außerschulisch vielseitig und frühzeitig gefördert werden – musisch, sprachlich, sportlich, kreativ und so weiter. Nach der OGS (Offene Ganztagsschule) haben Kinder nahezu täglich „Programm". Und auch die Erwachsenen eilen von Termin zu Termin: Frühmorgens gegebenenfalls die Kinder auf den Weg bringen, im Job „Höchstleistungen" erbringen, in der Mittagspause schnell einkaufen gehen, da bleibt nur noch Zeit für Fast Food und einen Coffee to go. Die Abendgestaltung variiert je nach Lebensphase: Junge Singles verabreden sich zum Chatten oder Chillen, Eltern übernehmen nach dem Job nicht selten die Rolle des Taxifahrers für ihre Kinder und landen später erschöpft vor dem Fernseher. Und dann gibt es noch die vielen Führungskräfte und die, die es werden wollen, die einen Großteil ihres Abends im Büro oder zu Hause vor dem Laptop verbringen, um nach den vielen Meetings noch „etwas abzuarbeiten". Viele Menschen fühlen sich zunehmend wie in einer Tretmühle gefangen. Der Wunsch herauszutreten, wird größer. Viele wünschen sich mehr Zeit für sich, mehr Raum für ein Miteinander, den Aufbruch in ein sinnvolleres, stressärmeres Leben.

**Der Vergleich – gestern und heute**
Der Unterschied dieser Welten ist krass, er könnte nicht krasser sein. Das Weltbild hat sich in vielen Facetten von einem Pol zum anderen verändert.

Wir haben vieles erreicht, aber all das hat auch seinen Preis. In der westlichen Welt leben wir seit mehr als einem halben Jahrhundert im Frieden, uns geht es wirtschaftlich gut, und fachlich sind wir gut ausgebildet. Die meisten Firmen haben sich strategisch gut aufgestellt, sind zum Teil enorm gewachsen und fahren seit Jahren gute Profite ein. Die Welt ist für uns alle komplexer und zugänglicher geworden.

Die Schnelllebigkeit führt dazu, dass sich viele Menschen im beruflichen wie im privaten Leben wie auf der „Überholspur" erleben. Unzufriedenheit und zunehmende (psychische) Krankheiten sind deutliche Warnsignale dafür. Unsere Gesellschaft und Unternehmen brauchen eine Wende.

Die Komplexität hat zugenommen. Die Menschen spüren, alles ist miteinander verwoben. Die gewohnte Vorgehensweise eine Situation, einen Konflikt, ein Problem zu analysieren, in Teilaspekte zu zerlegen und so die Ursache Schritt für Schritt herauszukristallisieren und zu beheben, funktioniert nicht. Menschen und auch Systeme wie die Gesellschaft oder Organisationen (Gruppen von Menschen) funktionieren nun mal nicht wie Maschinen, man kann sie nicht „in Einzelteile zerlegen, reparieren, neu programmieren und steuern". Das Ursache-Wirkungsprinzip, das linear-kausale Denken, abgeleitet aus dem mechanistischen Weltbild (seit Descartes, Newton, Galilei), greift hier nicht. Es sind viele Facetten, die zusammenspielen, die miteinander in Wechselwirkung gehen und die daher als Ganzes – als System – zusammen betrachtet werden müssen.

Das Leben jedes Einzelnen ist vielschichtig. Privat- und Berufsleben können nicht voneinander getrennt betrachtet werden. Wir müssen als Individuum lernen, uns als Ganzes in den Blick zu nehmen mit all unseren Umfeldern und Beziehungen. Auch Unternehmen müssen hier umdenken und den jeweiligen Menschen als Ganzes sehen und auch die Organisation als System „von Menschen". Denn es sind die Menschen, die den Output und damit den „Profit produzieren" und das Unternehmen zu dem machen, was es am Markt ist.

## 1.2    Herausforderungen für Unternehmen und Führungskräfte

Was heißt das konkret für Unternehmen und Führungskräfte?

- **Der Blick nach außen auf sich verändernde Märkte ist seit jeher ein Selbstverständnis:** Kundenbedürfnisse, die Erweiterung der Zielgruppen, die Ausweitung der Absatzmärkte, die Analyse der Wettbewerbssituation, der Beschaffungsmärkte, der Finanzmärkte etc. – all das wird betrachtet. Unternehmen agieren oder reagieren auf sich abzeichnende Veränderungen mit neuen Produkten, neuen Strategien, Anpassung der Strukturen und Prozesse. Und Change wird immer erforderlich sein, um die Existenz der Unternehmen zu sichern. Nur die Komplexität und Schnelligkeit haben drastisch zugenommen. In manchen Fällen ist die Informationsflut so groß, dass es schwerfällt, den Wald vor lauter Bäumen zu sehen und das Wesentliche herauszuschälen. In anderen Fällen fehlen zeitliche Ressourcen, um sich einen umfassenden Eindruck der Situation zu verschaffen. Hier werden bei Entscheidungen häufig nicht alle Perspektiven mit einbezogen.

  ▶    **Fazit:** Es wird ein „Instrumentarium" benötigt, das die Komplexität auf pragmatische Weise erfasst und das Wesentliche fokussiert.

- **Der Blick nach innen „auf die Menschen" muss unbedingt geschärft werden:** Mitarbeiter und auch Führungskräfte selbst werden zunehmend unzufriedener, die Krankheits-Ausfalltage steigen von Jahr zu Jahr. Hinzukommen der demografische Wandel und der damit verbundene zunehmende Fachkräftemangel. Dies erzeugt einen Wettbewerb der Unternehmen um gute Mitarbeiter. Arbeit ist das halbe Leben, einen Großteil des Tages verbringt jeder von uns mit seinem Job, in einem Unternehmen. Ist es nicht mehr als verständlich, dass wir das Gefühl haben wollen, einen sinnvollen Beitrag zu leisten, dass wir eine Grundzufriedenheit anstreben?
  Unternehmen und insbesondere die Führungskräfte selbst sollten reflektieren, wo die Unzufriedenheit liegt, wo es gegebenenfalls Defizite gibt, wo wir unter Umständen einen blinden Fleck haben. Wo liegen die Ressourcen, die Stärken jedes Einzelnen? Wie können wir ein sinnstiftendes Miteinander erwirken und so die Ressourcen der Teams und der Gesamtorganisation aktivieren?

▶ **Fazit:** Auch in diesem Punkt wird ein „Instrumentarium" benötigt, dass all die Fragen auf pragmatische Weise sondiert, alle Informationen sozusagen auf einen Tisch packt, sinnvoll ordnet und das Wesentliche herausfiltert.

Alles in allem ist systemisches Denken gefragt und ein integraler Ansatz, um die Komplexität zu erfassen und dennoch auf das Wesentliche zu fokussieren.

## 1.3 Der integrale Ansatz generell

Der integrale Ansatz beschreibt eine völlig neue Bewusstseinsstufe, die im Denken, Fühlen und Handeln von Millionen Menschen in der Welt in der Entstehung ist: Man könnte auch sagen, es ist eine Weiterentwicklung des systemischen Denkens, eine Art Meta-Landkarte, die unterschiedliche – teilweise konträre – Perspektiven sinnvoll einordnet.

Integral bedeutet auch „Alles findet Platz in *einem* Bild" (integrieren = zusammenfügen, vernetzen). Natürlich ist diese Definition durchaus provokativ gemeint. Sie soll jedoch verdeutlichen, dass es unter integralen Aspekten wichtig ist, eine meta-systemische Sicht auf die Dinge einzunehmen.

Man kann es auch mit einer anderen Metapher verdeutlichen: Stellen Sie sich vor, die Erde aus dem Weltraum zu betrachten, von einer Metaebene aus wahrzunehmen, wie Systeme mit Systemen zusammenhängen und sich gegenseitig beeinflussen, so können Sie die Muster und Zusammenhänge besser erkennen. Aus dieser „Satellitenperspektive" sehen Sie beispielsweise, wie weite Flächen durch Brandrodung zerstört sind, wie sich dies auf die Tierwelt, auf die Bewohner der Umgebung und deren Lebens- und Arbeitsumfeld, auf das Klima der Region und den Kontinent auswirkt. In anderen Teilen der Erde sehen Sie z. B. die Auswirkungen der Luftverschmutzung durch die Industrie und deren Auswirkungen auf Land, Menschen und Klima. Und Sie sehen, wie die Gesamtklimaveränderungen wieder zurückwirken auf alle Länder und Menschen der Erde.

Dieses Beispiel soll verdeutlichen, dass wir alle Teil eines Systems sind, beispielsweise Teil eines Teams, einer Organisation, einer Familie, einer Gesellschaft und des Universums. Systemisch meint, dass sich alle „Teile" eines Systems wechselseitig beeinflussen, da alle miteinander in Beziehung stehen, alle zusammenhängen (Wortursprung griechisch *sýstēma* = aus mehreren Teilen zusammengesetztes und gegliedertes Ganzes, zu: *synistánai* = zusammenstellen, verknüpfen).

Auf uns als Individuum bezogen bedeutet systemisch, dass alle um uns herum entstehenden Ergebnisse auch mit uns selbst zu tun haben. Wir tun etwas (z. B. begeistert oder ärgerlich sein), und es wirkt auf uns zurück. Jemand anderes tut etwas, und das hat Einfluss auf unser Handeln, das wiederum wirkt sich auf das Verhalten des anderen aus. Wenn wir uns dieser Wechselwirkungen bewusst werden, erkennen wir einerseits viel mehr die Komplexität von Systemen, andererseits wird uns bewusst, dass wir häufig viel mehr beeinflussen können als wir denken, es verschafft uns neue Handlungsspielräume. Es zeigt uns aber auch mehr Eigenverantwortung auf! Denn wenn wir selbst etwas verändern – und manchmal reicht es schon, die eigene Sichtweise zu verändern –, ändert sich automatisch etwas im ganzen System.

Auf den Unternehmenskontext bezogen bedeutet dies: Die linear-kausale Denkweise sollte einer meta-systemischen Sicht weichen. So können Sie die Ist-Situation ganzheitlicher wahrnehmen, die Wechselwirkungen und Abhängigkeiten besser verstehen sowie blinde Flecken und Potenziale schneller erkennen. Die meta-systemische Sichtweise ist also eine wichtige Basis des integralen Ansatzes. Was noch mehr dahintersteht, erkennen wir, wenn wir uns mit der Schlüsselperson der integralen Theorie befassen: Ken Wilber.

Ken Wilber (*1949) ist ein US-amerikanischer Philosoph und einer der großen, interdisziplinären Denker unserer Zeit. Seine bisher rund 20 Bücher wurden in 30 Sprachen übersetzt. Wie die meisten großen Philosophen und Forscher (etwa Albert Einstein) hatte auch Ken Wilber das Ziel, eine „Theorie von Allem" zu entwickeln. Was ihn dazu bewegt hat, wird insbesondere in dem Buch *Eine integrale Vision* (2009) sehr plakativ dargestellt durch Fragen, die er sich selbst zu Beginn gestellt hat: „Wie können wir im 21. Jahrhundert navigieren? ... Wie wäre es, wenn wir eine umfassende Landkarte von uns selbst und der Welt besäßen ... eine Landkarte, durch die wir die Wirtschaft, alle Systeme und Bereiche, „das große Weltspiel" besser verstehen?"

Ken Wilber definiert fünf Kategorien, die alle zusammen jeden Augenblick der Wirklichkeit beschreiben. Diese fünf Kategorien können als „Landkarte" genutzt werden, um alle Bereiche in ihrer Komplexität besser zu erfassen und zu „erkunden", beispielsweise Naturwissenschaften, Politik, Ökologie, die wirtschaftliche oder gesellschaftliche Lage oder das individuelle menschliche Potenzial. Die fünf Kategorien sind:

1. Quadranten *(quadrants)*,
2. Entwicklungsebenen *(levels)*,
3. Entwicklungslinien *(lines)*,
4. Zustände *(states)*,
5. Typen *(types)*.

Die englischsprachige Abkürzung dafür ist AQAL (sprich: „ah-kwal") und steht für *„all quadrants, all levels, all lines, all states, all types"*.

Die mittels dieser Beschreibung entstehende „Landkarte" ermöglicht es auch zu erkennen, welche Gebiete „schon bereist und katalogisiert" wurden und wo noch blinde Flecken bestehen. Dieses ist in jedem Themengebiet sinnvoll, um festzustellen, wo sich Wissen und Erkenntnisse doppeln und wo es sich um neue ergänzende Aspekte handelt. So hat Wilber auf vielen Wissensgebieten aufzeigen können, dass scheinbar gegensätzliche Theorien als *„true, but partial"* eingeordnet werden können oder anders ausgedrückt: Es handelt sich um sich ergänzende, wichtige Teilaspekte eines großen Ganzen.

## 1.4    Der integrale Ansatz im Businessbereich

Der integrale Ansatz bietet ein effektives Navigationsinstrument, um Unternehmen durch den von Komplexität und Schnelligkeit geprägten Alltag erfolgreich in die Zukunft zu „steuern". Traditionelle Führungskonzepte scheinen an ihre Grenzen zu kommen, klassische Beratungsansätze greifen häufig zu kurz, da sie nur Teile des Gesamtsystems „Unternehmen" betrachten und verändern, ohne die Auswirkungen auf die anderen Teilsysteme zu berücksichtigen. Dieses führt nicht nur häufig zu Widerständen und Energie- und Zeitverlust, sondern auch dazu, dass die Veränderungsprojekte versanden.

Anhand der integralen Metalandkarte und neuer Methoden lernen Sie, alle Systeme in den Blick zu nehmen, ganzheitlich Möglichkeiten und Chancen sowie auch Grenzen einer möglichen Veränderung zu sondieren.

Betonen möchten wir in diesem Zusammenhang auch, dass aus systemischer Sicht das Wort „steuern" nicht im Sinne von „im Griff haben" zu verstehen ist, denn komplexe Systeme kann man nicht im Griff haben oder kontrollieren. Gemeint ist es hingegen im Sinne von ganzheitlich sondieren, eine sinnvolle Ausrichtung geben und Impulse setzen, die zieldienlich sind, um das gewünschte Ergebnis zu erreichen.

Ein Buch kann sicherlich nie alle Fragen beantworten, die mit einem komplexen Thema wie der integralen Führung und Unternehmensentwicklung verbunden sind. Was wir Ihnen mit diesem Buch bieten möchten, ist, einen guten Überblick und viele praktische Anregungen zu erhalten. Dabei sind die vielen Modelle einerseits als pragmatische Tools zu sehen, andererseits als Einführung in eine neue Denkweise, eine andere Grundhaltung, ein anderes Bewusstsein. Oder wie Albert Einstein schon sagte: „Probleme kann man niemals mit derselben Denkweise lösen, durch die sie entstanden sind."

**Zusammenfassung**
Das Buch führt mit vielen Praxisbeispielen aus dem Businessalltag in den von Ken Wilber entwickelten integralen Ansatz „AQAL" ein – eine Art Navigations- bzw. Metalandkarte. AQAL steht für die Wahrnehmung aller Perspektiven, aller Entwicklungsebenen und -linien, Typologien und Zustände im Markt und Unternehmen.

Alles in allem ermöglichen die Tools:

- Komplexe Themen plakativ darzustellen
- Wichtige Wechselwirkungen aufzuzeigen
- Auf das Wesentliche zu fokussieren
- Blinde Flecken aufzudecken
- Effektive Lösungsstrategien zu entwickeln
- Ein breites Repertoire an Interventionen kennen zu lernen

In der Umsetzung werden die Bedürfnisse und Potenziale Einzelner sowie von Teams und der Gesamtorganisation effektiv berücksichtigt. Dadurch entstehen wieder Motivation und Engagement bei den Mitarbeitern und überraschende Flow-Zustände. All das ermöglicht es Unternehmen und Führungskräften, erfolgreich und zufriedener in die Zukunft zu gehen.

## 2.1 Definition und Nutzen des Quadranten-Modells

In diesem Kapitel lernen Sie mithilfe des Quadranten-Modells alle Aspekte in den Blick zu nehmen, ganzheitlich zu analysieren und Chancen sowie auch Grenzen einer möglichen Veränderung zu sondieren. Es ermöglicht Ihnen, Menschen sowie Zusammenhänge, in denen Menschen sich bewegen, mit allen relevanten Determinanten zu erfassen und grafisch darzustellen. Die grafische Darstellung ermöglicht einen besonders schnellen Überblick über Ressourcen und Handlungsnotwendigkeiten.

Das Quadranten-Modell mit seinen vier Perspektiven lässt sich am einfachsten nachvollziehen, wenn man im ersten Schritt einen Blick auf den Menschen generell wirft. Der Mensch hat ein subjektives, erfahrbares Innen und ein objektives, sichtbares Außen. Außerdem ist er in Zusammenhänge mit anderen Menschen, sogenannten „Systemen" eingebunden. Dazu gehören seine Familie, sein privates Umfeld sowie die beruflichen Kontexte und deren Kulturen.

Die Zusammenführung dieser Aspekte Innen – Außen und Individuum – System lässt sich in Form von vier Quadranten abbilden. Sie repräsentieren vier gleichgewichtige Perspektiven, die miteinander in Wechselwirkung stehen (s. Abb. 2.1):

- Oben links (OL): innerlich individuell
- Oben rechts (OR): äußerlich individuell
- Unten links (UL): innerlich systemisch
- Unten rechts (UR): äußerlich systemisch

© Springer Fachmedien Wiesbaden 2016
H. Kuhlmann und S. Horn, *Integrale Führung*,
DOI 10.1007/978-3-658-13466-2_2

**Abb. 2.1** Quadranten-Modell:
Die vier Perspektiven nach
Ken Wilber. (Quelle: „eigene
Darstellung")

| | INNEN | AUSSEN |
|---|---|---|
| **INDIVIDUELL** | Das Innere eines Individuums | Das Äußere eines Individuums |
| **SYSTEMISCH** | Das Innere eines Systems | Das Äußere eines Systems |

**Abb. 2.2** Quadranten-Modell:
Aspekte der Quadranten nach
Ken Wilber. (Quelle: „eigene
Darstellung")

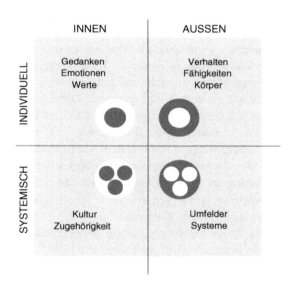

| | INNEN | AUSSEN |
|---|---|---|
| **INDIVIDUELL** | Gedanken Emotionen Werte | Verhalten Fähigkeiten Körper |
| **SYSTEMISCH** | Kultur Zugehörigkeit | Umfelder Systeme |

Im Einzelnen finden wir in den Quadranten folgende Aspekte (s. auch Abb. 2.2):

**Oberer linker Quadrant (OL):** In diesen Quadranten gehört alles, was wir als Individuum innerlich erleben und von anderen nur wahrgenommen werden kann, wenn wir es ihnen mitteilen – unsere Gedanken, Erfahrungen, Emotionen, Werte, Einstellungen und unser Wissen. All das, was unsere Identität ausmacht.

**Oberer rechter Quadrant (OR):** Hier findet sich alles von außen Beobachtbare wieder, wie unsere Verhaltensweisen, Fähigkeiten und unsere körperliche Erscheinung, also Gestik, Mimik, Statur. Auch unser Körper als solches und all das, was in Bezug auf unseren Körper messbar ist, beispielsweise der Herzschlag und die Gehirnaktivität, werden in diesem Quadranten abgebildet.

**Unterer linker Quadrant (UL):** Das „Wir" und damit die *gefühlte* Zugehörigkeit zu einer Gruppe oder einem größeren Ganzen ist seit der Entstehungsgeschichte des Menschen wichtig. Dazu zählen z. B. die Zugehörigkeit zur Familie, die Nationalität und Religion, die Unternehmens- und Vereinszugehörigkeit mit den entsprechend unterschiedlichen kulturellen Prägungen.

**Unterer rechter Quadrant (UR):** Auch das Umfeld, die gesellschaftlichen Verhältnisse, in denen wir leben (z. B. Großstadt/Land) beeinflussen uns. In diesem Zusammenhang sind die Rahmenbedingungen, Strukturen, Regeln des jeweiligen Systems wichtig. Im privaten System (z. B. Familie, Paar) regeln sie unser Zusammenleben, im beruflichen System (z. B. Unternehmen, Organisation, Verbände) ermöglichen sie, die Zusammenarbeit zielgerichtet und effektiv zu gestalten.

Die vier Quadranten stehen also für die grundlegenden Perspektiven, die ein Individuum in jedem Augenblick einnehmen kann, oder man könnte auch sagen die „Realitäten", die es wahrnehmen kann. Je mehr ein Mensch diese „Kanäle" geöffnet hat und alle Realitäten einbezieht, umso mehr Informationen wird er über die Geschehnisse erhalten. Er wird Situationen dann klarer einschätzen können und sein Handeln wird verständnisvoller und flexibler.

So wie wir aus uns heraus aus vier Perspektiven schauen können, können wir auch jedes Thema aus vier verschiedenen Blickwinkeln betrachten. Das bezeichnet man als Quadrivia (s. Abb. 2.3).

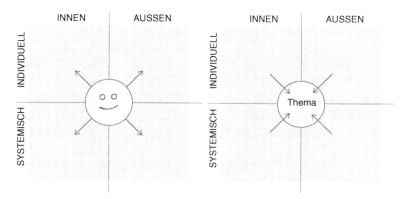

**Abb. 2.3** Die vier Quadranten eines Individuums und die vier Quadrivia eines Themas. (Quelle: „eigene Darstellung")

Die Quadranten-Analyse gibt einen Überblick darüber, in welchem Feld Defizite und blinde Flecken bestehen. Häufig greifen wir beim Lösen von Problemen zu Maßnahmen, die nicht (mehr) hilfreich sind, also ein „mehr vom selben" darstellen. Das heißt, wir nutzen häufig ähnliche Strategien und Verhaltensmuster aus denselben Quadranten, die jedoch immer zu gleichen und nicht befriedigenden Ergebnissen führen, statt nach alternativen Lösungen in den anderen Quadranten zu suchen. Doch wie sehen solche „blinde Flecken" im beruflichen und unternehmerischen Alltag aus?

## 2.2    Blinde Flecken in der Mitarbeiter- und Unternehmensentwicklung (Fallbeispiele)

Die nachfolgenden fünf Fälle beschreiben exemplarisch, wie negativ sich Defizite in einem Quadranten auf die Gesamtsituation auswirken können.

### 2.2.1    Im Verkauf

Ein Kundenberater bekommt in einem Gespräch mit seinem Vorgesetzten zum wiederholten Mal die Nachricht, dass seine Verkaufszahlen nicht ausreichend sind. Auf die Nachfrage des Vorgesetzten, was denn die Gründe dafür sein könnten, antwortet der Mitarbeiter, dass er im Verkaufsgespräch möglicherweise nicht so überzeugend wirke und mit den Einwänden des Kunden nicht adäquat umgehen könne. Beide einigen sich auf eine Schulung von Verkaufsgesprächen und eine Hospitation bei einem sehr erfolgreichen Kollegen.

Bei diesen Maßnahmen handelt es sich um Aspekte aus dem oberen rechten Quadranten (OR). Der Mitarbeiter soll sein Verhalten ändern, also wird ihm das gewünschte Verhalten gezeigt und gegebenenfalls antrainiert. Die übrigen Quadranten werden hier bei der Ursachenfindung außer Acht gelassen.

Zieldienlich wäre in diesem Fall, wenn der Vorgesetzte die anderen Quadrantenperspektiven mit einbeziehen und z. B. folgende Fragen prüfen würde:

- Gibt es hinderliche Einstellungen oder persönliche Werte, die sich mit dem gewünschten Verhalten nicht vereinbaren lassen (OL)?
- Fühlt sich der Mitarbeiter durch eine zu stark wettbewerbsorientierte Vertriebskultur (UL) zu sehr unter Druck gesetzt?
- Kann er sich mit der Vertriebs- oder Vermarktungsstrategie (UR) nicht identifizieren?

▶    **Fazit:** Um die geeignete Entwicklungsmaßnahme für den Mitarbeiter zu finden, müssen mögliche Einflussfaktoren in allen Quadranten berücksichtigt werden, damit hilfreiche und wirkungsvolle Aktionen ausgewählt werden können.

### 2.2.2    Unternehmerische Herausforderung

Der Markt, die Marktanteile und die Ertragssituation in einem Unternehmen sind rückläufig. Eine Unternehmensberatung wird beauftragt, die strategische Ausrichtung zu überprüfen sowie die Strukturen und Abläufe zu optimieren. Hierzu werden Projektteams aus verschiedenen internen und externen Experten aufgesetzt. Die Geschäftsführung folgt weitestgehend den Empfehlungen der Teams, u. a. wird die Implementierung einer neuen Markenstrategie und die Fusion mit einem ehemaligen Wettbewerber verabschiedet.

Dies ist ein normaler Prozess im Businessalltag und so manches Mal gestaltet sich die Implementierung als äußerst schwierig bzw. Maßnahmen versanden oder werden boykottiert. Der Grund dafür ist die ausschließliche oder zu starke Fokussierung auf den rechten unteren Quadranten (UR) im Rahmen der Unternehmensberatung bzw. durch das beratende Unternehmen.

Frühzeitig sollte daher geprüft werden:

- Wie wirken sich die Veränderungen auf die bestehende Kultur aus und wie können die Mitarbeiter auf der „emotionalen" Ebene abgeholt werden (UL)?
- Wie begegnet man Sorgen und Einwänden einzelner Mitarbeiter (OL)?
- Können sich die einzelnen Mitarbeiter mit ihren Fähigkeiten einbringen oder müssen bestimmte Fähigkeiten frühzeitig geschult bzw. weiterentwickelt werden (OR)?

▶   **Fazit:** Change gelingt nur, wenn man die Menschen involviert, sie überzeugt und begeistert, sie aber auch in ihren Bedürfnissen, Sorgen und Ängsten ernst nimmt. Daher sollten Change-Prozesse von Anbeginn aus allen Perspektiven betrachtet werden und mit einem Maßnahmenmix aus Coaching (OL), Training (OR) und Organisationsentwicklung (UL) begleitet werden.

Abb. 2.4 zeigt anhand des Quadranten-Modells die Entwicklungsfelder auf, die bei Veränderungsprozessen einbezogen werden sollten.

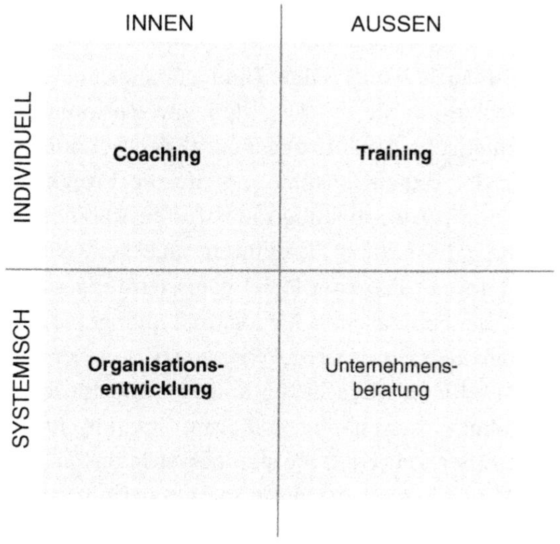

**Abb. 2.4**  Quadranten-Modell: Entwicklungsfelder. (Quelle: „eigene Darstellung")

### 2.2.3  Die Werbeagentur

Ein Kreativdirektor und ein Seniorkontakter einer mittelgroßen Werbeagentur machen sich selbstständig. Sie akquirieren in den ersten zwei Jahren vor allem kleinere Kunden, die sie individuell und mit großem Engagement betreuen. Häufig gehen sie gemeinsam zum Kunden, um den Auftrag zu klären oder die Konzeption vorzustellen. In der Umsetzung ziehen sie je nach Bedarf Freelancer hinzu. Beide verstehen sich gut, leben ihren Freiraum, den sie jetzt haben, merken jedoch, dass sie für die Zukunft auch ein bis zwei größere Unternehmen gewinnen müssen, um ihre Existenz nachhaltig auf „sichere Beine" zu stellen.

Im Folgejahr gewinnen sie tatsächlich gleich zwei große Kunden. Sie beschließen, eine Assistentin sowie einen befreundeten Grafiker und einen Texter einzustellen, die sie als kompetent und selbstständig arbeitend kennen gelernt haben. Darüber hinaus verhandeln sie mit Freelancern umfassendere Honorarverträge aus. Ihrem Konzept der Kundenbetreuung bleiben sie treu, da gerade diese „Kombi"-Betreuung die Kunden besonders angesprochen hat. Alles scheint gut eingespielt zu sein, dennoch stellen sich in den Folgemonaten viele Probleme ein: Die großen Kunden fordern viel zeitlichen Einsatz, die kleineren Kunden fühlen sich zum Teil zurückgesetzt, sie äußern Unzufriedenheit und die interne Abwicklung hakt. Jeder ist an seiner Kapazitätsgrenze und fühlt sich in seinem Freiraum beschränkt. Es wird noch mehr an Freelancer ausgelagert, jedoch mit der Folge, dass die Koordination noch schwieriger und die finanzielle Belastung schon fast zur Bedrohung wird. In dieser Krise beschließen beide Partner, eine Organisationsberatung durchzuführen.

Ein solcher Kreislauf ist sicher auch in anderen Branchen zu finden, wo sich Freiberufler den Traum der Selbstständigkeit erfüllen und nach einem geglückten Start, durch eine eigentlich erfreuliche Expansion in eine Krise geraten. Doch wie ist das geschehen?

In der Anfangsphase läuft es häufig gut, weil sich zwei Partner zusammenschließen, die bereits viele Erfahrungen und Fähigkeiten in ihrem Spezialgebiet erworben haben (OR), beide haben ähnliche individuelle Werte wie Freiraum, Individualität und Selbstverantwortlichkeit (OL). Eine gemeinsame Vision und das damit verbundene Engagement treibt sie an (UL) und ihre Zusammenarbeit ist geprägt durch Flexibilität und pragmatische Abläufe quasi „über den Schreibtisch auf Zuruf" (UR).

In der Expansionsphase, wenn die Projekte mehr und das Team größer werden, ist jedoch die Ausarbeitung eines festen Rahmens, der die Zusammenarbeit regelt, äußerst wichtig: Es braucht Strukturen, eine neue klare Rollen- und Aufgabenverteilung, klare Abläufe und Prozesse (UR). Dies wird einfacher für alle Beteiligten, wenn man zusätzlich die gemeinsame Vision und die gemeinsamen Werte als „emotionalen Treiber" wieder mehr in den Blick rückt (UL). Dabei ist auch der Anteil der Freelancer zu überdenken, denn diese haben andere „selbstbezogene" Ziele/Visionen (OL). Auch finanziell lohnt es sich häufig in diesem Stadium, über einen weiteren Partner oder Angestellte nachzudenken (UR), die sich besser in das Team integrieren lassen (UL).

Abb. 2.5 zeigt die nötige Fokussierung auf die unteren Quadranten am Beispiel der Werbeagentur auf.

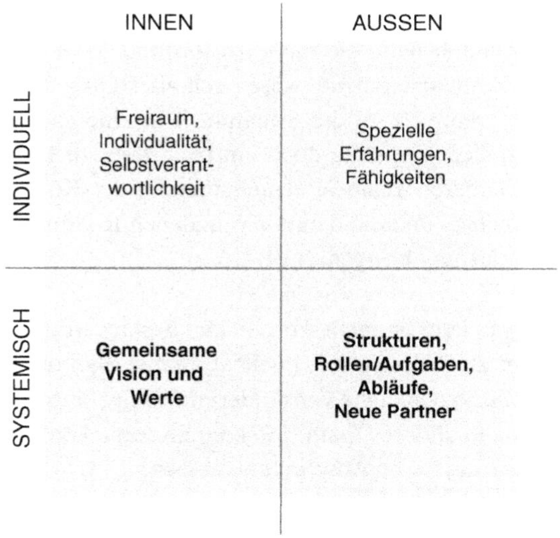

|  | INNEN | AUSSEN |
|---|---|---|
| **INDIVIDUELL** | Freiraum, Individualität, Selbstverant- wortlichkeit | Spezielle Erfahrungen, Fähigkeiten |
| **SYSTEMISCH** | **Gemeinsame Vision und Werte** | **Strukturen, Rollen/Aufgaben, Abläufe, Neue Partner** |

**Abb. 2.5**  Quadrantenperspektiven der Werbeagentur. (Quelle: „eigene Darstellung")

▶    **Fazit:** In einer solchen Konstellation bedarf es einer stärkeren Fokussierung auf die unteren Quadranten, insbesondere den rechts unten.

## 2.2.4   Die „kranke" Mitarbeiterin

Eine Mitarbeiterin hat seit einiger Zeit Probleme, sich auf ihre Arbeit zu konzentrieren, Fehler schleichen sich zunehmend ein. Ihr Vorgesetzter wundert sich: Er hat die Mitarbeiterin jahrelang als belastbare, verantwortungsbewusste Managerin erlebt, die jederzeit Top-Ergebnisse erzielte. Erst mit Beginn ihrer Teilzeittätigkeit in dem neuen Arbeitsfeld zeigen sich immer wieder Terminüberschreitungen und fehlerhafte Bearbeitungen. Der Chef sucht das Gespräch mit der Mitarbeiterin. Sie ist sichtlich beschämt und erklärt:

* „Ich kann aufgrund von Rückenproblemen des Nachts oft nicht gut schlafen. Aber ich bin bereits beim Orthopäden und Physiotherapeuten in Behandlung und sicher, dass ich alles wieder in den Griff bekomme." (OR)
* „Außerdem habe ich vor, die Betriebssportangebote (UR) wie ‚Rückenfit' und ‚Entspannung nach Jakobsen' wahrzunehmen." (OR)

Der Chef ist vorerst zufrieden und nimmt sie wieder als initiative und verantwortungsbewusste Mitarbeiterin wahr. Nach einigen Wochen sieht der Chef allerdings keine Besserung, im Gegenteil: Die Mitarbeiterin sieht sehr schlecht aus und die Kollegen beschweren sich zunehmend über die Fehler, die sie ausbügeln müssen. Die Stimmung in der Abteilung wird insgesamt schlechter.

Im Gespräch zeigt sich die Mitarbeiterin irritiert und ratlos, sie wisse auch nicht, was los sei. In ihrem früheren Job hätte sie mehr zu tun und mehr Verantwortung gehabt, aber mittels ihres guten Zeitmanagements wäre doch alles gut gelaufen. Der Chef bestätigt dieses anerkennend. Dennoch sei die Situation jetzt eine andere, davor könne man die Augen nicht verschließen. Sie solle doch ein paar Tage zu Hause bleiben und sich erholen und danach im anderen Team als Unterstützung der Kollegin Müller mitarbeiten. Dieser Abteilungswechsel und die damit verbundenen Routinetätigkeiten würden ihr sicherlich guttun und Entlastung bringen. (UR)

▶  **Fazit:** Es ist häufig zu kurz gedacht, körperliche Beschwerden nur mit körperlichen Maßnahmen zu kurieren, z. B. Rückenbeschwerden nur mit Physiothe-
   rapie und Entspannung (OR). Eine Verminderung des Verantwortungsbereichs
   und ein Wechsel in ein anderes Team (UR) können sogar kontraproduktiv sein.
   Das möchten wir im folgenden Abschnitt aufzeigen.

Abb. 2.6 zeigt den Fokus der bisherigen Maßnahmen.

Uns ist es an dieser Stelle ein Anliegen, die Betroffenen selbst, aber auch die Verantwortlichen in der Wirtschaft dafür zu sensibilisieren, frühzeitig alle Quadrantenperspektiven mit einzubeziehen. In diesem Fall bedeutet das, sich als Führungskraft bewusst zu sein, dass auch Facetten aus den beiden linken Quadranten für die Entwicklung bei der Mitarbeiterin mit ursächlich sein könnten und daher frühzeitig ein erfahrener Coach mit einbezogen werden sollte. Dies wird von den Mitarbeitern auch oft leichter angenommen als die Empfehlung, zum Therapeuten zu gehen. Zudem haben diese häufig mehrere Monate Wartezeit. Das Hinzuziehen eines systemischen Coaches ist auch deswegen

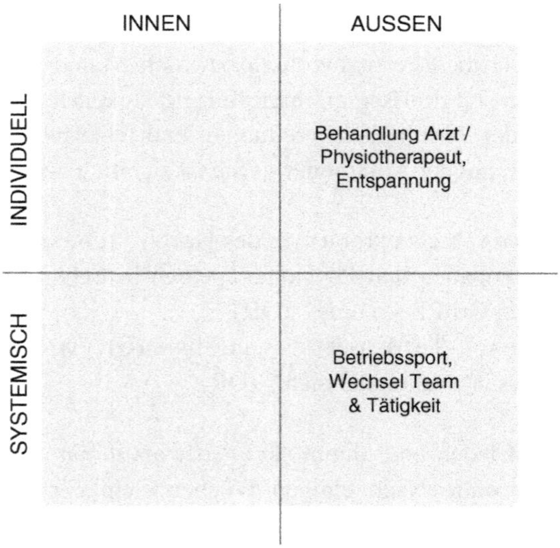

**Abb. 2.6**  Quadrantenperspektiven der „kranken" Mitarbeiterin. (Quelle: „eigene Darstellung")

sinnvoll, weil es meist nicht *einen* Auslöser gibt, sondern die Zusammenhänge häufig komplex und die Wechselwirkungen oft vielschichtig sind.

In unserem Beispiel stellte sich in der Zusammenarbeit mit dem Coach Folgendes heraus:

**Überbelastungen im privaten Bereich**

- Es gibt Schwierigkeiten in der Beziehung Mutter-Sohn. (UL)
- Die demente Schwiegermutter braucht mehr Fürsorge. (UL)
- Der Mann ist beruflich sehr eingespannt und viel im Ausland. Die Frau fühlte sich dafür verantwortlich, die Familienprobleme allein zu lösen und organisatorische Aufgaben allein zu stemmen, um ihren Mann zu entlasten. (UR + UL)

**Unterforderung im beruflichen Bereich**

- Im Vergleich zu früher übt sie eine weniger verantwortungsvolle und abwechslungsreiche Tätigkeit aus – nur Abwicklung, keine Managementfunktion. (UR)
- Das bedeutet Statusverlust (UL) und Sinn-Leere. (OL)
- Die weitere Reduzierung des Verantwortungs- und Tätigkeitsbereichs war vom Chef gut gemeint, aber leider kontraproduktiv, da es nur ein *Mehr desselben* bedeutet: eine noch monotonere Tätigkeit, ein weiterer Verlust im Ansehen der Kollegen (UL), zunehmende Scham-, Schuld- und Minderwertigkeitsgefühle. (OL)

**Zu hohe Erwartungen an sich selbst**

Unsere inneren Überzeugungen und Prägungen, die wir meist schon als Kinder von unseren Eltern übernommen haben, können bei zu starker Ausprägung zu hinderlichen „Antreibern" werden. In diesem Fall:

- „Sei stark!": Der Anspruch an sich, alles ohne Hilfe selbst schaffen zu müssen.
- „Sei perfekt!": Alles im Griff haben wollen und dafür immer noch ein „Schippchen draufzulegen".

▶ **Fazit:** Alles in allem führt dies zu einer starken Unzufriedenheit mit der Situation und mit sich selbst – häufig ohne es sich selbst wirklich einzugestehen. Das Leben ist auf vielen Ebenen „aus der Balance" geraten. Körperliche Beschwerden sind oft nur ein Symptom dafür, ein Fingerzeig, dass etwas nicht mehr im Gleichgewicht ist. Daher ist es wichtig, nicht nur das Symptom zu kurieren, sondern sich alle Facetten bewusst zu machen und zu bearbeiten. Insbesondere wenn man die generelle Zunahme der Unzufriedenheit, der Ausfall-Tage und der Burn-out-Fälle betrachtet, sollte diese ganzheitliche Betrachtung mehr Berücksichtigung finden.

## 2.2.5  Überprüfung von Produktpositionierungen und Absatzquellen im Markt

An dieser Stelle möchten wir kein Fallbeispiel zitieren, sondern generell einen Blick auf mögliche Produktpositionierungen im Markt werfen, da dies ein wesentlicher Bestandteil jeder Unternehmensentwicklung ist. Besonders kleine Unternehmen und Selbstständige haben meist wenig Know-how diesbezüglich. Das Quadranten-Modell kann auch in diesem Bereich blinde Flecken aufdecken sowie erste Ideen für eine Positionierungserweiterung oder neue Absatzquellen aufzeigen.

Auch hier macht meist die Kombination mehrerer Aspekte den Erfolg aus. Die Beispiele in der Abb. 2.7 sollen Ihnen als Anregung dienen, Produkte als Nutzenbündel zu sehen und dadurch weitere Potenziale Ihrer Angebote zu entdecken. Marketingexperten liefern Ihnen weiterführende Informationen und unterstützen Sie beim Transfer in konkrete Marketingaktivitäten.

**Abb. 2.7**  Quadrantenperspektiven für Produktpositionierungen. (Quelle: „eigene Darstellung")

## 2.3  Praxisteil: Quadrantenperspektiven selbst anwenden

Die Quadranten-Analyse ist ein einfaches Modell, deren Anwendung in verschiedenen Bereichen jedoch geübt werden will. Daher empfehlen wir Ihnen, es selbst anhand der folgenden Entscheidungsthemen auszuprobieren. Wählen Sie dazu eines der beiden Themen nach Ihrem Interesse aus und sammeln Sie für diese Aufgabenstellung alle Kriterien, die Sie zur Entscheidungsfindung zugrunde legen würden.

### 2.3.1 Autokauf

Sie wollen privat ein neues Auto anschaffen. Welche Kriterien ziehen Sie zur Entscheidungsfindung heran? Tragen Sie Ihre Kriterien in den freien Zeilen zusammen!

_____

_____

_____

_____

_____

_____

_____

### 2.3.2 Auswahl eines Mittelfeldspielers

Sie sind Trainer in der Fußball-Bundesliga eines Vereins Ihrer Wahl und möchten einen neuen Mittelfeldspieler ins Team holen. Welche Kriterien ziehen Sie zur Beurteilung heran? Erstellen Sie hier eine Liste der Kriterien!

_____

_____

_____

_____

_____

_____

_____

Ordnen Sie nun alle Ihre Kriterien den Quadranten zu und tragen Sie diese in der Abb. 2.8 in die jeweiligen Felder ein!

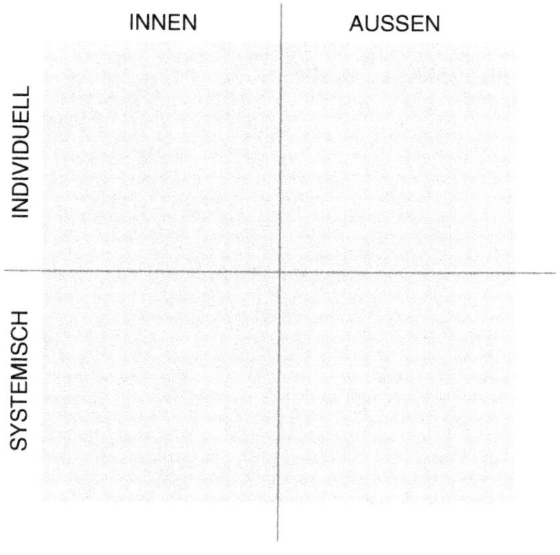

**Abb. 2.8** Quadranten-Modell (Leerformular). (Quelle: „eigene Darstellung")

INNEN   AUSSEN

INDIVIDUELL

SYSTEMISCH

**Auswertungsfragen zu den Anwendungsbeispielen:**

- Ist die Verteilung der Kriterien ziemlich gleich ausgefallen?
- In welchem Quadranten haben Sie bei der Analyse Schwerpunkte gesetzt?
- Wurde ein Quadrant wenig oder gar nicht einbezogen? Wenn ja, welcher?

**Lösungen der Anwendungsbeispiele:**

Mögliche relevante Kriterien beim Autokauf (Abb. 2.9):

Mögliche relevante Kriterien bei der Auswahl eines Mittelfeldspielers (Abb. 2.10):

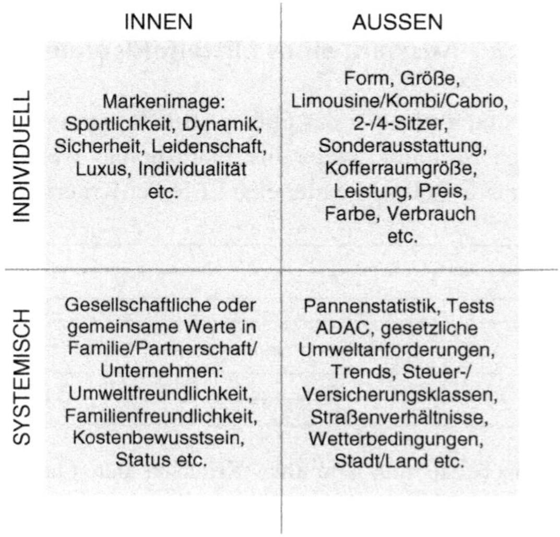

**Abb. 2.9** Quadranten-Modell für den Autokauf. (Quelle: „eigene Darstellung")

|  | INNEN | AUSSEN |
|---|---|---|
| **INDIVIDUELL** | Markenimage: Sportlichkeit, Dynamik, Sicherheit, Leidenschaft, Luxus, Individualität etc. | Form, Größe, Limousine/Kombi/Cabrio, 2-/4-Sitzer, Sonderausstattung, Kofferraumgröße, Leistung, Preis, Farbe, Verbrauch etc. |
| **SYSTEMISCH** | Gesellschaftliche oder gemeinsame Werte in Familie/Partnerschaft/Unternehmen: Umweltfreundlichkeit, Familienfreundlichkeit, Kostenbewusstsein, Status etc. | Pannenstatistik, Tests ADAC, gesetzliche Umweltanforderungen, Trends, Steuer-/Versicherungsklassen, Straßenverhältnisse, Wetterbedingungen, Stadt/Land etc. |

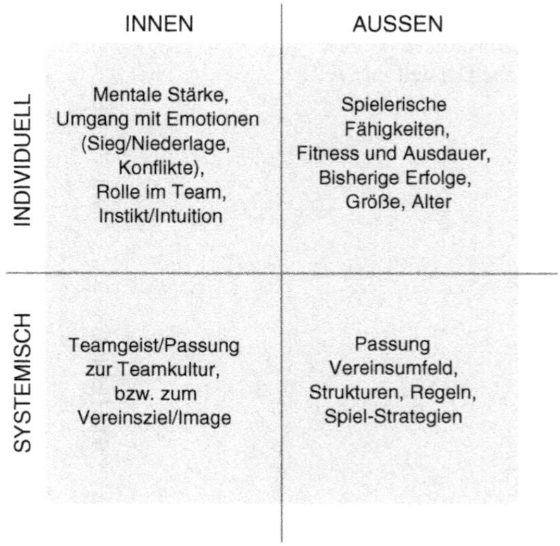

**Abb. 2.10** Quadranten-Modell für die Auswahl eines Mittelfeldspielers. (Quelle: „eigene Darstellung")

|  | INNEN | AUSSEN |
|---|---|---|
| **INDIVIDUELL** | Mentale Stärke, Umgang mit Emotionen (Sieg/Niederlage, Konflikte), Rolle im Team, Instikt/Intuition | Spielerische Fähigkeiten, Fitness und Ausdauer, Bisherige Erfolge, Größe, Alter |
| **SYSTEMISCH** | Teamgeist/Passung zur Teamkultur, bzw. zum Vereinsziel/Image | Passung Vereinsumfeld, Strukturen, Regeln, Spiel-Strategien |

**Beispielhaft die wichtigsten individuellen Facetten:**

**OR** – Wie sind die spielerischen Fähigkeiten des Spielers auf seiner Position in der bisherigen Mannschaft zu beurteilen? Wie ist die körperliche Gesundheit und Fitness in den vergangenen Monaten zu bewerten?

**OL** – Verfügt der Spieler über mentale Stärke, kann er z. B. mit Niederlagen oder persönlich sporadisch „schlechten Leistungen" umgehen? Welche Rolle kann und soll er im neuen Team übernehmen (Leader, Motivator, kreativer Spielmacher, …)?

**Beispielhaft einige wichtige Punkte, die in Bezug auf das alte und neue Umfeld (Mannschaft) und seine Kultur gecheckt werden sollten:**

**UR** – In welchem Vereinsumfeld ist der Spieler bisher gewesen: Welche Strukturen, Regeln, Spielstrategien ist er gewohnt? Sind diese eher förderlich oder hinderlich für das zukünftige Umfeld?

**UL** – Kann sich der Spieler in die neue Teamkultur einfügen (die ja auch deutlich vom Trainer geprägt wird)? Ist das Vereinsziel/Image attraktiv für den Spieler?

## 2.4 Alles im Blick – ein Beispiel aus dem Sportbereich

### Wie wir Fußball-Weltmeister wurden

Joachim Löw, sein Team und die Spieler der Nationalmannschaft haben 2014 für viele einen Traum Wirklichkeit werden lassen. Deutschland ist Fußball-Weltmeister geworden!

Alle vier Jahre versuchen wir aufs Neue dieses Ziel zu erreichen, doch wie ist es diesmal gelungen? Will man Weltmeister werden braucht man hochkarätige Spieler, die zu einem Team zusammenwachsen, die sich auf dem Platz „blind" aufeinander verlassen können. Doch wie schafft man das?

Früher wurde der Schwerpunkt auf die Trainingseinheiten, Spielzüge, Taktik und körperliche Fitness gelegt, sprich auf den Ausbau der Fähigkeiten der Einzelnen und des Teams. Eine gute medizinische Versorgung und Unterbringung, strukturierte Tagesabläufe und klare Verhaltensregeln rundeten die Vorbereitung einer Nationalmannschaft ab. Oder aus der Quadrantenperspektive betrachtet: Es wurden überwiegend nur die äußeren Quadranten berücksichtigt und sichergestellt.

Erst Jürgen Klinsmann hat zusammen mit Joachim Löw zur WM 2006 mit „alten Gewohnheiten gebrochen" und hat verschiedene Wege erstmalig eingeschlagen. So hat er bereits bei der Auswahl der Spieler darauf geachtet, dass eine junge Mannschaft neu zusammengestellt wird, die „neu geformt werden kann". Er hat nicht nur das körperliche Fitness-Training revolutioniert, sondern mit einer Schwerpunktverlagerung zu den linken Quadranten begonnen, das heißt zu dem „individuellen und systemischen Innen". Erstmalig wurden Psychologen und Coaches hinzugezogen, die für das mentale Training der einzelnen Spieler und des Teams verantwortlich waren. Sie förderten die Motivation und ermöglichten damit die Entstehung eines echten Teamgeistes.

Joachim Löw hat diesen eingeschlagenen Weg als neuer Bundestrainer in den letzten Jahren fortgesetzt und weiter ausgebaut. Dies wurde nicht nur belohnt mit dem Titel „Fußball-Weltmeister", sondern auch mit dem Titel „Welttrainer".

Verschiedene Berichterstattungen und auch der Film „Die Mannschaft" von Peter Ahrens geben spannende Einblicke, was alles in der Vorbereitung zur WM – über die „Standards" hinaus – eine Rolle gespielt und zum Erfolg beigetragen hat.

**OR**

- **Spielerische Fähigkeiten:** Einüben von Spielzügen auf der jeweiligen Position, Torstandardsituationen
- **Fitness- und Ausdauertraining**
- **Kenntnisse erlangen** über Spielweisen, -strategien und -taktiken der gegnerischen Mannschaften und einzelner Gegenspieler
- **Training in Life Kinetik®,** um schnellere Spielübersicht zu trainieren, da die Spielweise im Vergleich zu früher schneller geworden ist und Spielzüge komplexer geworden sind.

**OL**

- **Aufbau mentaler Stärke:** Glaube an die eigene Kraft und an das Ziel durch persönliche Gespräche und Coachings mit dem Trainer und Psychologen, aber auch Gespräche erfahrener Spieler mit den „Neulingen"
- **Umgang mit Emotionen/Aggressionen,** Siegen und Niederlagen, besonderen Spielsituationen
- **Rolle/Position im Team** klären und in den Dienst der Mannschaft stellen (z. B. Veränderung der Position von Philipp Lahm)
- **Instinkt** stärken und diesem folgen, Vertrauen in die eigene Intuition

**UR**

- **Zur „Mannschaft"** gehören nicht nur die Spieler und der Trainerstab, sondern ein festes Team aus Managern, Ärzten, Coaches, Physiotherapeuten, Zeugwarten, Köchen und so weiter, die alle ihren Beitrag zur Rundumversorgung leisten und dass, man es schafft, die Vision zu erreichen.
- **Umfeld:** Der Standort „Insel" in Brasilien bietet optimale Voraussetzungen für die Entwicklung eines Wir-Gefühls, die Gestaltung des Trainingslagers ermöglicht individuellen Rückzugsraum genauso wie die Bildung von vertrauten Subteams (Haus 1–4).

- **Strukturen und Flexibilität:** Balance zwischen Strukturen, Tagesabläufen und Ritualen und freien Gestaltungsmöglichkeiten (z. B. zwischendurch einem Hobby wie Golfen nachgehen)
- **Erstellung/Vermittlung von Strategien,** abgestimmt auf die jeweiligen Gegner
- **Kommunikation/Austausch** miteinander hat einen hohen Stellenwert.
- **Selbstorganisation:** Alle wichtigen Informationen werden im individuell bereitgestellten Kalender selbst organisiert festgehalten.

**UL**

- **Gemeinsame Vision:** zum ersten Mal auf südamerikanischem Kontinent Weltmeister werden
- **Gemeinsame Werte:** z. B. selbst organisierte Kleinteams (Wohngruppen Haus 1–4), damit persönliche Vorstellungen und Wünsche berücksichtigt und positiv genutzt werden
- **Teamgeist:** Einschwören vor den Spielen durch Rituale wie „Im Kreis zusammenstehen"; Motivationsrede, in dem das „Wir" in jedem Satz in den Vordergrund gestellt wird
- **Gemeinsame Emotionen bzw. Erlebnisse** werden zelebriert, ihnen wird Ausdruck gegeben, z. B. durch eine Verankerung mit Musik („Wer friert uns diesen Moment ein, besser kann es nicht sein … ein Hoch auf uns …" Andreas Bourani 2014).

**Zusammenfassung**
Sprachwendungen geben häufig schon preis, wie wir Dinge wahrnehmen, z. B. „Mein Standpunkt ist …" oder „Aus meinem Blickwinkel …". Machen Sie sich immer wieder bewusst, wie groß Ihr Blickwinkel zu einem relevanten Thema ist. Das Quadranten-Modell ermöglicht es Ihnen, diesen Ausschnitt zu erweitern, Sachverhalte besser zu erfassen und in der Kommunikation mit anderen alle Perspektiven zu einem Thema zu beleuchten.

Die Quadranten-Analyse gibt Ihnen außerdem bei Problemen schnell einen Überblick über derzeit bevorzugte Maßnahmen und Aktionen in bestimmten Quadranten. Dies zeigt gleichzeitig, welche(r) Quadrant(en) und somit welcher Bereich eines Systems vernachlässigt oder gar außer Acht gelassen wurde. Sie erhalten Transparenz über mögliche fehlende Schritte.

Und *last, but not least:* Menschen und Organisationen durchlaufen als lebende Systeme unterschiedliche Lebensphasen und müssen sich deshalb „permanent" anpassen. Auch in diesem Zusammenhang ist es sinnvoll, immer wieder anhand der Quadrantenperspektiven einen kurzen Check zu machen: Wie zufrieden bin ich/sind wir alles in allem? Ist etwas aus dem Blick geraten?

## 3.1 Quadranten und Linien in Kombination – Definition und Nutzen

Im vorangegangenen Kap. 2 haben wir Ihnen anhand vieler Fallbeispiele vorgestellt, wie häufig wir alle in unserer Sichtweise eingeschränkt sind, nur einen bestimmten Blickwinkel einnehmen, unwissentlich Dinge ausblenden. So entstehen auch in der Mitarbeiter- und Unternehmensentwicklung „blinde Flecken" mit zum Teil dramatischen Auswirkungen.

Die Quadranten-Analyse ist ein pragmatisches Tool, um auf einen Blick alle wesentlichen Aspekte der Mitarbeiter- und Unternehmensentwicklung in den Blick zu nehmen und notwendige Handlungsfelder zu bestimmen. Vereinfacht können wir sagen. Die beiden oberen Quadranten spiegeln wider, was die einzelnen Mitarbeiter zum Unternehmenserfolg einbringen können:

- **Oben links (OL): die Persönlichkeit und die Führungskraft,** die im Wesentlichen durch innere Werte, Rollenverständnis, Einstellungen und Überzeugungen, Emotionen geprägt sind
- **Oben rechts (OR): die Skills und Handlungsstrategien,** die jeder einzelne Mitarbeiter im nach außen sichtbaren Verhalten zeigt

Die beiden unteren Quadranten spiegeln das Innere und Äußere der Organisation wider:

- **Unten links (UL): die Unternehmenskultur – das gemeinsame Wir und das Miteinander,** das entsprechend für die Motivation und Effizienz aller Mitarbeiter maßgeblich ist
- **Unten Rechts (UR): das Management,** das im Außen des Unternehmens sichtbar ist, die klare strategische Ausrichtung auf Marktbedürfnisse und Kunden sowie die entsprechenden Rahmenbedingungen im Unternehmen in Form von Strukturen und Prozessen

© Springer Fachmedien Wiesbaden 2016
H. Kuhlmann und S. Horn, *Integrale Führung,*
DOI 10.1007/978-3-658-13466-2_3

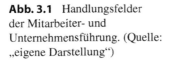

**Abb. 3.1** Handlungsfelder der Mitarbeiter- und Unternehmensführung. (Quelle: „eigene Darstellung")

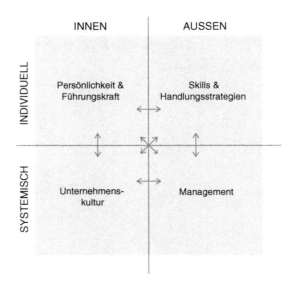

In der Abb. 3.1 haben wir die Handlungsfelder der Mitarbeiter- und Unternehmensführung visualisiert.

Alle vier Felder treten natürlich in Wechselwirkung miteinander. Daher ist es wichtig, nichts isoliert zu betrachten, sondern alle vier Felder in die Analyse mit einzubeziehen und bei geplanten Maßnahmen immer die Auswirkungen in den drei anderen Feldern zu berücksichtigen.

In diesem Kapitel geht es darum, die Entwicklungspotenziale genauer zu spezifizieren. Dazu werden pro Quadrant kontextspezifische Kriterien definiert und in Form eines Liniendiagramms die Ausprägungen des Kriteriums dargestellt. Die Erweiterung des Modells hinsichtlich der Ausprägung bestimmter Kriterien liefert differenzierte Aussagen über Stärken und Defizite von Individuen und Organisationen und zeigt so nutzbare Ressourcen sowie signifikante Handlungsschritte auf.

Eine Linie ist hierbei keine Gerade im mathematischen Sinne, sondern vielmehr eine Wellenlinie, da Entwicklung selten linear von unten nach oben geschieht, sondern als Prozess in unterschiedlichen Seitwärts- und Aufwärtsbewegungen stattfindet (s. Abb. 3.2). Der Praktikabilität halber begradigen wir jedoch die Linien und machen uns zur Differenzierung der Ausprägungen eine einfache Skala von *gering, mittelmäßig* oder *stark ausgeprägt* zunutze.

## 3.2    Linien von Individuen – Linien je Quadrant

Das Spektrum der Entwicklungslinien ist sehr breit. Entwicklungspsychologen haben aufgrund jahrelanger Forschungen circa zwei Dutzend wesentliche Entwicklungslinien dokumentiert und damit verschiedene Intelligenzen und Kompetenzen von Individuen beschrieben. In nachfolgender Übersicht haben wir ausgewählte Linien dargestellt, die das

**Abb. 3.2**  Entwicklungslinien
und ihre Ausprägung. (Quelle:
„eigene Darstellung")

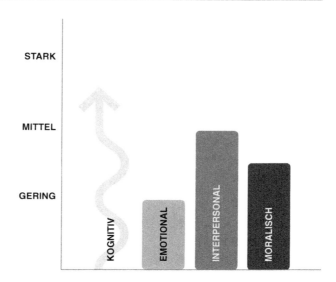

individuelle Entwicklungsprofil eines Menschen beschreiben (OL). Ken Wilber nennt dies
ein Psychogramm, weist aber explizit darauf hin, dass es in **jedem** der vier Quadranten ver-
schiedenste Linien der Entwicklung gibt, sodass man z. B. die Linien einer Gruppe oder
einer Nation ebenfalls in einem Psychogramm (UL) abbilden kann.

**Übersicht und Erläuterung ausgewählter individueller Linien**
**Die kognitive Linie** umfasst alles, was der Mensch wahrnimmt bzw. wessen er sich
gewahr ist. Das heißt die Kognition wird ausgebildet durch die Wahrnehmungsfähigkeit,
Wissen, Erfahrungen, die Auffassungsgabe und die Fähigkeit alles miteinander zu verknüpfen. Dies wird allgemein auch als Verstand oder rationale Intelligenz bezeichnet.

   **Die emotionale Linie** beschreibt, was Menschen situationsbezogen fühlen und die
Entwicklung der Fähigkeit, wie sie damit umgehen. Goleman bezeichnet dies auch
als die Intelligenz der Gefühle (EQ = Emotionale Intelligenz). Dazu gehören z. B. die
Fähigkeit sich zu motivieren, auch bei Enttäuschungen weiterzumachen, Impulse zu
unterdrücken, die eigenen Stimmungen zu regulieren (Goleman 2008, S. 54 ff.).

   **Die interpersonale Intelligenz/Linie** beschreibt nach Gardner die Fähigkeit, andere
Menschen zu verstehen: „die Stimmungen, Temperamente, Motivationen und Wünsche
anderer Menschen zu erkennen und angemessen darauf zu reagieren" (Goleman 2008, S. 60).

   **Die moralische Linie** beschreibt die Einordnung der Handlungsweise eines Individuums in Konventionen, Regeln und Prinzipien der Gruppe, der man angehört. Dabei geht
es in der Entwicklung weg von egozentrischen Motiven hin zu Gerechtigkeit und Nütz-
lichkeit für die Gesellschaft.

   In den nachfolgenden Beispielen haben wir jeweils drei bis vier Linien ausgewählt, um
Sie in die wichtigsten Aspekte einzuführen und erste Anwendungsmöglichkeiten aufzuzeigen. Später werden wir diese ersten Erkenntnisse auf den Unternehmenskontext am Beispiel „Führungskraft" übertragen und Ihnen Anregungen geben bezüglich der Auswahl der

Kriterien/Linien. Diese können je nach Kontext variiert und auf Zieldienlichkeit geprüft werden. Zunächst starten wir beispielhaft mit Entwicklungslinien aus dem oberen linken Quadranten.

### 3.2.1   Der hochbegabte Student – Linien OL

Ein hochbegabter Student, der in seinem Fachbereich bisher nur Klausuren mit Auszeichnung geschrieben hat, erhält erstmalig die Note zwei. Für ihn bricht eine Welt zusammen. Ungläubigkeit und Aggression auf den Dozenten beherrschen ihn, und er greift diesen verbal und mit Drohgebärden an. Seine Freundin, die Verständnis für seine Enttäuschung zeigt, jedoch besorgt dazwischengeht, herrscht er an, wieso sie sich auf die Seite des Dozenten stellt. Sie schaut ihn verständnislos und irritiert an, wie er ihr Verhalten so missverstehen kann.

Grafisch könnte man dies wie in Abb. 3.3 in einem Liniendiagramm darstellen: stark ausgeprägte kognitive Linie, jedoch eher geringe Ausprägungen auf der emotionalen und interpersonalen Linie.

▶   **Fazit:** Der Student sollte sich in diesen beiden Punkten entwickeln, sonst läuft er Gefahr, sich selbst in Bezug auf seinen beruflichen Erfolg im Wege zu stehen. Unabhängig davon entstehen bei so schwacher Ausprägung der emotionalen und interpersonalen Linie natürlich auch im privaten Umfeld Konflikte.

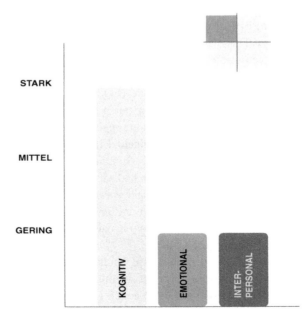

**Abb. 3.3**   Liniendiagnose: der hochbegabte Student. (Quelle: „eigene Darstellung")

### 3.2.2   Die Umweltbeauftragte – Linien OL

In einem mittelständischen Unternehmen der Nahrungsmittelindustrie wird die Stelle einer Umweltbeauftragten geschaffen. Als äußerst kompetent wird eine promovierte Biologin eingestellt, die sowohl viel Erfahrung in der wissenschaftlichen Forschung als auch dem praktizierten Umweltschutz als aktives Mitglied von Greenpeace mitbringt. Ihre hohe Kompetenz und ihre praktischen Erfahrungen kommen im Unternehmen sehr gut an und doch gibt es bald Konflikte, denen die Biologin mit wenig Diplomatie und Einfühlungsvermögen begegnet (s. Abb. 3.4).

▶ **Fazit:** Die Einseitigkeit ihrer Perspektive und die fehlende emotionale Intelligenz erzeugen Spannungen, die sich auf die Akzeptanz ihrer Ideen und Ansätze und letztlich ihrer Person auswirken. Hier liegt ihr großes Entwicklungspotenzial.

### 3.2.3   Der Heiratsschwindler – Linien OL

Wie würden Sie einen Heiratsschwindler oder Hochstapler wie „Felix Krull" beschreiben? Sicher ist er hochintelligent, denn er muss seine „Spielchen" gut planen. Sicher ist er auch ein Meister darin, seine eigenen Gefühle zu regulieren und sich auf die Stimmungen, Bedürfnisse und Wünsche seines Gegenübers einzuschwingen. Seine moralische Entwicklungslinie ist jedoch sicher sehr gering ausgeprägt: Die Verfolgung egozentrischer Interessen steht hier eindeutig im Vordergrund (s. Abb. 3.5).

**Abb. 3.4** Liniendiagnose: die Umweltbeauftragte. (Quelle: „eigene Darstellung")

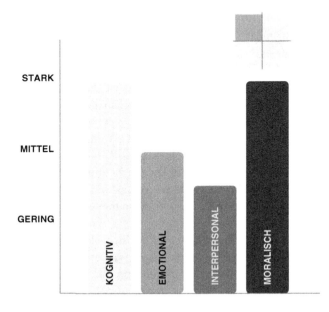

**Abb. 3.5**  Liniendiagnose: der
Heiratsschwindler. (Quelle:
„eigene Darstellung")

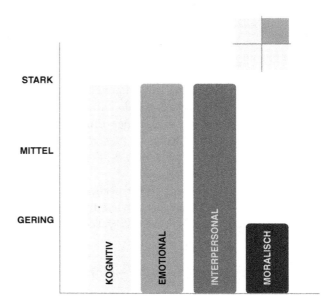

▶      **Fazit:** Auch im Wirtschaftskontext findet man bei dem einen oder anderen
       Manager ein ähnliches Profil. Daher sollten Unternehmen unseres Erachtens
       nach bei der Einstellung oder Beförderung auch die Ausprägung der morali-
       schen Entwicklungslinie mehr in den Blick nehmen.

### 3.2.4   Der IT-Spezialist – Linien OR

Im folgenden Beispiel möchten wir einige Linien des oberen rechten Quadranten
beleuchten.

Ein junger Mann gilt als „Computergenie" im Bereich Software-Entwicklung eines
Spieleanbieters. Die Fachkompetenz ist somit außerordentlich ausgeprägt. Die Kommunikationsfähigkeit mit seinen „internen und externen Kunden" verläuft jedoch immer
wieder schwierig: Sein „Fachchinesisch" und seine knappe, wirsche Art sorgen für viele
Missverständnisse und Unmut. Des Weiteren verbringt er beruflich und privat seine
ganze Zeit vor dem Computer. Dies lässt seine „Kinästhetische Entwicklung" verküm-
mern. Rückenbeschwerden, Übergewicht und eingeschränkte Beweglichkeit sind äußere
Anzeichen dafür. Diese Entwicklungslinien sind von außen eindeutig wahrnehmbar und
werden daher im rechten oberen Quadranten eingetragen (s. Abb. 3.6).

▶      **Fazit:** In diesem Fall empfiehlt sich, ein offenes Feedback-Gespräch seitens des
       Vorgesetzten zu initiieren, um gegenzusteuern. Ansonsten droht die Gefahr,
       dass der Mitarbeiter mittelfristig durch körperliche Beschwerden ausfällt oder
       Kunden aufgrund von Unzufriedenheit in der Betreuung abspringen.

**Abb. 3.6** Liniendiagnose: der
IT-Spezialist. (Quelle: „eigene
Darstellung")

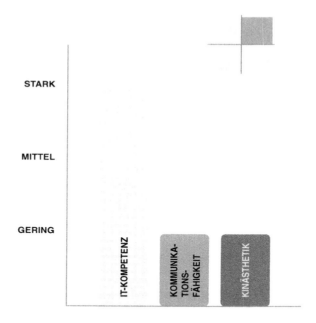

### 3.2.5   Der leitende Angestellte – Linien UL und OR

Das folgende Beispiel zeigt Entwicklungen anhand der unteren Quadranten auf (s. Abb. 3.7).

Ein leitender Angestellter eines Konzerns wechselt in ein mittelständisches Unternehmen, das hochtechnologische Produkte herstellt und sich durch seine Strategie eine exponierte Marktstellung gesichert hat. Auf den ersten Blick wird deutlich, die Prozesse sind *par excellence* optimiert, Organisationsstrukturen und Verantwortlichkeiten sind weitestgehend klar geregelt. Das kommunikative Miteinander ist geprägt von „sachdienlichem Informationsaustausch" und Kompetenzgerangel. Von einer Wir-Kultur kann man jedoch in keiner Weise sprechen. Alles funktioniert nur über „Anordnung und Druck".

▶ **Fazit:** Das ist genau das Gegenteil dessen, was der neue Mitarbeiter bisher gewohnt war und was ihm in seinem beruflichen System wichtig ist. Er muss sich die Frage stellen, ob er als leitender Angestellter dort die gewünschten Veränderungsimpulse einleiten kann, ob er sich anpassen kann oder ob damit sein „Unglücklichsein" vorprogrammiert ist und er gegebenenfalls das Unternehmen verlässt. Hier ist es das „berufliche System" und zwar speziell die Kultur, die eventuell seine eigene Entwicklung behindert.

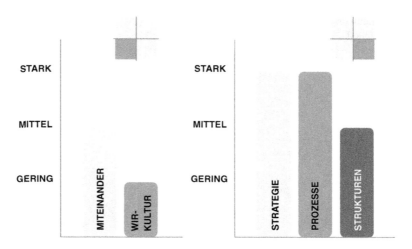

**Abb. 3.7**  Liniendiagnose: der leitende Angestellte. (Quelle: „eigene Darstellung")

### 3.2.6  Die ayurvedische Ärztin – Linien in allen Quadranten

Im folgenden Beispiel einer ayurvedischen Ärztin beleuchten wir die relevanten Entwicklungslinien in allen vier Quadranten. Im Text sind die Entwicklungslinien jeweils in
Klammern vermerkt und werden später in der Abb. 3.8 visualisiert.

Eine junge indische Ärztin hat zwei Jahre an einer großen Berliner Klinik gearbeitet. Sie hat sich spezialisiert auf ayurvedische Medizin, und es liegt ihr ganz besonders
am Herzen, Patienten ganzheitlich zu behandeln. Sie nimmt sich viel Zeit für Gespräche
und ihre zugewandte und mitfühlende Art findet bei den Patienten besonderen Anklang
(interpersonale Linie & Kommunikationsfähigkeit). Dies gepaart mit ihrem neuen stim-
migen Behandlungskonzept (konzeptionelle Fähigkeit) und ihren Behandlungserfolgen
zieht zahlreiche Empfehlungen nach sich. Auch bei den Berliner Kollegen hat sie eine
sehr gute Reputation: Sie wird gern für Vorträge und Kongresse gebucht, und ihre Exper-
tise wird auch von vielen Kollegen angefragt (medizinische Fachkompetenz).

Die junge, selbstbewusste und weltoffene Frau hat Ambitionen: Ihre Vision ist, ein ganzheitliches Gesundheitsbewusstsein in einer breiteren Gesellschaftsschicht zu propagieren.
Dazu plant sie Bücher, Vorträge und den Aufbau einer Gesundheitsklinik, in der die ayurvedische Medizin und deren Gedankengut im Mittelpunkt stehen. Sie selbst lebt sehr gesund-
heitsbewusst und möchte ein inspirierendes Vorbild sein (gesundheitsbewusstes Verhalten).
Ihr Wunsch ist es, eine Klinik in einer ländlichen Region aufzubauen – idealerweise in
einem Kurort in einer alten großen Villa eingebettet in einer Art Naturpark mit hohem Frei-
zeitwert und sportlichem Angebot.

Sie nimmt Kontakt auf zu Immobilienmaklern, macht Kurztrips in verschiedene
Regionen und findet an einem Wochenende ihr „Traumobjekt". Spontan, wie sie ist,
und voller Freude schließt sie einen Mietvertrag ab mit Erwerbsrecht nach einem
Jahr. Einen Teil ihres jetzigen Teams – drei Assistentinnen – kann sie begeistern, mit
ihr zu gehen. Auch zwei Ex-Studienkollegen kann sie für ihre Idee gewinnen (eine

Organisationsstruktur steht damit bereits auf dem Papier). Sie freut sich schon auf ein hoch motiviertes Team, von dem sie weiß, dass alle auf einer Wellenlänge liegen (Wir-Kultur). Alles scheint bestens zu laufen …

In der weiteren Umsetzungsphase stellen behördliche Auflagen, Reglementierungen und Prozedere sie jedoch vor neue Herausforderungen. Sie stößt beim Land und der Gemeinde auf Vorbehalte. Der Bürgermeister sucht förmlich nach Formalien, gegen die sie angeblich verstößt, die Kurklinik am Ort macht indirekt schlechte Propaganda, die Dorfbewohner gehen ihr aus dem Weg. Nach vielen Hindernissen und Reibereien kann sie zunächst nur eine Privatpraxis in der Villa eröffnen. Der Eröffnung einer Klinik steht noch einiges im Wege.

Nur wenige Patienten aus der weiteren Umgebung suchen sie als Ärztin auf, die Kurklinik ist nicht an einer Zusammenarbeit interessiert, nur einige wenige Kurgäste konsultieren sie.

Was ist passiert? Wo fehlt es – bei so viel Stärken?

Dieses möchten wir Ihnen in etwas anderer Form als in der Einführung dieses Kapitels darstellen. Wir tragen die Kriterien/Linien als Kreis-Liniendiagramm in das Quadranten-Modell ein. Die Skalierungen (drei Kreise) zeigen die unterschiedlichen Ausprägungen (gering-mittel-stark) auf und offenbaren damit auf einen Blick die Stärken und Defizite der ayurvedischen Ärztin.

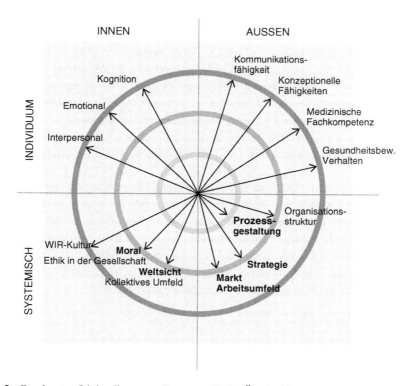

**Abb. 3.8**  Quadranten-Liniendiagnose: die ayurvedische Ärztin. (Quelle: „eigene Darstellung")

Die Entwicklungslinien in den oberen individuellen Quadranten sind, wie zuvor ausgeführt, sehr stark ausgeprägt. Die Linien in den unteren Quadranten zeigen jedoch eine „geringere" Ausprägungen. Das möchten wir nachstehend erläutern.

Hinter dem Rücken der Ärztin wird in der Gemeinde gemunkelt: „Wir sind doch kein Hindu-Wallfahrtsort … Wir setzen doch nicht unser gutes Image als Kurort aufs Spiel." Um es neutral zu formulieren: Die moralische ethische Weltsicht ist ethnozentriert und damit sehr eingegrenzt auf das eigene konservative Weltbild, das alles außer dem christlichen Glauben und der klassischen Medizin ablehnt (Linien Moral und Weltsicht).

▶    **Fazit:** Auch das Umfeld und damit verbunden das soziale Verhalten und die Moral/Ethik der Gesellschaft sind entscheidend für die eigene Entwicklung – vor allem als Unternehmensgründer, aber auch privat. In diesem Fall braucht man entweder einen starken Kooperationspartner, der in der Region großes Ansehen genießt und ein offenes Weltbild hat (z. B. die ansässige Kurklinik) oder man sollte sich ein anderes Umfeld suchen, z. B. in der Nähe einer weltoffenen Großstadt.

Es wird in diesem Fallbeispiel aber auch deutlich, dass die Ärztin, obwohl sie viele persönliche Talente hat, die eine Unternehmerin braucht, ein Defizit in der strategischen Planung aller Maßnahmen und der Umsetzung/Prozesssteuerung hat (Linien Strategie und Prozessgestaltung). Hier wäre es sinnvoll gewesen, sich durch eine Unternehmensberatung bei der Erstellung eines Businessplans unterstützen zu lassen. Dann wären im Vorfeld Fragen zum Markt und zur Strategie detailliert geklärt worden, z. B.: Wie genau definiert sich der Markt? Gibt es gesetzliche oder gesellschaftliche Rahmenbedingungen bzw. Einschränkungen? Wer genau ist meine Zielgruppe? Wie erreiche ich diese? Wie groß ist mein Einzugsgebiet? Welche Kooperations-/Vertriebspartner brauche ich? Wie sieht meine Gesamtstrategie aus, um meine Vision zu erreichen? Welche Marktchancen und -risiken gibt es? (Markt/Arbeitsumfeld).

**Fazit zu den Beispielen:** All diese Beispiele zeigen gravierende Defizite auf, die nicht nur eine positive Gesamtentwicklung verhindern, sondern sogar „einen Absturz" in irgendeiner Form provozieren können. Oder anders formuliert: Es ist wichtig, alle Linien in den Blick zu nehmen, um einerseits besondere Stärken und andererseits wichtige Handlungsfelder frühzeitig herauszufiltern. Diese Bewusstheit und Fokussierung ist nahezu ein Garant für eine zufriedenstellende und erfolgreiche Zukunft – egal ob als Privatperson, als Führungskraft oder als Organisation/Unternehmen.

### Das Wichtigste über Linien

- Jede Linie ist nahezu unabhängig von den anderen Linien. Das heißt, man kann auf einer Linie weit entwickelt sein und auf einer anderen weniger. So kann eine Person über großes Wissen und großes Abstraktionsvermögen verfügen und auf der zwischenmenschlichen Ebene wenig entwickelt sein, was das gemeinsame Arbeiten und Leben schwierig machen kann.

- Besonders Talentlinien (z. B. fachspezifische Kompetenzen, musische, mathematische, sprachliche Fähigkeiten) entwickeln sich weitestgehend unabhängig voneinander in ihren Ausprägungen.
- Die Kognition geht häufig den anderen Linien voran, liefert sozusagen das „Rohmaterial" für andere Linien. Dennoch: Die kognitive Linie sollte nicht „als das einzig wahre" – wie viele Jahrzehnte geschehen – herausgestellt werden. Dies zeigt auch das Beispiel des Studenten.
- Auch kann man Korrelationen von einigen Linien feststellen: Z. B. ist die Entwicklung emotionaler und interpersonaler Fähigkeiten häufig ähnlich in der Ausprägung genauso wie die Linien Werte, Bedürfnisse und Moral (Beispiel Umweltbeauftragte).
- Generell gilt: Keine Linie sollte vernachlässigt werden. Ken Wilber nennt dies „Linien-Absolutismus", denn die Missachtung der Diversität zahlreicher Linien behindert die Gesamtentwicklung von Menschen und Systemen (Wilber 2014, S. 91).

## 3.3 Linien im Führungskontext – die Quadranten-Liniendiagnose

### 3.3.1 Definition Führungsverantwortung

Führung bedeutet für uns zum einen die einzelnen Mitarbeiter zu führen, aber auch Führungsverantwortung für das System „Unternehmen" bzw. „Team" zu übernehmen und *last, but not least* die Verantwortung dafür, die eigene Führungspersönlichkeit zu entwickeln. Dabei kann unser Verständnis von Führen generell gut mit dem Begriff „Pacen und Leaden" aus dem Neuro-Linguistischen Programmieren (NLP) beschrieben werden. Pacen heißt, den Istzustand wahrzunehmen, das Positive wertzuschätzen, zu bewahren oder zu stärken (= mitgehen). Leaden bedeutet, Potenziale zu erkennen und eine sinnvolle Ausrichtung zu geben. Damit ist Führung auch immer auf ein Ziel oder eine Vision ausgerichtet und unterstützt mit den entsprechenden benötigten Ressourcen.

Zunächst möchten wir unser Verständnis von Führung näher erläutern. Danach zeigen wir auf, wie anhand des Quadranten-Modells und der Entwicklungslinien jeweils eine pragmatische Istanalyse erstellt werden kann, die Stärken herausfiltert und Potenziale sowie daraus resultierende Ziele erkennen lässt.

**Führungsverantwortung gegenüber dem einzelnen Mitarbeiter**

Die Führung des einzelnen Mitarbeiters sollte idealerweise individuell „auf ihn zugeschnitten sein" oder man könnte als Grundsatz festlegen: Jeder Mitarbeiter ist da abzuholen, wo er steht. Dies erfordert natürlich, sich ein möglichst umfassendes Bild von jedem Mitarbeiter zu machen und dies in Bezug zum Kontext „Arbeitsfeld und

Jobanforderungen" zu setzen. Es ist sinnvoll, eine Liniendiagnose anhand der vier Quadranten pro Mitarbeiter zu erstellen und gemeinsam mit dem Mitarbeiter im Mitarbeiter-
gespräch zu erörtern und zu komplettieren. Auf dieser Basis werden konkrete Ziele und
Vereinbarungen in Bezug auf die Umsetzung getroffen, um den Mitarbeiter entsprechend
seiner Stärken einzusetzen, Potenziale zu fördern und Defizite auszugleichen.

**Führungsverantwortung gegenüber dem Unternehmen und dem eigenen Team**

- Im Unternehmen ist es die Aufgabe der Führungskraft, einen Rahmen zu schaffen,
  der zielorientiertes, effektives und effizientes Arbeiten ermöglicht. Das bedeutet,
  externe und interne Kunden und deren Bedürfnisse in den Blick zu nehmen und auf
  dieser Basis Ziele zu definieren und eine gemeinsame Strategie zu erarbeiten. Für die
  Umsetzung der Ziele und der Strategie braucht es klare Organisationsstrukturen und
  Verantwortlichkeiten sowie optimale Prozesse und Arbeitszeit-/Arbeitsplatzbedingun-
  gen. Diese Aufgaben/Linien sind alle im unteren rechten Quadranten angesiedelt. Sie
  sind nicht nur abteilungsintern, sondern vor allem auch abteilungsübergreifend als
  „Schnittstellen-Management" wahrzunehmen. Diese Managementfunktion ist eine
  wichtige Aufgabe der Führungskraft.
- Ist der Rahmen klar gesteckt, dann ist der Boden für ein gutes Betriebsklima, eine gute
  Teamkultur bereitet, Struktur und Ordnung und Ausrichtung sind gegeben. Unabdingbar
  ist es jedoch, dass Führungskräfte Impulse setzen, die ein Gefühl der Zugehörigkeit und
  damit eine Kultur des Miteinanders und ein Wir-Gefühl erzeugen. Das kann eine gemeinsame Vision oder Mission sein, die das Unternehmen/die Organisation hat, das Einstehen für gewisse moralische Werte in der Gesellschaft oder gemeinsam gelebte Werte und
  Ziele im Team. Diese Führungsfunktion eines Teams bzw. der Beitrag zur Unternehmenskultur wird durch Entwicklungslinien im linken unteren Quadranten abgebildet.
- Sinnvoll ist auch, einmal im Jahr eine Abfrage zur Zufriedenheit, Motivation und
  Resilienz bei allen Mitarbeitern im Team (eventuell auch verdeckt) durchzuführen.
  Ergänzend werden in diesem Zusammenhang Fragen zu den oberen Quadranten for-
  muliert. Natürlich ist auch die Führungskraft gleichzeitig Mitarbeiter und kann diese
  Analyse zur Selbstreflexion nutzen.

**Verantwortung sich selbst gegenüber – Führungspersönlichkeit entwickeln**
Letztlich sollte jede Führungskraft – sozusagen als Basis – „sich selbst führen" lernen,
sich bewusst werden: Welche Fähigkeiten machen mich aus? Welche Ziele, Bedürfnisse,
Werte will ich leben? Was sind besondere Facetten meiner Persönlichkeit? Aber auch:
Wo sind meine Schattenseiten, wo sollte ich ausgleichend einwirken? Außerdem ist ein
Blick auf das private und berufliche Umfeld an dieser Stelle zieldienlich: Bin ich zufrie-
den mit den Rahmenbedingungen. Ist das Miteinander in Ordnung? Kann ich mich mit
den Werten/der Kultur der Organisation identifizieren?
  Durch diese Selbstreflexion und zunehmende Bewusstheit ist die Führungskraft mehr
und mehr in Kontakt mit sich selbst, strahlt Klarheit und Authentizität aus. Dies erzeugt

wiederum bei anderen Menschen ein Gefühl der Verlässlichkeit und damit auch eine Form der Sicherheit. Diese „Strahlkraft" von innen verleiht „Führungspersönlichkeit" und ist damit eine wichtige Basis der „Führungskraft" (s. Abb. 3.9).

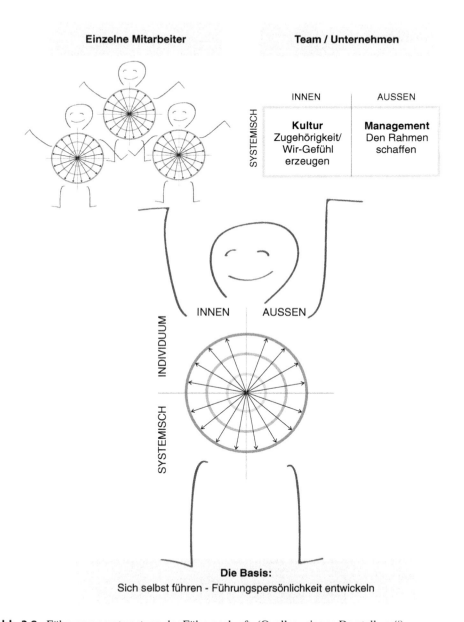

**Abb. 3.9**  Führungsverantwortung der Führungskraft. (Quelle: „eigene Darstellung")

### 3.3.2   Quadranten-Liniendiagnose: Unternehmen/Team

Beispielhaft möchten wir Ihnen an dieser Stelle Analysefragen und grafische Auswertungsschemata zur Verfügung stellen. Sie können sie als Unternehmer oder Führungskraft nutzen, um sich selbst ein ehrliches Feedback zu geben. Oder Sie verwenden die Fragen als Coach oder Berater, um sich ein erstes Bild Ihres Coachees aus der Metaperspektive zu machen.

Ein System besteht stets aus mehreren beteiligten Individuen. Deshalb lassen sich streng genommen auch nur die unteren beiden Quadranten abbilden (s. Abb. 3.10). Daher wird die Frage „Wie nimmt die Führungskraft ihre Verantwortung gegenüber dem Unternehmen/der Organisation wahr?" durch Fragen ausschließlich zu den beiden unteren Quadranten beantwortet.

Beantworten Sie zunächst die nachfolgenden Fragen zu den Quadranten UR und UL und skalieren Sie dabei wie folgt:

1 = gar nicht oder nicht zufriedenstellend
2 = zufriedenstellend
3 = gut oder sehr zufriedenstellend

Danach übertragen Sie die ermittelten Werte in die Quadranten-Liniendiagnose Abb. 3.10. Wir starten mit dem unteren rechten Quadranten: Inwieweit ist der Rahmen für effektives und effizientes Arbeiten gut abgesteckt?

**Fragen zum Quadranten UR**
- **Unternehmensziele/Strategie:** Sind die Unternehmensziele und die strategische Ausrichtung im Markt den Mitarbeitern in groben Zügen bekannt (Zielgruppen/Kundenbedürfnisse, Produktportfolio inklusive Maßnahmen) und wird die Positionierung im Markt als zukunftsweisend und existenzsichernd erlebt? 1 2 3
- **Abteilungsziele/Strategie:** Sind die Abteilungsziele auf Basis der Unternehmensziele mit dem Blick sowohl auf externe als auch auf interne Kunden definiert? 1 2 3
- **Strukturen:** Sind die Abteilungsstrukturen und Verantwortlichkeiten klar geregelt bzw. sind sie mitarbeiter – und kundenkonform? Funktioniert das „Schnittstellen-Management"? 1 2 3
- **Prozesse:** Sind die Prozesse effektiv und effizient? 1 2 3
- **Arbeitszeit/Arbeitsplatz:** Ist das Arbeitsumfeld angemessen bzw. zur Zufriedenheit der Mitarbeiter? 1 2 3

Weiter geht es mit dem unteren linken Quadranten. Inwieweit werden Impulse gesetzt, die ein Gefühl der Zugehörigkeit und damit eine Kultur des Miteinanders und ein Wir-Gefühl erzeugen?

**Fragen zum Quadranten UL**

- **Vision:** Besteht eine Vision im Unternehmen und ist diese allen präsent bzw. wird diese gelebt? 1 2 3
- **Werte:** Wurden gemeinsame Unternehmenswerte definiert und wenn ja, werden die drei Topwerte gelebt? 1 2 3
- **Kommunikation und Konflikt:** Wird die Kommunikation als transparent wahrgenommen und Konflikte konstruktiv gelöst? 1 2 3
- **Teamkultur:** Stehen das gemeinsame Ziel und gemeinsame Werte im Fokus? Werden unterschiedliche Qualitäten, Fähigkeiten, Talente im Miteinander bewusst wahrgenommen, genutzt oder sogar wertgeschätzt? 1 2 3

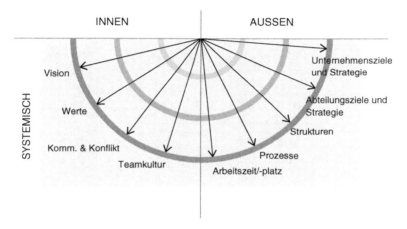

**Abb. 3.10**   Quadranten-Liniendiagnose: Organisation. (Quelle: „eigene Darstellung")

**Abfrage zur Motivation/Zufriedenheit/Resilienz im Team**

Hier geht man ganz pragmatisch vor: Für die Befragung nimmt man die oben genannten Fragen zum Unternehmen/Team, die man selbst als Führungskraft bereits beantwortet hat und ergänzt diese mit Fragen, die die Zufriedenheit, Motivation und Resilienz der einzelnen Mitarbeiter betreffen. Diese Fragen stellt man allen Mitarbeitern (eventuell verdeckt), bildet von allen Werten einen Durchschnitt und trägt diesen dann in den beiden oberen Quadranten auf den entsprechenden Linien ab (siehe Abb. 3.11).

**Fragen zum Quadranten OL**

- **Ziele:** Können die eigenen Ziele im beruflichen Bereich mittelfristig erreicht werden? 1 2 3
- **Tätigkeit/Rolle/Verantwortung:** Entspricht meine Tätigkeit/Rolle meinen Bedürfnissen und dem gewünschten Verantwortungsbereich? 1 2 3
- **Werte/Motivation:** Kann ich meine wichtigsten Werte leben bzw. bin ich motiviert, die nächsten Monate genauso weiterzuarbeiten? 1 2 3

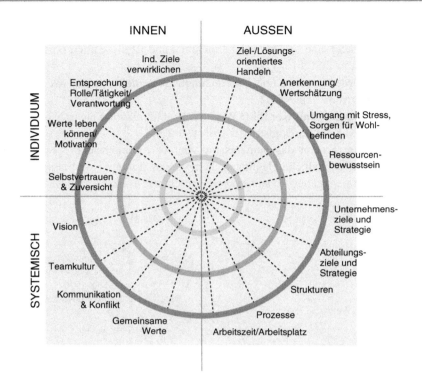

**Abb. 3.11** Quadranten-Liniendiagnose: Abfrage im Team. (Quelle: „eigene Darstellung")

- **Selbstvertrauen/Optimismus/Zuversicht:** Kann ich mit Selbstvertrauen und Zuversicht an meine Arbeit gehen? Fühle ich mich weder überfordert noch unterfordert? 1 2 3

**Fragen zum Quadranten OR**

- **Anerkennung und Wertschätzung:** Kann ich Anerkennung anderen gegenüber zeigen? 1 2 3
- **Ziel- und lösungsorientiertes Handeln**: Fällt es mir leicht, Probleme zu lösen? Kann ich den Blick auf das Wünschenswerte der Zukunft richten, statt durch Schuldzuweisungen oder Selbstmitleid die eigenen Handlungsspielräume einzuengen? 1 2 3
- **Ressourcenorientiertes Handeln:** Bin ich mir meiner vielfältigen Ressourcen (Fähigkeiten, Eigenschaften, Talente, Freuden und so weiter) bewusst und setze diese auch flexibel ein? 1 2 3
- **Umgang mit Stress/Sorgen für Wohlbefinden:** Sorge ich ausreichend für mich – für gute Ernährung, körperliche Bewegung und geistige Entspannung? Kenne ich Stress reduzierende Techniken? 1 2 3

### 3.3.3 Quadranten-Liniendiagnose: Führungskraft

Wie können Sie als Führungskraft eine Bestandsaufnahme durchführen, die Sie selbst betrifft, im Sinne von „Wer bin ich? Was ist meine ureigene (Führungs-)Persönlichkeit? Wo habe ich meine Stärken, wo gibt es noch Entwicklungspotenzial? Und wie zufrieden bin ich derzeit mit mir und meinem Umfeld?"

Beantworten Sie die folgenden Fragen für sich selbst und tragen Sie die Ergebnisse anschließend in das Diagramm ein (siehe Abb. 3.12). Bei den Fragen zu den oberen Quadranten kreuzen Sie bitte spontan an, wie sehr Sie die Ausprägung des Kriteriums bei sich erleben:

1 = gering ausgeprägt, noch einige Defizite, wenn ich ehrlich bin
2 = Ausprägung im mittleren Bereich, noch Potenzial/ausbaufähig
3 = starke Ausprägung, hier sehe ich mich bereits sehr stark

**Fragen zum Quadranten OL**

- **Kognition:** Kognition bedeutet nicht nur, sein Wissen/Erfahrung permanent zu erweitern, sondern auch „das Gewahrsein", das heißt, Dinge, Situationen, Menschen aus möglichst verschiedenen Perspektiven zu betrachten und systemische Wechselwirkungen wahrzunehmen. Wie ausgeprägt sehen Sie diese Facette derzeit bei sich? 1 2 3
- **Emotional:** Wie stark ist Ihre Selbstregulation, sprich Ihr Umgang mit Gedanken, Gefühlen, Stimmungen (Sorgen/Ängste, Wut/Ärger etc.) ausgeprägt? Wie groß ist z. B. die Motivation auch bei Enttäuschungen weiterzumachen? Glauben Sie eher an die Möglichkeit des positiven Ausgangs, sind Sie optimistisch und zuversichtlich? 1 2 3
- **Interpersonal:** Wie ausgeprägt ist Ihre Fähigkeit, Menschen zu verstehen (Empathie), die Stimmungen, Motivationen und Wünsche insbesondere der Mitarbeiter zu erkennen und angemessen darauf zu reagieren? 1 2 3
- **Verantwortungsbewusstsein:** Hierzu gehört, einerseits den Verantwortungsrahmen klar abzustecken (für den eigenen Bereich und im Rahmen des Schnittstellen-Managements) und dafür verbindlich einzustehen: Werden die eigenen Handlungsspielräume genutzt und mit Verbindlichkeit vertreten oder ist ab und zu eine Neigung zur Anpassung vorhanden?
  Andererseits gibt es Rahmenbedingungen oder Unabänderlichkeiten seitens der Unternehmensleitung: Können Sie diese akzeptieren oder neigen Sie ab und zu dazu immer wieder „gegen Windmühlen" zu kämpfen? 1 2 3
- **Selbst:** Wie weit sind Ihr „Selbst-Bewusstsein" und Ihre Selbstreflexion ausgeprägt und immer wieder im Blick? Können Sie selbstbezogene Fragen beantworten, wie z. B. Wer bin ich? Was sind die wichtigsten Werte, die ich als

Führungskraft vorleben möchte? Was sind meine Fähigkeiten? Was sind meine wichtigsten Werte und Bedürfnisse außerhalb des beruflichen Kontextes? Was sind meine Ziele? 1 2 3

### Fragen zum Quadranten OR

- **Ziel- und zukunftsorientiertes Handeln:** Werden im Rahmen der Unternehmensziele und Leitlinien abteilungsbezogene und mitarbeiterbezogene Ziele vereinbart und umgesetzt? 1 2 3
- **Lösungs- und ressourcenorientiertes Handeln:** Suchen Sie Lösungen ausschließlich aufgrund von Analysen und bisherigen Erfahrungswerten oder sind Sie auch offen für neue kreative, aus der Zukunft gedachte Lösungswege? Kennen und nutzen Sie die unterschiedlichen Fähigkeiten und Talente Ihrer Mitarbeiter bereits offensiv bei der Aufgaben- und Projektverteilung oder neigen Sie eher zum immer gleichen aufgaben- bzw. jobbezogenen Einsatz Ihrer Mitarbeiter? 1 2 3
- **Fachkompetenz:** Ist spezifisch festzulegen. 1 2 3
- **Kommunikations- und Beziehungskompetenz:** Wird überwiegend klar und offen kommuniziert? Werden gleichwürdige Beziehungen zu Kollegen gepflegt – auf Augenhöhe/respektvoll? Wird gegenüber Mitarbeitern konstruktiv Kritik geübt genauso wie Lob und Anerkennung ausgesprochen? 1 2 3
- **Kinästhetik:** Inwieweit sorgen Sie für Ihr eigenes Wohlbefinden im Sinne körperlicher Fitness, gesunder Ernährung, Entspannung? 1 2 3
- **Führungsverhalten/Stil:** Ist Ihr Führungsstil/-verhalten eher gegenüber allen Mitarbeitern gleich (z. B. nur autoritär, nur kooperativ etc.) oder variieren Sie diesen bereits je nach Mitarbeiter? 1 2 3

Bei den Fragen zu den unteren Quadranten geben Sie Ihrer Zufriedenheit Ausdruck über die folgende Bewertung:

1 = geringe Zufriedenheit
2 = mittleres Zufriedenheitsgefühl
3 = sehr zufrieden

### Fragen zum Quadranten UR

- **Berufliches Umfeld:** Wie ist Ihre Zufriedenheit in Bezug auf Job, Finanzen, berufliches Umfeld (Kollegen, Chef) ausgeprägt? 1 2 3
- **Privates Umfeld:** Wie beeinflusst die Nähe/Distanz zu Freunden und Familie Ihre Zufriedenheit? 1 2 3
- **Lebensumfeld:** Wie ist Ihre Zufriedenheit in Bezug auf das Umfeld und der Örtlichkeit, in der Sie leben, ausgeprägt? 1 2 3

**Fragen zum Quadranten UL**

- **Unternehmenskultur:** Empfinden Sie die Kultur, die gelebten gemeinsamen Werte im Unternehmen als passend? 1 2 3
- **Miteinander im privaten Umfeld:** Werden im Rahmen Ihrer Familie gleiche Werte gelebt? Wird das Miteinander in Balance erlebt? 1 2 3
- **Miteinander im Lebensumfeld:** Werden in Ihrem Lebensumfeld (Nachbarschaft, Ort) ähnliche Werte gelebt? Sind Sie mit dem Miteinander zufrieden? 1 2 3

**Auswertung**

Tragen Sie nun alle Ergebnisse in das Diagramm ein (Abb. 3.12):

**Was ist Ihr Fazit?**

- Wo sind Ihre Stärken?
- Wo sehen Sie kurzfristig wesentliche Handlungsfelder, um Potenziale auszuschöpfen, Defizite auszugleichen? Was wollen Sie mittelfristig für sich erreichen?

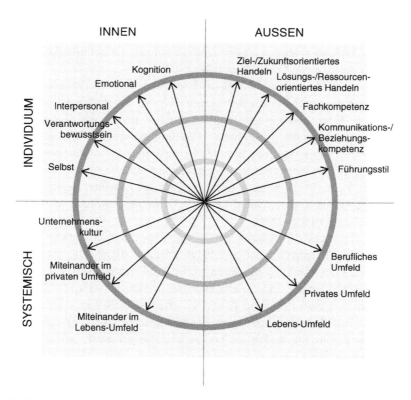

**Abb. 3.12**   Quadranten-Liniendiagnose: sich selbst führen. (Quelle: „eigene Darstellung")

- Wie wollen Sie diese Punkte für sich umsetzen?
- Wer kann Sie dabei unterstützen?
- Gibt es Einwände, dies alles in Angriff zu nehmen?

Die meisten Punkte können Führungskräfte sicher im Rahmen der eigenen Entwicklungsgespräche mit ihrem Vorgesetzten oder der Personalabteilung besprechen und auch reflektieren. Denn möglicherweise stimmen Selbstbild und Fremdbild nicht in allen Facetten überein.

Fragen zum „Selbst", zur emotionalen Kompetenz und zum privaten Umfeld brauchen hingegen einen vertrauensvollen Rahmen. Daher besteht hier meist nur die Bereitschaft, diese mit einem externen Berater/Coach zu besprechen bzw. zu bearbeiten. Für die meisten Firmen ist es inzwischen selbstverständlich, diese Art der Entwicklung für Führungskräfte zu unterstützen, denn Sie wissen um die Wechselwirkungen zu den anderen Facetten. Nutzen Sie daher als Führungskraft unbedingt diese individuelle Chance.

## 3.4    Praxisteil: Liniendiagnose selbst anwenden

**Ein Beispiel aus dem Alltag: die patente Oma**

Nutzen Sie das folgende Beispiel, um mittels der Quadranten-Analyse in Kombination mit der Liniendiagnose relevante Entwicklungslinien herauszufiltern und somit ein Profil für die „patente Oma" zu erstellen:

Die 72-jährige Oma Maria wohnt im Rheinland in einer Wohnanlage, wo Jung und Alt zusammenwohnen, um sich gegenseitig zu unterstützen und voneinander zu profitieren. Jeder leistet einen gesellschaftlichen Beitrag im Sinne von „was ich gerne mache und woran ich Spaß habe". Die jung gebliebene Oma ist ein lebensfroher, agiler Mensch mit Vorlieben für alles Kreative und das Zusammensein insbesondere mit jungen Menschen. Sie ist eine einfache Frau, die in den Nachkriegsjahren ihren Traum, Lehrerin zu werden, nicht verwirklichen konnte, da sie als Halbwaise früh Geld verdienen musste. Daher ist sie Schneiderin geworden und hat in diesem Bereich ihre Kreativität entfaltet.

Jetzt im Rentenalter verknüpft sie ihr Bedürfnis, Kindern etwas beibringen zu wollen, mit ihrer kreativen Ader und bietet zweimal die Woche einen Nachmittag für Kinder im Alter von 5 bis 10 Jahren an. Im Vordergrund steht, Kinder wieder mit ihrer Kreativität, Fantasie und Geschicklichkeit in Verbindung zu bringen und durch die Gemeinschaft etwas „Neues, Tolles" zu erschaffen und zu erleben. So werden im angrenzenden Wäldchen ein Baumhaus und eine Brücke über den Bach gebaut, Hängematten genäht, Spiele, Puppen und vieles mehr gebastelt – alles aus Resten und Naturmaterialien. Aber auch viele alte Gemeinschaftsspiele wie Schnitzeljagd, Völkerball und Gummitwist werden „aufgepeppt" und gespielt.

Unterstützt wird Maria durch einen Tischlermeister a. D., eine junge Pädagogik-studentin aus dem Viertel und ältere Schüler, die abwechselnd dazukommen, um die kreativen Projekte zu verwirklichen. Oma Maria ist mit viel Herzblut dabei, führt aber auch ein „straffes Regiment". Sie weiß, dass ein fester Rahmen und Strukturen eine wichtige Basis für jede Gemeinschaft sind und insbesondere von Kindern früh gelernt werden sollten.

Die Kinder und Eltern der Wohnanlage sind gleichermaßen von dem abwechs-lungsreichen Programm begeistert und tragen inzwischen selbst neue Ideen in die Gruppe hinein.

Welche Linien haben Sie bei Oma Maria herausgehört? Tragen Sie alle Kriterien mit Linien in die jeweiligen Quadranten ein! Die Länge der Linie ist abhängig von der Aus-prägung des Kriteriums (Abb. 3.13).

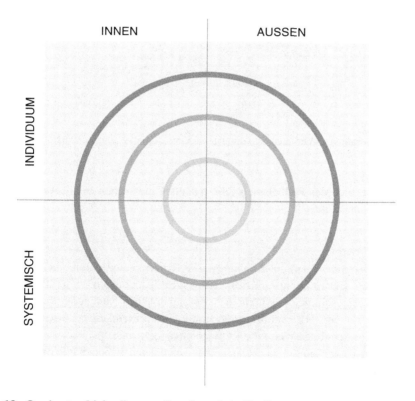

**Abb. 3.13** Quadranten-Liniendiagnose (Leerformular). (Quelle: „eigene Darstellung")

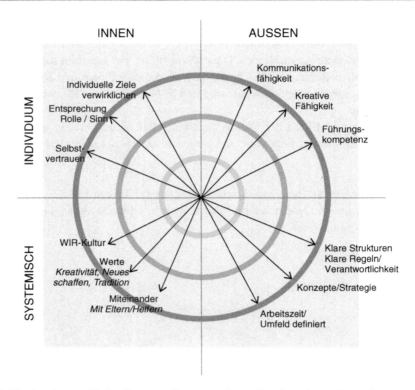

**Abb. 3.14**  Quadranten-Liniendiagnose: die patente Oma. (Quelle: „eigene Darstellung")

**Auflösung**
Die einzelnen Linien des Fallbeispiels „die patente Oma" sehen Sie in Abb. 3.14 in den
Quadranten visualisiert.

**Zusammenfassung**
Innerhalb der vier Quadranten können Sie Kriterien definieren, die das ganze
Spektrum der Entwicklungsmöglichkeiten (Wege/Richtungen) einer Person oder
eines Systems beschreiben. Mittels dieser pragmatischen Liniendiagnose ermitteln
Sie, welche Linien stark sind und welche der Aufmerksamkeit bedürfen. So spezi-
fizieren Sie auf einfache Weise die Entwicklungspotenziale.

Jede Linie entwickelt sich unabhängig von den anderen, dennoch gibt es Korrelationen und Wechselwirkungen. Daher können die stark entwickelten Linien zum Teil auch
als „Hilfestellung" für das Entwickeln der schwächeren Linien herangezogen werden.

Jeder Mensch hat eine einzigartige Kombination von Linien mit verschiedenen Ausprägungen. Wenn wir lernen, die unterschiedliche Tiefe und Komplexität im Miteinander mehr wahrzunehmen und wertzuschätzen, erleben wir dies nicht mehr als störend
oder defizitär, sondern als Bereicherung oder Synergie im Sinne von: $1 + 1 = 3$.

# Literatur

Goleman D (2008), Emotionale Intelligenz. dtv, München
Wilber K (2014), Integrale Spiritualität. Kösel, München

## Weitere Empfehlungen

Wilber K (2010), Ganzheitlich Handeln, Arbor, Freiamt
Wilber K (2009), Integrale Vision, Kösel, München

# Ebenen – Entwicklungsstufen des Bewusstseins

4

## 4.1    Definition des Ebenen-Modells

Menschen und Systeme können sich in vielerlei Hinsicht entwickeln. Veranschaulichen lässt sich das mit dem Bild einer Bergbesteigung. Sie können verschiedene Wege einschlagen, um einen Berg zu besteigen und Sie können einen Berg unterschiedlich hoch besteigen. Den einen Weg gehen Sie vielleicht nur bis 1000 Höhenmeter, der andere Weg führt Sie auf 3000 m und wiederum ein anderer Weg lässt Sie möglicherweise bis auf 5000 m steigen.

Im letzten Kapitel haben wir uns vorrangig mit den unterschiedlichen Wegen beschäftigt, die beschritten werden können, mit den „Entwicklungslinien". Dazu haben wir ganz pragmatisch die eigene intuitive Einschätzung abgefragt. Dieses Kapitel fokussiert die unterschiedlichen „Höhenmeter", also die „Entwicklungsebenen", die Menschen und Systeme generell durchlaufen können. Auf diese Weise lässt sich der eigene Blick „objektivieren" bzw. spezifizieren.

Dazu möchten wir Ihnen ein Modell vorstellen, dass ursprünglich von Prof. Clare W. Graves entwickelt, von Don Beck und Christopher Cowan weitergeführt und weltweit an mehr als 50.000 Menschen getestet wurde. In ihrem Buch „Spiral Dynamics" haben Beck und Cowan das Modell ausführlich beschrieben. Wir möchten Ihnen hier einen groben Überblick über die beschriebenen Entwicklungsebenen geben, um Sie dann mit pragmatischen Anwendungsmöglichkeiten im Unternehmenskontext vertraut zu machen (siehe Abb. 4.1).

Das Modell zeigt die Entwicklung von Werten und daraus resultierenden Einstellungen und Verhaltensweisen auf, die über acht Stufen zunehmenden Bewusstseins verläuft. Diese acht Entwicklungsebenen des menschlichen Bewusstseins können anhand der historisch gesellschaftlichen Entwicklung genauso nachvollzogen werden wie bei jedem einzelnen Individuum – vom Säugling bis zum Erwachsenenalter. Auch Organisationen, Länder und Kulturen können anhand der Entwicklungsebenen beschrieben werden, um

© Springer Fachmedien Wiesbaden 2016
H. Kuhlmann und S. Horn, *Integrale Führung,*
DOI 10.1007/978-3-658-13466-2_4

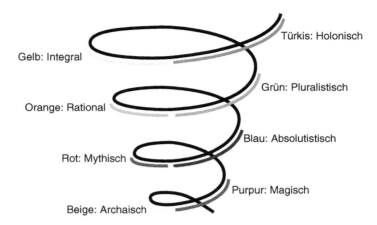

**Abb. 4.1** Entwicklungsebenen nach Beck und Cowan. (Quelle: „eigene Darstellung")

dadurch aufschlussreiche Erkenntnisse für eine effektivere Zusammenarbeit und Ausrichtung zu gewinnen.

Entwicklungsebenen werden auch als „Meme" bezeichnet. Dieser Begriff geht auf Mihaly Csikszentmihalyi (2005) zurück. Er beschreibt, dass Meme entstehen, wenn unser Nervensystem auf eine neue Erfahrung reagiert. So entstehen neue Denkstrukturen und Verhaltensweisen, die von Generation zu Generation weitergegeben werden. Interessant zu beobachten ist, wie sich das neue Gedankengut Schritt für Schritt in verschiedene Lebensbereiche ausbreitet, in den unterschiedlichsten Konzepten Ausdruck findet (s. Tab. 4.1).

Bevor Sie mit dem Lesen der Beschreibung der Meme fortfahren, empfehlen wir Ihnen, den folgenden Ebenen-Test auszufüllen. So können Sie sich unvoreingenommen einen Eindruck darüber verschaffen, welchen Schwerpunkt des Denkens Sie derzeit haben. Das ist sicherlich ein spannender Ersteindruck.

| **Tab. 4.1** Lebensbereiche, in denen die Ebenen Ausdruck finden | • Lebensstile<br>• Mode<br>• Sprachliche Trends<br>• Musik<br>• Architektur<br>• Kunst | • Literatur<br>• Religion<br>• Philosophie<br>• Psychologie<br>• Politik<br>• Sport<br>• … |

## 4.2     Der individuelle Ebenen-Test

Welche der nachstehend beschriebenen Werte, Verhaltensweisen und Denkmuster kennen Sie von sich selbst? Welche Aussagen entsprechen eher Ihrem Weltbild, welche weniger? Bitte skalieren Sie nach folgendem Schema.

Die Aussage ist zutreffend/nicht zutreffend in der Ausprägung:

0 = gar nicht
1 = gering
2 = mittel
3 = stark

**Gesundheit**

1. Wir achten in der Familie aufeinander und unterstützen uns auch bei körperlich schweren Arbeiten, damit sich niemand überlastet. 0 1 2 3
2. Die Gesundheit von Körper, Geist und Seele ist mir sehr wichtig. Ich achte auf frische biologische Ernährung, ausreichend Bewegung und seelischen Ausgleich, um meine Energie zu erhalten. 0 1 2 3
3. Wenn man auf die Empfehlungen seines Arztes hört, ist man meiner Meinung nach auf der sicheren Seite. Außerdem hat das Thema Gesundheit in meinem Bekanntenkreis mehr Gewicht bekommen; wir treiben jetzt einmal in der Woche gemeinsam Sport. 0 1 2 3
4. Ich möchte die Leistungsfähigkeit meines Körpers und meines Geistes erhalten. Ich setze mir gerne sportliche Ziele (z. B. Marathon, Karate etc.) und bin bereit, für das Erreichen viel Training und Disziplin einzusetzen. 0 1 2 3
5. Körperliche Stärke ist mir sehr wichtig. Ich gehe ins Sportstudio und/oder betreibe Kampfsport, um meine Muskeln zu trainieren. Ich möchte, dass man mir die Kraft auch ansieht. 0 1 2 3
6. Ich spüre, was mir guttut. Ich bin in Verbundenheit mit der Natur und den Menschen auf der ganzen Welt und finde doch meinen individuellen Weg. Mein Geist und meine Seele sind Teil des großen Ganzen und mein Körper der wunderbare Raum, in dem sie leben und den ich deshalb pflege. 0 1 2 3

**Spiritualität**

7. Mich ziehen die heldenhaften Geschichten der griechischen und römischen Götter sehr an. Auch die Kraft und Stärke anderer heldenhaften Figuren faszinieren mich und gehören zu meinen Vorbildern. 0 1 2 3
8. Ich glaube nicht an Gott. Die Wissenschaft hat die Entstehung der Erde und die Evolution des Menschen entschlüsselt. Alle Fragen des Menschen sind durch Ursache und Wirkung zu erklären. Wo dies noch nicht geschehen ist, handelt es sich um eine Frage der Zeit. 0 1 2 3

9. Ich glaube an Gott. In der Gemeinschaft habe ich meinen Platz gefunden. Jeder leistet einen Beitrag und weiß, was richtig und falsch ist. 0 1 2 3

10. Alle Religionen sind grundsätzlich gleich wertvoll. Ich fühle mich mit den Menschen über alle Glaubenssysteme hinweg verbunden und teile meine Erfahrungen gerne mit anderen. 0 1 2 3

11. Jeder hat seinen eigenen Weg der Spiritualität und geistigen Entwicklung. In unserer Einzigartigkeit sind wir mit dem Universum verbunden. 0 1 2 3

12. In schwierigen Lebenssituationen können wir uns bei Astrologen oder Wahrsagern Rat holen. Kraftplätze und heilige Orte geben uns Energie. 0 1 2 3

**Arbeit**
Eine gute Führungskraft ist für mich …

13. … ein Mann, der sich durchsetzen kann, der große Macht hat. Ich habe großen Respekt vor ihm, deshalb strenge ich mich an, es ihm recht zu machen. Andernfalls muss man damit rechnen, dass man abgestraft wird. 0 1 2 3

14. … ein Mann, zu dem man respektvoll aufblicken kann. Er gibt Ziele und Wege vor und setzt sich auch in schwierigen Zeiten für uns Mitarbeiter ein. Er übermittelt die Informationen der Geschäftsleitung an uns. Außerdem schätzt er meine langjährige Treue und Verlässlichkeit dem Unternehmen gegenüber. 0 1 2 3

15. … jemand, der mir Sicherheit und Geborgenheit in unserer Gruppe vermittelt. Er hat viel Erfahrung, weshalb ihm in unserer Gemeinschaft eine besondere Rolle zukommt. 0 1 2 3

16. … eine Person, die selbstverantwortlich und mit Leichtigkeit und Engagement die Welt als großartigen Organismus versteht, der sich ständig weiterentwickelt. Sie hält Komplexität und Widersprüchlichkeit aus und ermöglicht durch „Big-Picture-Denken" den sinnvollen und adäquaten Einsatz aller Ressourcen. 0 1 2 3

17. … jemand, der mir klare Ziele vorgibt, die mich motivieren. Eine Person, die mir bei meiner Arbeit viel Freiraum lässt und meine Leistungen finanziell honoriert. Diese Person ist Spezialist auf ihrem Gebiet und ich messe mich an ihren Fähigkeiten und Erfahrungen. 0 1 2 3

18. … ein Mensch, der mir und dem gesamten Team verbunden ist, dem unsere gemeinsame Aufgabe wichtig ist und der alle Teammitglieder in ihrer Unterschiedlichkeit berücksichtigt. Dass dieser Mensch unser Team leitet, ist kaum spürbar, da wir alle gleich wichtig für die Erfüllung unserer Aufgabe einstehen. 0 1 2 3

**Zusammenarbeit und berufliche Kommunikation**

19. Abläufe und Prozesse müssen klar geregelt und dokumentiert sein. Unser Vorgesetzter sollte uns über alles informieren, was für uns relevant ist, und wir Mitarbeiter nutzen das Berichtswesen für unsere Dokumentation. 0 1 2 3

20. Am liebsten arbeite ich in einem flexiblen selbst gesteuerten Team. Unsere Arbeitsweisen haben wir selbst entwickelt und verändern sie bei Bedarf sehr schnell. Jeder kann mit jedem jederzeit in Kontakt treten. 0 1 2 3

21. Zeit ist Geld, deshalb schätze ich eine effiziente Meeting-Kultur. Ich kann flexibel und autonom arbeiten und halte den Chef über das Wichtigste auf dem Laufenden. 0 1 2 3

22. Mir ist es wichtig, dass alle Perspektiven und Meinungen gehört werden. In unseren Besprechungen arbeiten wir stets an einem Konsens, hinter dem alle stehen können. Auch für unsere Emotionen muss genügend Raum sein. 0 1 2 3

23. Ich arbeite gerne vertrauensvoll wie in einer Familie zusammen. Man steht auch für die Schwächen anderer ein. Die besonders Erfahrenen sollten die Entscheidungen treffen. 0 1 2 3

24. Ich vertrete immer meinen Standpunkt. Ich mag keine Mitläufer oder ewiges Rumdiskutieren. 0 1 2 3

**Berufliches Umfeld**

25. Ich schätze die Arbeit in festen Aufgabenbereichen. Klar beschriebene Prozesse sorgen für einen reibungslosen Ablauf und Einhaltung von Qualitätsstandards. 0 1 2 3

26. Für mich sind Leistung, Fortschritt und klare Zielorientierung im Job besonders wichtig. Jeder hat seinen eigenen Verantwortungsbereich, und das ist gut so. 0 1 2 3

27. Am liebsten würde ich in einem Familienbetrieb arbeiten. Alle halten zusammen, und wenn es der Familie gut geht, geht es allen gut. 0 1 2 3

28. Die Organisation/das Unternehmen, in der/dem ich arbeite, leistet einen sinnvollen Beitrag für unsere Gesellschaft und deren Entwicklung. Ich genieße es, dabei das zu tun, was meinem Wesen am besten entspricht. 0 1 2 3

29. Ich lasse mir nicht gerne Anweisungen geben. Wer mir sagen will, wo es langgeht, der muss sich durchsetzen können. 0 1 2 3

30. Ich schätze einen Arbeitsplatz, der die interdisziplinäre Zusammenarbeit aller fördert, um all die systemischen Wechselwirkungen zu erfassen und innovative nachhaltige Impulse zu setzen. 0 1 2 3

**Werte im Umgang mit anderen**

31. Die Menschen sind sehr unterschiedlich. Wir sollten uns für mehr Toleranz und Gleichberechtigung einsetzen und die Unterschiedlichkeit in der Gemeinschaft als Bereicherung wertschätzen lernen. 0 1 2 3

32. Wenn ich etwas will, dann setze ich es auch durch. Macht und Einfluss auszuüben, gehört für mich dazu. Manchmal ist es auch notwendig, andere einzuschüchtern, um sich seinen Platz im Leben zu sichern. 0 1 2 3

33. Wir sind stark verbunden mit unserer Familie und schätzen unsere Wurzeln. Uns ist es wichtig, Familienrituale und Bräuche in der Familie aufrechtzuerhalten und zu leben. Die Familie gibt uns Geborgenheit. 0 1 2 3

34. Jeder hat seinen Platz in der Gesellschaft, muss sich an die Regeln halten und seine Pflichten erfüllen. Dann bekommt man auch die gebührende Anerkennung, sichert sich seinen Arbeitsplatz und seine gesellschaftliche Position. 0 1 2 3

35. Ich erkenne die Interessen, Sichtweisen und Gefühle von mir und anderen gleicher-
    maßen an. Widersprüche und Paradoxien gehören zum Leben und sind Teil des gro-
    ßen Ganzen. 0 1 2 3
36. Zielorientierung und Leistung sind wichtig für den persönlichen Erfolg. Dann kann
    man alles erreichen im Leben: Wohlstand und die Freiheit das zu tun, was man
    möchte. 0 1 2 3

**Privates Umfeld**

37. Unabhängig vom Urteil anderer passen wir unser persönliches Umfeld unserer
    Lebenssituation und den Lebensphasen an. 0 1 2 3
38. Eine schicke Wohnung in der Stadt in exponierter Lage, die in ihrem Wert steigt,
    sollte man schon haben. Eine moderne Einrichtung mit hochwertiger technischer
    Ausstattung und ein sportlicher schneller Wagen sind Ausdruck des Lebensstandards
    und für mich wichtig. 0 1 2 3
39. Wir leben sehr naturverbunden und schätzen alles Lebende. Wir fühlen uns wohl
    im Kreise unserer großen Familie. Alle leisten einen Beitrag und setzen sich für das
    Wohlergehen aller ein. 0 1 2 3
40. Materielle Dinge haben für mich an Bedeutung verloren. Für mich ist es wichtig, im
    Einklang mit der Natur zu leben, die Umwelt zu schonen und die Gemeinschaft zu
    genießen. Was wir können, erledigen wir zu Fuß oder mit dem Fahrrad. 0 1 2 3
41. Ich will etwas vom Leben haben. Da muss man sehen, wo man bleibt. Ich gestalte
    mein Umfeld, wie ich will, und wer sich mit mir anlegen will, wird schon sehen, wo
    er bleibt. 0 1 2 3
42. Ich fühle mich sehr wohl hier in der Gegend, es ist sehr gepflegt. Wir wohnen schon
    sehr lange hier, haben einen guten Kontakt zu den Nachbarn. Ein gemütliches Zuhause
    und viele gemeinsame Unternehmungen mit der Familie sind mir wichtig. 0 1 2 3

**Verhalten in Krisensituationen**

43. In Krisensituationen analysiere ich zunächst die Situation, kläre das Ziel, um dann
    proaktiv nach Lösungen zu suchen. Die Lösungen stelle ich gegenüber, bewerte sie
    und komme so zu einem schnellen Ergebnis, was zu tun ist. 0 1 2 3
44. Im Kreise meiner Familie fühle ich mich aufgehoben, und wir stehen auch schwie-
    rige Zeiten gemeinsam durch. Jeder ist für den Anderen voll und ganz da. 0 1 2 3
45. Es gibt viel Ungerechtigkeit im Leben. Du musst schon selbst dafür kämpfen, dass
    alles nach deinen Vorstellungen läuft, und gegebenenfalls deine Haut retten. 0 1 2 3
46. Situationen, die wir als kritisch oder problematisch erleben, sind häufig komplex. Es
    ist wichtig, alles Wesentliche in den Blick zu nehmen und seiner Intuition zu folgen.
    Auch meine tägliche Meditationspraxis eröffnet mir häufig neue Sichtweisen oder
    Lösungswege. 0 1 2 3
47. Wenn sich ein Problem zeigt, nehme ich zunächst wahr, was mein Anteil daran
    ist und was in meiner Hand liegt zu verändern. Dabei vertraue ich ganz meinem

Bauchgefühl. In schwierigen Situationen suche ich auch Unterstützung von außen z. B. bei einem Coach. 0 1 2 3

48. Wenn es Probleme gibt, dann sollte man immer auf Bewährtes zurückgreifen oder sich von vornherein an Regeln halten, dann gibt es meist auch keine Probleme. Oder andere haben sie verschuldet – dann müssen die sich darum kümmern. 0 1 2 3

**Umgang mit negativen Emotionen**

49. Unsere Schutzengel sind immer bei uns, sie bewahren uns vor großen Sorgen und Ängsten. 0 1 2 3

50. Kopf, Herz und Bauch bilden zusammen die Grundlage meines Urteilsvermögens. Ich habe keine Angst und bin offen für neue, kreative und ungewöhnliche Lösungsansätze. 0 1 2 3

51. Wenn ich Wut oder Ärger habe, dann lasse ich es auch raus. Da bin ich halt sehr impulsiv. 0 1 2 3

52. Man sollte seine Gefühle unter Kontrolle haben, sie unterdrücken. 0 1 2 3

53. Emotionen helfen uns, uns selbst zu reflektieren und Probleme besser zu lösen. Sie unterstützen uns dabei, uns bewusst zu werden, was wir nicht mehr wollen bzw. was wir anstelle dessen wollen. 0 1 2 3

54. Man sollte Probleme doch auf vernünftigem Wege lösen und Gefühle aus dem Spiel lassen. 0 1 2 3

**Auswertung**

Nun übertragen Sie bitte Ihre Ergebnisse in die Tab. 4.2. In den Tabellenkästchen stehen die Nummern der jeweiligen Frage. Notieren Sie bitte daneben Ihr Ergebnis, also 0, 1, 2 oder 3. Anschließend zählen Sie die Zahlen in der jeweiligen Spalte zusammen und tragen die Summe in die letzte Zeile ein. Damit erhalten Sie für jede Farbe (Ebene) einen Zahlenwert zwischen 0 und 27 Punkten. Die Ebene mit der höchsten Punktzahl kennzeichnet den derzeitigen Schwerpunkt Ihres Denkens. Die zweit- und dritthöchste Zahl zeigt an, wo Ihr Bewusstsein auch noch oder schon ist.

**Tab. 4.2** Auswertung des individuellen Ebenen-Tests

| Purpur | Rot | Blau | Orange | Grün | Gelb |
|--------|-----|------|--------|------|------|
| 1 | 5 | 3 | 4 | 2 | 6 |
| 12 | 7 | 9 | 8 | 10 | 11 |
| 15 | 13 | 14 | 17 | 18 | 16 |
| 23 | 24 | 19 | 21 | 22 | 20 |
| 27 | 29 | 25 | 26 | 30 | 28 |
| 33 | 32 | 34 | 36 | 31 | 35 |
| 39 | 41 | 42 | 38 | 40 | 37 |
| 44 | 45 | 48 | 43 | 47 | 46 |
| 49 | 51 | 52 | 54 | 53 | 50 |

**Anmerkungen zur Auswertung**

Bedenken Sie, dass die Ebenen je nach Kriterium durchaus unterschiedlich sein können. Jeder Mensch hat eine einzigartige Kombination von Linien und Entwicklungsstufen.

Im Miteinander können wir immer wieder feststellen, dass wir in manchen Bereichen weniger und in anderen Bereichen mehr entwickelt sind als der andere. Und das ist auch gut so. Alles wird gebraucht. Außerdem wäre das Zusammenleben um einiges langweiliger, wenn alle über die gleiche Komplexität und Tiefe verfügen würde. Oder anders formuliert: Alles ist wichtig, und wir können – wenn wir offen dafür sind – dies als Synergien nutzen.

Des Weiteren möchten wir darauf hinweisen, diesen Test nicht als „Schublade" zu sehen. Nehmen Sie ihn als erste Tendenz. Im Coaching- und Beratungskontext werden in der Regel weitere Kontexte hinzugezogen und gemeinsam ausführlich analysiert, um die Ergebnisse zu verifizieren und zu differenzieren.

## 4.3    Die individuelle Bewusstseinsentwicklung

Das Bewusstsein jedes Menschen entwickelt sich Schritt für Schritt vom Säugling bis zum Erwachsenenalter. Die acht möglichen Entwicklungsstufen (Ebenen) möchten wir Ihnen nachfolgend beschreiben.

**Ebene Beige**

Wenn wir auf die Welt kommen, ist unser Verhalten instinktgesteuert. Es hat das Überleben zum Ziel und die Gesundheit von Körper und Psyche. Das Stammhirn regelt unsere Bedürfnisse nach Nahrung, Flüssigkeit und ausreichend Schlaf. Werden diese Bedürfnisse befriedigt, kann sich unser Gehirn weiterentwickeln. Im Normalfall geschieht das in rasend schneller Geschwindigkeit, sodass wir bereits nach circa drei Monaten auf die nächste Bewusstseinsebene gelangen.

**Ebene Purpur**

Durch die Sinneswahrnehmungen entwickelt sich unser Gehirn weiter, und wir beginnen bald die Gegenstände in unserer Umwelt wahrzunehmen und mit ihnen in Kontakt zu treten. Erste Verbindungen zwischen Ursache und Wirkung entstehen. Das Lernen geschieht reflexartig und unbewusst, aber es geschieht. So treten wir gegen Ende des ersten Lebensjahres in eine magische Welt ein, deren Zusammenhänge wir noch lange nicht verstehen können und die wir deshalb neugierig und vorbehaltlos erkunden. An der Hand unserer Eltern und vertrauten Bezugspersonen erkunden wir die Welt und machen dabei keine Unterschiede zwischen Traum und Wirklichkeit. Wir können nicht differenzieren zwischen der Fiktion in Märchen und Sagen und Geschehnissen der Realität. Unser Lieblingsteddy ist fast genauso wichtig wie unsere Eltern, ohne ihn können wir nicht schlafen, auch er muss essen und trinken. In dieser Zeit entsteht die tiefe Bindung zu unseren Eltern und Bezugspersonen, die sich im sogenannten „Fremdeln" von Kleinkindern zeigt. Konnte man den Säugling vorher ohne Abschiedsschmerz in die Obhut verantwortungsvoller Betreuer geben, differenziert er nun, und jeder kleine Abschied wird zur Zerreißprobe für die Herzen beider Seiten.

**Ebene Rot**

Am Ende dieser symbiotischen Phase beginnen wir unser eigenes „Ich" zu entdecken. Wir grenzen uns zum ersten Mal von unseren Eltern ab, kommen mit etwa drei bis fünf Jahren in die sogenannte Trotzphase, in der wir unser Selbstvertrauen spüren und ausprobieren wollen. Wir werden mutiger und offener für andere. Im Kindergarten treten wir in Interaktion mit Altersgenossen und messen uns mit ihnen, um unseren eigenen Wert festzustellen. Wer ist größer, kann schneller laufen, wer baut den höheren Turm und so weiter.

Eltern tun gut daran, diese ersten Äußerungen von Auflehnung und Unabhängigkeit nicht zu unterdrücken oder zu bestrafen. Denn schließlich ist es völlig in Ordnung, den eigenen Standpunkt zu vertreten, mit den Mitteln, die dem Kleinkind zur Verfügung stehen. Was nicht bedeutet, dass Eltern allen Wünschen nachkommen sollen, die das Kind durchzusetzen versucht, sondern es vielmehr aushalten und dabei gelassen bleiben können, in dem Wissen, dass ihr Kind gerade einen Quantensprung des Bewusstseins erlebt. Das Kind wiederum lernt, die Härten des Lebens auszuhalten und mit der eigenen Enttäuschung umzugehen, wenn es nicht immer der oder die Beste ist und sich nicht alle Vorstellungen in die Tat umsetzen lassen.

Persönliche Entwicklung geschieht in Wellen und nicht in einer linearen Entwicklung. Dafür ist die Pubertät ein gutes Beispiel, denn hier kehrt rot noch einmal zurück. Diese Phase dient der Abnabelung von den Eltern und bereitet den jungen Menschen auf ein eigenständiges Leben vor, in dem er auch emotional nicht mehr von seinen Eltern abhängig ist.

> In hochzivilisierten Gesellschaften wird es für Jugendliche in Rot immer schwerer, auf gesunde Weise ihre Grenzen auszutesten. Es fehlen stimmige Übergangsriten, in denen Jugendliche die Schwelle zum Erwachsensein passend zu Rot überschreiten können. Komasaufen und Drogen müssen die Lücke füllen, ebenso wie Science-Fiction-Filme, in denen fremde Galaxien erobert und zerstört werden. Ausweichmöglichkeiten bieten Fantasy-Rollenspiele oder das Kino mit seinen Roten Helden wie Terminator, Rocky oder den Gefährten im „Herrn der Ringe" (Küstenmacher et al. 2011, S. 75 f.).

Wenn Umstände und Erziehung den Kindern keine Weiterentwicklung ermöglichen, finden wir das Verhalten dieser Stufe noch heute in den unterprivilegierten Bereichen entwickelter Länder in Straßengangs und Mafiaclans.

**Ebene Blau**

In unserer Weiterentwicklung verlassen wir die Ebene der Egozentrik und lernen, uns an Regeln und Strukturen zu halten. Diese bringen Ordnung in unser Leben und Erleichtern den Umgang mit anderen Kindern und Erwachsenen. Konnte man z. B. in der Kindergartenzeit noch zu flexiblen Zeiten in der Einrichtung ankommen, beginnt die Schule für alle zu einem festen Zeitpunkt, egal ob Frühaufsteher oder Langschläfer.

Kinder brauchen und fordern in dieser Entwicklungsphase klare Regeln und Grenzen. Dabei geht es nicht um die prinzipielle Beschneidung von Freiheiten und Aktionsradius, sondern um das Lernen gesellschaftlicher Regeln und Verhaltensweisen. Dadurch entsteht ein Verständnis von richtig und falsch. Richtiges Verhalten wird belohnt, falsches sanktioniert. Das Gewissen bildet sich heraus.

Außerdem erleben wir in dieser Zeit die Zugehörigkeit außerhalb der Familie, zu einem größeren Ganzen. Wir werden Teil von Gemeinschaften wie Schulklassen und Sportvereinen, denen wir uns zugehörig fühlen. Damit werden wir aber auch abhängig von der Meinung anderer. Wir suchen Anerkennung und Bestätigung in der Gruppe.

In dieser Phase wird außerdem eine ganz wichtige Fähigkeit entwickelt, die weitreichende Konsequenzen sowohl für unser individuelles Leben als auch für das Leben in der Gemeinschaft hat. Nämlich die Fähigkeit, sich in andere hinein zu versetzen. Diese Empathie eröffnet eine völlig neue Perspektive. Wir nehmen uns als Individuum wahr und können uns vorstellen, wie andere uns sehen.

**Ebene Orange**

Nachdem wir uns in der blauen Phase Kompetenzen für das soziale Leben innerhalb einer Gruppe angeeignet und ausgebaut haben, gelangt nun wieder das individuelle Wirken in den Vordergrund. Dies geschieht in unserer Gesellschaft meist mit dem Eintritt in die Pubertät. Zunächst sind wir hin und her gerissen, zwischen der Anpassung an unsere Freunde und Eltern und der Abgrenzung zu ihnen. Wir suchen unseren eigenen Weg und ziehen alles in Zweifel, was Eltern und Lehrer uns als richtig präsentieren. Unser Intellekt entwickelt sich, wir wollen die Welt verstehen und stellen alles Bisherige infrage.

Eltern müssen viel aushalten in dieser Phase ihrer Kinder. Die Abnabelung und die damit verbundenen heftigen Abgrenzungsversuche erfordern einerseits viel Gelassenheit. Andererseits sind sie gefordert, sich als Diskussionspartner zur Verfügung zu stellen, um den Kindern das Finden eines eigenen Standpunktes zu ermöglichen. So ausgerüstet können sie als selbstverantwortliche Menschen ins Erwachsenenleben starten.

Als Erwachsene auf dieser Stufe sind wir vernünftige, intelligente Menschen, die nach maximalem persönlichem Erfolg und individueller Freiheit streben. Regeln werden berücksichtigt, sind aber nicht mehr „heilig". Jetzt gilt: „Leistung muss belohnt werden!", „Jeder kann gewinnen, wenn er sich nur anstrengt." Wir wollen erfolgreich sein und für unsere Leistung belohnt werden.

Als orange Erwachsene finden wir unseren Erfolg im Berufsleben. Unser Wissenschafts- und Leistungsstreben bringt ein enormes Know-how in Wissenschaft und Unternehmen hervor. Wir treffen rationale Entscheidungen, die wir gründlich abgewogen haben. Wir heiraten aus steuerlichen Gründen und leben das Leben ohne den konventionellen Druck der Nachbarschaft.

Auf dieser Ebene bleiben wir viele Jahre unseres Erwachsenenlebens und nicht jeder gelangt auf weitere Ebenen, wenn die Lebensumstände es nicht erfordern und genügend Entwicklung auf horizontaler Ebene erfolgt.

**Ebene Grün**

Nach einiger Zeit ist uns das Streben nach Erfolg und Reichtum nicht mehr genug. Viele Menschen machen sich auf die Suche nach dem Sinn des Lebens, um die innere Leere auszufüllen, die die rationale Welt in uns hinterlassen hat. Wir wenden uns den inneren Prozessen zu, besuchen Selbsterfahrungsseminare, lesen z. B. über die Lehre von Buddha und sehnen uns nach Gemeinschaft und Menschlichkeit.

Unsere Werte haben sich erneut verschoben. An die Stelle des persönlichen Erfolgs ist das Wohl der Gemeinschaft getreten. Wir fühlen uns den Schwächeren verbunden und möchten gleiche Chancen für alle. Es besteht echte Gleichberechtigung zwischen Männern und Frauen sowie zwischen allen Mitgliedern eines Teams, was manche Entscheidung schwierig macht. Hierarchien werden abgelehnt, Entscheidungen sollen auf einem Konsens aller beruhen. Auch die Erde soll nicht mehr zum Vorteil für Wenige ausgebeutet werden. Ökologische Projekte und Fair Trade werden unterstützt.

Unser Bewusstsein erkennt die Wirklichkeit als individuelle Wahrnehmung und kann Wechselwirkungen zwischen Interaktionspartnern und dem Kontext, in dem sie entstehen, herstellen.

In der reiferen Phase von „grün" werden die Grenzen dieser Phase deutlich. Einzelne Potenzialträger werden gleichgemacht und streben erneut nach Freiheit und Weiterentwicklung.

**Ebene Gelb**

So entsteht die integrale Ebene. Forscher schätzen, dass erst 1 bis 2 % der westlichen Bevölkerung aus dieser Ebene heraus denken und handeln. Aber es zeigt sich ein Profil, wie diese Ebene beschrieben werden kann und was das Besondere an ihr ist. Es darf wieder differenziert werden. Die Wahrnehmung wird globaler. Es gibt keine einfachen Antworten mehr, da die Welt in ihrer Komplexität deutlicher wahrgenommen wird. Paradoxien werden ausgehalten und nach Lösungen gesucht, die sich an einen gewünschten Zustand annähern. Zum ersten Mal in der Bewusstseinsentwicklung werden alle Ebenen als gleichberechtigt wahrgenommen. Sie bauen zwar aufeinander auf, stellen aber kein besser oder schlechter dar, sondern beschreiben das Denken und Handeln der Menschen in ihrem jeweiligen Umfeld. Außerdem sollen die positiven Anteile der einzelnen Ebenen integriert werden. Als Individuen haben wir jede Ebene in unserer persönlichen Entwicklung durchlaufen.

**Ebene Türkis**

Beck und Cowan beschreiben den Übergang zu Türkis folgendermaßen:

> Doch indem die Spirale eine neue Wendung in ihrer Ausrichtung zwischen ‚Ich' und ‚Wir' nimmt, beginnt ein neuer Gemeinschaftssinn den Individualismus abzulösen. Türkis, das globale Kollektiv der Individuen taucht auf, um Gelb, die Informationseliten zu umfassen. Es zeigt sich, dass die großen gelben Fragen nicht von Einzelnen beantwortet – ja tatsächlich nicht einmal adäquat gestellt – werden können, ganz egal, wie viel sie wissen oder wie oft sie sich im Cyberspace verbinden (Beck und Cowan 2011, S. 453).

## 4.4    Die historisch-gesellschaftliche Bewusstseinsentwicklung

Um die Ebenen noch besser zu verstehen und später anwenden zu können, ist es sinnvoll, sich die Entwicklung der Ebenen in der Gesellschaft zu verdeutlichen.

**Ebene Beige**

Vor circa 100.000 Jahren begann die menschliche Bewusstseinsentwicklung mit dem Homo sapiens, der zwar den Tieren überlegen war, aber dennoch ein tierähnliches Bewusstsein hatte, eher Unbewusstsein könnte man sagen, da noch keine Trennung zwischen Person und Welt wahrgenommen wurde. Daher kann man diese Ebene auch mit den Begriffen archaisch, instinkthaft und reaktiv beschreiben. Es geht um das tägliche Überleben, um die Erfüllung der Grundbedürfnisse wie Nahrung, Wasser, Schutz, Wärme und Sex/Fortpflanzung. Durch Bildung von Scharen wurden erste schützende und unterstützende Bande geschaffen.

**Ebene Purpur**

Lebensumstände und neu entstehende Bedürfnisse wecken das nächste Mem. Das Bedürfnis nach Sicherheit lässt die Bewusstseinsebene Purpur entstehen und damit verbunden bilden sich Stämme und Clans. Erste Spielregeln für das Zusammenleben entwickeln sich, wie beispielsweise Tabus, Respekt und Loyalität gegenüber Stammesführern, Eltern, Ahnen, Sitten und Gebräuchen. Der Ältestenrat berät über die Geschicke der Gemeinschaft. Der Häuptling oder Stammesführer ist der Sprecher sowie der Vermittler und Wächter über das Wohlergehen der Gruppe.

Die Menschen fühlen sich mit dem Stamm verschmolzen und sind eins mit der Natur. Es gibt keine Differenzierung zwischen Mensch, Tier, Pflanzen und anderen Naturelementen. Das Weltbild ist animistisch, das heißt, alles ist belebt und voller Geister (Berg-, Wald-, Wettergeister). Heilige Orte (z. B. Flüsse), Gegenstände und Rituale können Einfluss ausüben auf die Welt, die Geister und Götter. Gute Geister werden beschworen, Opfer gebracht. Amulette und andere Symbole dienen als Schutz vor bösen Mächten. Diese Bewusstseinsebene wird daher auch als magische Ebene bezeichnet und ist etwa vor 50.000 Jahren entstanden.

Wenn das Bedürfnis der Menschen befriedigt ist – in dieser Phase nach Sicherheit und Beständigkeit –, werden Energien und Ressourcen für etwas Neues freigesetzt: So werden mit der Zeit die Traditionen, Rituale und die Stammesordnung von einigen als einengend wahrgenommen. Das Bedürfnis, aus der Gemeinschaft auszubrechen, entsteht.

**Ebene Rot**

So ist der Boden bereitet für die Entstehung des Egos, die Entfaltung des Ich-Bewusstseins, das sich vom Stamm abhebt. Macht ausüben und den eigenen Vorteil sichern, prägen das Handeln. Die Menschen agieren impulsiv, folgen ihrem Gefühl unmittelbar, um zu bekommen, was sie in dem Moment wollen. Es regiert das Dschungelgesetz:

„Kämpfe ohne Scham und Reue", „Verschaff dir Respekt", „Nur der Stärkere überlebt". Diese Ebene entstand vor circa 10.000 Jahren. Geboren ist die Zeit der großen Herrscher und Helden, die Zeit der Imperien, deren Mythos zum Teil noch heute weiterlebt.

Im positiven Sinne sind Erkundungsdrang, Durchsetzungsstärke und große Selbstsicherheit Ausdruck dieser Phase. Räuberische Expansion, Massaker und Allmachtsfantasien im Sinne von „Ich bin der Maßstab aller Dinge" sind die Schattenseiten. So entstehen große Machtgefüge: Macht ausüben und sich mit den Mächtigen verbinden, ist die Devise. Die sich unterwerfen, bekommen als Gegenleistung Schutz und Anteil an der Beute. Noch heute finden wir dieses Bewusstsein in Mafiastrukturen, Straßenbanden und Gangs.

Nun verändert sich auch das Verhältnis zur Natur. Der Mensch möchte sich ihr entgegenstellen und sie beherrschen und bezwingen. Damit verlieren die purpurnen Geister und magischen Praktiken an Bedeutung. Die Geister werden gottgleich und wenn man die Heldensagen genauer anschaut, nimmt man wahr, dass die neuen Götter eher menschliche Züge annehmen.

Aber irgendwann geht dieser Mythos zu Ende, die Phase verhärtet sich: Die Mächtigen klammern sich verzweifelt an die Macht, jedoch werden sie zunehmend von Zweifeln geplagt – ob ihrer egoistischen Wünsche und zügellosen Taten – und fürchten die Rache der Götter. Aber auch aufseiten ihrer „Untertanen und Habenichtse" verändert sich etwas. Sie hegen mehr und mehr die Hoffnung, dass ihr langes Leid in der kommenden Zeit ein Ende finden wird. Und so zeigt sich allmählich ein neues Mem: Die Führungsschicht beginnt ihre Version von Moral und Ordnung zwangsweise einzuführen, um den auftauchenden Problemen zu begegnen.

**Ebene Blau**

Nach einer langen Zeit der Unterwerfung, der Gewalt und viel Leid entsteht in der breiten Masse der Menschheit in dieser Phase die Sehnsucht nach Stabilität, Frieden, Harmonie, Sicherheit und einem sinnvollen Leben. Die Führenden begegnen diesen Bedürfnissen mit Ordnung, Strukturen, Regeln/Geboten und strikten Gesetzen. So wird die rote Impulsivität und Gewalt eingedämmt.

Zum ersten Mal hat sich diese Ebene vor etwa 5000 Jahren gezeigt. Götter und Göttinnen regieren ab da als tief fühlbare Mächte im Menschen. Es gibt einen Herrscher (zum Teil von den Göttern ernannt), der von oben über die Gesetze und Regeln wacht und allein bestimmt, was richtig und falsch ist. Eine klare Hierarchie, Gehorsam gegenüber der Obrigkeit und Strafe sorgen fortan für den Systemerhalt. Es entstehen erstmalig Gewissen und Schuldgefühle, wenn man sich nicht an Regeln und Gesetze hält.

Dies ist auch die Ebene, auf der Religionen entstehen. Eine Religion bedeutet: demselben Gott zu dienen sowie klare Gebote und Regeln für gut und schlecht (10 Gebote, Koran und so weiter). Die Menschen finden Sinn und Zweck im Leben. Tugenden wie Ordnung, Disziplin, soziale Pflichten regeln zunehmend das Miteinander. Loyalität und Treue gegenüber den Führenden werden belohnt.

Aber auch dieses Mem hat seine Schattenseite: In dieser Ebene haben Glaubenskriege ihren Ursprung. Polarisierende, absolutistische, konformistische Perspektiven propagieren ein Schwarz-Weiß-Denken: Die jeweiligen Obrigkeiten verkünden „die einzige, absolute Wahrheit", trennen in Kategorien wie „Gläubige und Abtrünnige". Ebenso beginnen ethnozentrische Sichtweisen in dieser Phase leider zu erstarken im Sinne von „Wir = die Richtigen" versus „Ihr = die Falschen". Militanz und der Kampf für die „gerechte Sache" beginnen in blau zu erwachen und werden aufgrund des noch vorhandenen Rot-Anteils in schreckliche Taten umgesetzt.

Das verändert sich, wenn die blaue Bewusstseinsebene fest verankert ist, also der Schwerpunkt des Denkens in blau liegt und rot an Einfluss verliert. Dann ist es wichtig, ein „rechtschaffenes" Leben zu führen: Pflichterfüllung, den Erwartungen des Umfelds gerecht zu werden, die eigenen Wünsche dem Wohle der Gemeinschaft unterzuordnen, den eigenen „richtigen und angemessenen" Platz in der Gesellschaft wahrzunehmen (Gehaltsgruppe, Kaste, Rang etc.) sind von nun an von großer Relevanz. Damit ist stets die Sorge verbunden, den Anforderungen nicht gerecht zu werden oder zu versagen. Die Handlungsfreiheit ist daher stark eingeengt durch Schuldgefühle und Angst vor Strafe (z. B. nicht mehr dazuzugehören, ausgeschlossen zu werden).

Auf der anderen Seite finden Menschen in einem „gesunden" Blau-System ihren Seelenfrieden, Hoffnung für die Zukunft und ein sinn- und zweckerfülltes Leben.

Sobald blau „die Welt stabilisiert" hat, entsteht bei einzelnen der Wunsch, die Angepasstheit und Autoritätsgläubigkeit von blau zu durchbrechen. Es entwickelt sich wieder ein hin zum „Ich", ein hin zu unabhängigem Denken.

**Ebene Orange**
Orange macht sich mehr und mehr unabhängig von Gruppenloyalitäten, es werden universelle Prinzipien, die für alle Menschen gelten, vertreten. Regeln werden berücksichtigt, sind aber nicht mehr heilig. Möglich wird dies durch das zunehmend rationale, kopf- und vernunftorientierte Denken.

Diese Phase kam vor circa 400 Jahren in der Renaissance (Wiedergeburt des antiken Geistes) zum Durchbruch und die Beschäftigung mit Sprachen, Literatur, Philosophie und der Kunst (außerhalb des Religiösen) wird wiederentdeckt. Innovative Malerei, Architektur, Skulptur blühen insbesondere in Italien auf. Tizian und Leonardo da Vinci sind die bekanntesten Künstler dieser Zeit. Besonders bei da Vinci spürt man noch heute den enormen Forschergeist.

Dies setzt sich auch in anderen Bereichen fort: Alles wird beobachtet, hinterfragt und getestet – die Wissenschaft erforscht die „Wahrheit". Kopernikus, Galilei, Newton, Darwin, Descartes sind weitere große Namen des frühen orangen Mems. Die Welt wird sich von nun an linear-kausal erklärt. Das mechanistische Weltbild setzt sich durch: Die Welt ist eine Maschine, funktioniert wie ein Uhrwerk, selbst der Körper wird als Maschine gesehen und ist aus dieser Sicht vom Menschen bei genügender Erforschung „beherrschbar".

Es ist nicht nur die Zeit der Wissenschaft, sondern auch der Technik. Der Forschergeist bringt viele große Erfindungen hervor: die Dampfmaschine, die Dampflokomotive, die Elektrizität, das Telefon, das Auto sind einige Beispiele des späten 18., 19. und frühen 20. Jahrhunderts. Der Beginn der Industrialisierung verändert die Lebensumstände der Menschen gewaltig: Sie verbringen zehn Stunden oder länger in Fabriken, werden dazu angetrieben, immer mehr zu produzieren. Damit ist auch eine neue Zeitrechnung geboren: Zeit ist planbar, Zeit fließt, Zeit ist Geld. Durch die maschinellen Erzeugungen von Gütern und Transport kann aber auch der Lebensstandard vieler Menschen zunehmend verbessert werden.

Nach dem zweiten Weltkrieg und dem Wiederaufbau führen technische und wirtschaftliche Entwicklungen nochmals einen enormen Aufschwung herbei. Materialismus und Wohlstand sind mehr und mehr von Bedeutung für Menschen in dieser Phase. Damit verbunden sind Erfolg, Status und Autonomie im Leben.

Fortschritt, Leistung, Wachstum und Wettbewerb sind seither die Erfolgsparameter in den Unternehmen. Freiheit, Individualität und Mitbestimmung sind wichtige gesellschaftliche Werte. Die Entstehung von Demokratien ist damit politisch verbunden und erst in dieser Phase möglich.

„Jeder kann gewinnen", „vom Tellerwäscher zum Millionär" sind die Überzeugungen, die sich in orange bilden. Wer Leistung und Zielstrebigkeit zeigt, kann alles erreichen. (Adels-)Titel, Rang oder auch Geschlechts- und Rassenunterschiede verlieren zunehmend an Bedeutung.

**Ebene Grün**

Dies ist auch der Übergang zur nächsten Bewusstseinsebene grün, in der Gleichheit und Gleichberechtigung ihren Durchbruch erfahren. Aber auch der „Ausbruch" aus der Leistungsgesellschaft und das sich Entziehen aus dem Erfolgsdruck sind typische Anzeichen für einen Übergang zu grün. Dafür kommt der Wunsch nach Selbsterfahrung, sich selbst zu verwirklichen, die Suche nach Sinn und das „Leben zu leben" immer mehr in den Blick. Damit verliert auch das „Kopfgesteuerte" seine Bedeutung und das „gefühlsbetonte Erleben und Erspüren" und die ganzheitliche Wahrnehmung von Situationen wächst. Aber nicht nur sich selbst als Individuum zu erfahren, seine Individualität mit all seinen Bedürfnissen zu erleben, steht im Vordergrund, sondern auch die anderen in ihrer Individualität anzunehmen und wertzuschätzen.

Da schließt sich der Kreis zu den Werten, Gleichbehandlung und Gleichberechtigung. Jeder ist gleich wichtig und hat das Recht, das zu sein, was er ist. Jeder Mensch ist wertvoll, aber natürlich auch jedes Tier, jedes Lebewesen, und auch die Natur bekommt wieder einen wichtigen Stellenwert.

Der Durchbruch von grün hat vor etwa 40 Jahren begonnen, mit der Hippiezeit und der Friedensbewegung *(love and peace),* mit der Entstehung sozialer Institutionen wie Unicef und vielen anderen Hilfsorganisationen, die Benachteiligten helfen oder für das Recht auf Bildung sorgen (z. B. in Afrika). Etwas später folgt die Ökologiebewegung (Greenpeace, grünes Parteiprogramm).

All dies erfordert auch systemisches Denken und damit die Wechselwirkungen und Abhängigkeiten wahrzunehmen und somit auch die globale Vernetztheit – sei es in der Wirtschaft, der Politik, im Umweltschutz oder Ähnlichem. Auch im privaten und beruflichen Umfeld bemüht sich grün, unterschiedlichen Perspektiven gleiche Anerkennung zu schenken: „Du hast dein Weltbild und ich habe mein Weltbild … jeder hat seine Landkarte." Diese Grundannahmen aus dem Konstruktivismus bestimmen das Denken von grün, aber auch die Persönlichkeitsentwicklung mit NLP (Neuro-Linguistischem Programmieren), das systemische Coaching oder die systemische Organisationsberatung.

Insgesamt geht man davon aus, dass sich circa 20 bis 25 % der westlichen Welt in dieser Bewusstseinsebene befinden. Was alle auf der persönlichen Werteebene verbindet, ist persönliches Wachstum auf der einen Seite und die Förderung des Gemeinschafts- und Zugehörigkeitsgefühls auf der anderen Seite sowie den allen Menschen gemeinsamen Lebensraum zu schützen.

Dabei führt die Betonung der Gemeinschaft, Harmonie und Gleichheit zu „unbedingter" Beschlussfassung durch Übereinkunft, zu der Auffassung „Gemeinsames Handeln im Team schafft Synergien" sowie zur Ablehnung von Hierarchien und von Bewertungen in den Kategorien „besser und schlechter". In diesen Punkten kann grün sogar sehr rigide sein und nimmt eine Überbetonung dieser Werte und Verhaltensweisen meist nicht wahr. Das führt dann zu homogenem Gruppendenken und zur Verdrängung von Eigeninteressen, nur um dazuzugehören sowie zur Vermeidung von Dissonanz oder gar Konflikten, um keinen zu verletzen.

Grün ist aber auch – wie alle Ebenen zuvor – der Meinung, sein Weg sei der einzig richtige, und kann daher auch ziemlich herablassend gegenüber Andersdenkenden sein und widerspricht damit seinen eigenen Maximen, ohne es zu merken.

Beck und Cowan schreiben, dass erst in der Übergangsphase grün/gelb Zweifel hinsichtlich der Effektivität des Kollektivismus deutlich werden: Der Einzelne beginnt wieder Dinge allein und zudem auch gut zu erledigen. Er äußerst sogar seine Gefühle, wenn ihn die Bedürfnisse der Gruppe ungeduldig machen oder frustrieren. Die positiven Beziehungen zu den anderen und die Fürsorge für die anderen sind noch wichtig, aber nicht mehr sein „Sinn", das Zugehörigkeitsbedürfnis verblasst.

**Ebene Gelb**

So entsteht in Gelb eine neue Verantwortlichkeit des Seins: Ein gesundes Eigeninteresse hat zunehmend Platz bei gleichzeitiger Anteilnahme an der persönlichen Entwicklung anderer Menschen.

Kopf und Bauch dürfen erstmalig zusammenspielen: Während orange sehr vernunftorientiert denkt und handelt und grün die Intuition und sein Bauchgefühl nahezu ausschließlich als relevant erachtet, nutzt gelb beides für sich gleichermaßen.

Das Prinzip der Integration zieht sich durch weitere Bereiche, daher wird gelb auch als „integrale" Ebene bezeichnet: „Jede Sicht ist wahr, aber nur teilweise" oder „*It's true, but partiell*" wie Ken Wilber sagt. Damit meint er, dass jede Perspektive einen wichtigen Aspekt der Realität besonders gut erfassen kann, dabei treten jedoch andere

Aspekte in den Hintergrund. Manche Sichtweisen sind „wahrer" und weniger partiell, das heißt, nicht alle Sichtweisen sind gleich, es existieren unterschiedliche Tiefen und Breiten. So haben auch die Ebenen eine unterschiedliche Breite und Tiefe. Dies wird jedoch nicht als Hierarchie, sondern als Holarchie (= Wachstumshierarchie) bezeichnet. Wichtig ist zudem: Alle Weltsichten (Ebenen) werden immer existent sein, da sie sich auf evolutionäre Weise ganz natürlich entfalten. Und jede verdient Fürsorge und Respekt. Alle Stufen in dieser Form wertzuschätzen und auch für sich zu integrieren ist erst ab gelb möglich. Alle Ebenen zuvor halten die eigene Sicht für die einzige richtige.

Grün denkt bereits systemisch, nimmt viele Perspektiven ein und erkennt Wechselwirkungen. Gelb denkt meta-systemisch, also wie Systeme mit Systemen in Wechselwirkung treten. Es ist eine Art systemisches Big-Picture-Denken, das den ungeordneten Pluralismus von grün ordnet und komplexe Probleme wie z. B. die globale Ökologie, rasche Technologieentwicklungen, die Komplexität der Märkte etc. und ihre jeweiligen Auswirkungen plakativ darstellt – immer auf der Suche nach Lösungen, bei denen alle gewinnen.

Das Big-Picture-Denken ermöglicht es in der Regel, alle Aufgaben in kürzerer Zeit mit geringerem Krafteinsatz und dennoch mit besseren Ergebnissen zu erledigen. Effektivität und Effizienz werden zur wichtigen Triebfeder. Wenige Ideen sind heilig, alles wird überprüft und verbessert, neue Wege werden erforscht. Unsicherheiten und Ängste verlieren zunehmend an Bedeutung, in gleichem Maße wachsen Flexibilität sowie die Qualität und Quantität guter Lösungen an.

Diese Ebene etabliert sich gerade erst und man schätzt, dass derzeit 1 bis 2 % der westlichen Welt integral denken *und* handeln.

**Ebene Türkis**

Die nächste Ebene türkis ist auch bereits beschrieben. Wir möchten hier nur sehr kurz darauf eingehen, da sich dieses Mem nur mit 0,1 % in der westlichen Welt bisher zeigt.

Die zunehmend komplexeren Probleme in der Welt können nicht von Einzelnen gelöst werden, daher bilden sich starke Kollektive, die über Gruppen- und Gemeinschaftsgrenzen hinweg gemeinsam handeln – ohne die Rechte des Individuums anzugreifen.

Türkis entdeckt eine neue Art von Spiritualität, fühlt sich als Teil eines größeren, bewussten, spirituellen Ganzen, das auch dem Selbst dient.

Das Bewusstsein auf der Ebene türkis ist geprägt durch eine globale, holistische Wahrnehmung – so als ob man von einer Makroebene aus dem Weltall schaut – und handelt im Interesse aller Ebenen der Spirale.

## 4.5   Überblick aller Ebenen und Prinzipien der Entwicklung

In der Tab. 4.3 erhalten Sie einen guten Überblick über die Werteschwerpunkte, Errungenschaften und Nachteile jeder einzelnen Ebene.

**Tab. 4.3** Überblick der Ebenen mit ihren Werteschwerpunkten, Errungenschaften und Nachteilen. (Quelle: „eigene Darstellung")

| Ebene | Werte | Errungenschaften (in Verhaltens- und Denkweisen) | Nachteile |
|---|---|---|---|
| Beige – Archaisch | Überleben | Instinktiv, reaktiv | Schutzlos |
| Purpur – Magisch | Sicherheit, Respekt, Wohlergehen der Gruppe | Magie (Geister beschwören), Rituale und Tabus | Verschmolzen sein mit dem Stamm, Opferbereitschaft |
| Rot – Mythisch | Erkundungsdrang, Durchsetzungsstärke | Entfaltung des Ich, Impulsivität | Egozentrik, machtbesessen, diktatorisch |
| Blau – absolutistisch | Recht, Ordnung, Strukturen, Regeln, Stabilität | Sinnvolles, geregeltes Leben | Angepasst, Schwarz-Weiß-Denken |
| Orange – Rational | Erfolg und Autonomie, Leistung, Fortschritt | Wissenschaft, Demokratie, Freiheit, jeder kann gewinnen | Eigene Interessen optimieren, ausbeuten, ausbrennen |
| Grün – Pluralistisch | Gleichberechtigung, Gleichbehandlung, Selbsterfahrung | Viele Perspektiven wahrnehmen, Intuition, Gefühlen folgen | Harmonie-/Konsensstreben |
| Gelb – Integral | Verantwortlichkeiten des Seins: Eigeninteresse und Interesse an anderen | Integration von Kopf und Bauch, Ich und Wir, alle Ebenen, Big-Picture-Denken | Komplexitätsdenken, „Anmaßung" |
| Türkis – Holistisch | Neues, spirituelles Bewusstsein | Kollektives Handeln über Gruppen-/Gemeinschaftsinteressen hinweg | Selbstaufopferung fürs Universum |

**Einige zusammenfassende Prinzipien der Entwicklungsebenen (nach Beck und Cowan):**

- **Menschen haben die Fähigkeit, immer wieder neue Meme zu entwickeln**

  Derzeit sind acht Stufen beschrieben (beige bis türkis). Die Entwicklung der Menschheit geht jedoch immer weiter: Erste Ansätze werden inzwischen in koralle beschrieben, das nach türkis erscheinen wird. Doch wodurch genau entsteht eine neue Entwicklungsebene?

- **Lebensbedingungen erwecken Meme**

  Anhand der individuellen Lebensphasen und der historisch-gesellschaftlichen Entwicklung haben wir gesehen, dass es bestimmte zeitliche Entwicklungsaspekte gibt. Aber auch Orte und damit verbundene physische Lebensbedingungen können Meme hervorrufen: Natürliche Gegebenheiten wie Regenwald, Wüste, Bodenbeschaffenheit, Wasser und Luft beeinflussen ebenso die Bewusstseinsebenen wie menschengemachte Bedingungen (Bevölkerungsdichte, Architektur).

  Auch veränderte oder extreme gesellschaftliche Umstände (z. B. Macht Einzelner/ Kriege) begünstigen die Entstehung von Memen.

  Außerdem können menschliche Probleme und damit verbundene Bedürfnisse (z. B. der Wunsch nach mehr Freiraum/Zeit und persönlicher Entwicklung) Ursache für einen persönlichen Ebenenwechsel sein.

- **Ebenen können sich auch zurückbilden**

  Veränderte Lebensbedingungen können nicht nur neue Ebenen entstehen lassen; Menschen und Kulturen können auch in ein früheres Mem „zurückfallen", wenn die Lebensumstände Aspekte aus vorangegangenen Ebenen erfordern.

- **Meme springen zwischen Themen des Selbstausdrucks und der Selbstaufopferung hin und her**

  Die Ebenen wechseln zwischen Ich- und Wir-Orientierung hin und her: In den Ebenen beige, rot, orange und gelb stehen die eigenen Bedürfnisse und Interessen im Vordergrund (Selbstausdruck). In den Ebenen dazwischen – sprich purpur, blau, grün und türkis – ist das Wohl der Gruppe und der Einsatz für sie wichtiger als das eigene Wohlergehen (Selbstaufopferung).

- **Im Verlauf der Spirale entstehen Meme wellenförmig und existieren nebeneinander**

  Der Begriff „Ebene" vermittelt häufig den Eindruck, dass Entwicklung in klaren Stufen oder Schritten erfolgt. Besser beschreibt der Begriff „Welle" die Entwicklung des Bewusstseins. Ein Mensch, dessen Schwerpunkt des Denkens bei orange liegt, kann gleichzeitig auch einen Anteil blau und grün (oder andere Farben) haben. Das heißt: Das Bewusstsein erstreckt sich über mehrere Level – dadurch entsteht eine Welle (siehe Abb. 4.2).

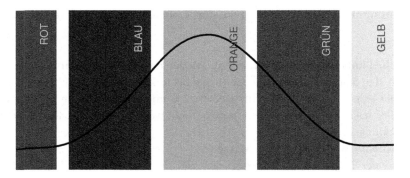

**Abb. 4.2**  Entwicklungsebenen – Existenz nebeneinander. (Quelle: „eigene Darstellung")

Auch in Bezug auf Kulturen beschreibt die Welle am besten das Nebeneinander von mehreren Bewusstseinsebenen. Während eine Welle abebbt, entsteht bereits die neue Welle (siehe Abb. 4.3).

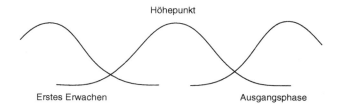

**Abb. 4.3**  Entwicklungsebenen – Wellenbewegung. (Quelle: „eigene Darstellung")

- **Meme können nicht übersprungen werden**
  Menschen und Kulturen können sich nur von einer Ebene zur nächsten entwickeln. Beispiel: Jugendliche, die im sozialen Brennpunkt aufwachsen, in einer Familie, in der Impulsivität und Aggression dominieren (rotes Mem), wollen sich zwar der modernen und besitzorientierten Welt von orange nähern, verfügen aber (noch) nicht über das Bewusstsein und Analysevermögen der orangen Ebene. Sie müssen zunächst die blaue Ebene mit ihren Regeln, Strukturen und Normen durchlaufen, ehe sie durch persönliche Leistungsfähigkeit und die Überzeugung naturwissenschaftlicher Erkenntnisse weiter reifen und beruflich erfolgreich werden, ohne auf die schiefe Bahn zu geraten.
- **Meme verbinden sich auf der Spirale zu 6er Ordnungen (Tiers)**
  „Jedes Aufleuchten eines Mems ist ein großer Schritt in der Entwicklung der Menschheit. Doch der Übergang von grün nach gelb ist ein ‚bedeutsamer Sprung'" (Beck und Cowan 2011, S. 420). Der Grund: Die Ebenen (Meme) verbinden sich zu 6er Tiers. First Tier (erste Ordnung) ist die Entwicklung auf der Spirale von beige bis grün. Gelb eröffnet die Gruppe zweiter Ordnung (Second Tier). Graves geht davon aus, dass sich

mit dem Second Tier die Lebensbedingungen und damit die Grundthemen der ersten sechs Ebenen wiederholen – nur auf einer höheren Ebene oder wie Beck und Cowan es anhand einer musikalischen Metapher verdeutlichen: Das musikalische Thema bleibt, wird aber in einer anderen Tonart wiederholt. Hierfür geben sie ein Beispiel:

Erneut geht es zuerst ums Überleben, aber diesmal im Kontext der hochmobilen Informationsgesellschaft des globalen Dorfes. Das achte türkise System ist eine Wiederholung des zweiten, aber in einer komplexeren Größenordnung: Megastämme, Megatrends, Megaschocks, die mit allem angefüllt sind, was in der ersten Ordnung (First Tier) geschehen ist … (Beck und Cowan 2011, S. 89).

## 4.6 Bewusstseinsebenen in Organisationen

Die Bewusstseinsebenen prägen – sie bestimmen sogar sehr deutlich – das Miteinander, das Führungsverständnis, aber auch die Art, wie Unternehmen organisiert sind (in Form von Strukturen, Abläufen etc.). Nachstehend erhalten Sie einen spannenden Überblick, der Sie sicherlich so manche Situation in neuem Licht sehen lässt.

### 4.6.1 Beschreibung der roten Organisation

Diese erste Form von Organisation zeigt sich vor ungefähr 10.000 Jahren als erste Imperien und Stammesfürstentümer entstehen. Das Ego des Menschen ist nun völlig ausgeprägt und damit das Bewusstsein, ein völlig eigenständiger Mensch zu sein. Dieses Bewusstsein macht Angst, denn somit muss sich jeder selbst beschützen und ist selbst verantwortlich für die Befriedigung seiner Bedürfnisse. Die Menschen leben immer noch ganz in der Gegenwart und sind emotional primitiv. Die Fähigkeit, sich in den anderen hineinzuversetzen, ist noch nicht ausgeprägt. Damit kommt „Macht" als Überlebensprinzip ins Spiel. Frederic Laloux (2014) beschreibt dies folgendermaßen: „Wenn ich mächtiger bin als du, dann kann ich einfordern, dass meine Bedürfnisse erfüllt werden; wenn du mächtiger bist als ich, dann ordne ich mich unter und hoffe, dass du für mich sorgst."
Heute findet man **typische Beispiele** roter Organisationsstrukturen z. B. in Produktionsstätten von Entwicklungs- bzw. Schwellenländern, wie in Nähereien in Indien oder in der Handyproduktion in China.
Doch wie geht es praktisch zu in diesen Organisationen? Jeder kann alles werden in dieser **Kultur** der Einzelkämpfer. Wer sich durchsetzen kann und dominant auftritt, wird als Chef akzeptiert. Das **Führungsverständnis** wird durch Manipulation und Machtausübung umgesetzt. Durch die geschürte Angst vor den Konsequenzen für Leib und Leben des Individuums und dessen Familie folgen die Anhänger dem selbst ernannten Anführer. Als Belohnung für die treue Arbeit erhalten sie persönlichen Schutz und einen Anteil der „Beute"/des Gewinns. Es gibt keine wirkliche **Strategie,** vielmehr reagieren die Chefs auf die Gefahren und Möglichkeiten, die sich ihnen in der Gegenwart zeigen. Sie

wollen das schnelle Geld machen und sind bereit, dies auch auf Kosten anderer zu tun. Diese Machtdemonstrationen halten auch die Anhänger/Mitarbeiter in Schach.

Die **Abläufe** werden vom Vorgesetzten bestimmt und festgelegt. In einer Produktion handelt es sich dabei um Tätigkeiten, die immer gleich ablaufen. Die Bezahlung richtet sich nach der produzierten Menge, wie in der Akkordarbeit. Auch die Arbeitszeit, Pausen und Arbeitsbedingungen unterliegen keinen Vorgaben oder gesetzlichen Rahmenbedingungen, sondern der Willkür des Chefs. Er trifft alle Entscheidungen. So findet die **Kommunikation** mit Befehl und Anordnung stets von oben nach unten und die Berichtspflicht stets von unten nach oben statt.

Die **Strukturen** sind streng hierarchisch. Man arbeitet in Einheiten von 6 bis 15 Mitarbeitern, um diese gut steuern zu können. Ist der Betrieb größer, werden Untereinheiten gebildet, die nach demselben Prinzip funktionieren. Auf dieser Ebene der Vorarbeiter herrscht Konkurrenz und Wettbewerb.

---

**Beispiel für eine rote Organisation: Nirgendwo in Indien**

In einer indischen Kleinstadt streiten sich drei Brüder um das Erbe des Vaters – eine Näherei. Dort arbeiten 15 Frauen aller Altersklassen, die alle zur Familie gehören: Tanten, Nichten, Cousinen.

Die beiden älteren Brüder wollen das gemeinsame Geschäft, das die Familie ernährt, weiterführen. Man müsste die Produktion zwar etwas erweitern, schließlich sollen noch mehr „Mäuler satt werden", aber da die Näherei in der Vergangenheit ihre festen Kunden hatte, sehen die beiden Brüder positiv in die Zukunft.

Der jüngste Bruder hat allerdings ganz andere Vorstellungen und will die Möglichkeiten nutzen, die sich durch europäische und amerikanische Textilhersteller ergeben, die in Indien ihre Waren zu einem niedrigen Einkaufspreis produzieren lassen wollen. Er sieht für sich die Chance, das schnelle Geld zu verdienen. Er weiß, dass die ausländischen Vermarkter große Lots jeden Monat abrufen. Bereits in einem Jahr ist da viel Geld zu holen. Das will er sich nicht entgehen lassen, egal was die Familie sagt. Also lässt er sich seinen Anteil von seinen Brüdern auszahlen, was für deren Familien existenzbedrohend ist. Außerdem zwingt er die besten Näherinnen, mit ihm zu gehen. Die übrigen Männer der Familie reizt er mit dem schnellen Geld, wenn sie ihre Frauen zu ihm schicken. Schließlich will man doch zum erfolgreichen Teil der Familie gehören! Außerdem will er stark expandieren, sodass er drei Vorarbeiter einstellt. 30 weitere Näherinnen sind zusätzlich für ihn tätig. Sie werden pro Tag mit 1,50 EUR bezahlt und müssen dafür zwölf Stunden mit nur einer kurzen Essenspause im Akkord arbeiten. Wer krank ist oder wegen der Kinder nicht kommen kann, wird sofort ersetzt. Es stehen genug andere zur Verfügung, die arbeiten wollen, um ihre Existenz zu sichern.

Die Vorarbeiter haben dafür zu sorgen, dass die Produkte in der vorgegebenen Zeit nach der Anweisung des Chefs fertiggestellt werden. Sie haben die Macht, die Näherinnen sofort zu feuern, wenn die Leistung nicht erbracht wird. Wenn die Wochenleistung stimmt, bekommen die Vorarbeiter einen Anteil an der „Beute". Wenn nicht, gibt der Chef auch ihnen nur eine Chance, es das nächste Mal besser zu machen. Ansonsten müssen auch sie gehen.

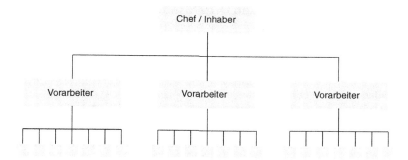

**Abb. 4.4**  Beispiel einer roten Organisationsstruktur. (Quelle: „eigene Darstellung")

Die Abb. 4.4 zeigt die Organisationsstruktur der beispielhaften Näherei auf.

**Die rote Organisation auf einen Blick**
Die wichtigsten Aspekte einer roten Organisation sind in Tab. 4.4 zusammengefasst.

**Tab. 4.4**  Die rote Organisation auf einen Blick. (Quelle: Eigene Darstellung)

| | |
|---|---|
| Typische Beispiele | Straßengangs, Drogen-/Mafiaclans<br>Ausbeuterfirmen, z. B. Nähereien in Ländern wie Indien, Pakistan etc.<br>Familienbetriebe in Schwellenländern |
| Ziele/Strategien | Das schnelle Geld verdienen, den Markt beherrschen, den schnellen Vorteil nutzen, mit einfachen Produkten und Massenanfertigungen<br>Operieren in der Gegenwart, haben keine Strategie, reagieren sehr stark auf Gefahren und Möglichkeiten, die sie dann – auch ohne Rücksicht auf Verluste – nutzen |
| Abläufe | Prozessroutine (meist immer ähnliche Tätigkeiten, z. B. wie bei der Akkordarbeit)<br>Nach Vorschrift und Anweisung des Vorgesetzten |
| Strukturen | Streng hierarchisch<br>Anführer und Gefolgschaft (meist Familie, treu ergeben)<br>Erste Arbeitsteilung und Rollenverteilung |
| Führungsverständnis | Autokratischer Führungsstil, „Ich will es und ich will es jetzt!"<br>Überragende Machtausübung und Manipulation<br>Belohnung und Strafe (Angst) zur Aufrechterhaltung der Führungsposition |
| Werte/Kultur | Macht und Gehorsam<br>Treue Gefolgschaft, als Gegenleistung Schutz und Anteil an der Beute |
| Kommunikation | Befehl und Anordnung von oben nach unten<br>Berichtstruktur von unten nach oben |

### 4.6.2  Beschreibung der blauen Organisation

Als eine der ersten und bekanntesten blauen Organisationen ist die katholische Kirche zu nennen. Um über Ländergrenzen hinweg die religiöse Lehre (mit all ihren Werten, Geboten und Ritualen) gleichermaßen zu etablieren, brauchte es klare Strukturen, Regeln und Führungsrollen.

Von Anfang an gab es eine eindeutige Hierarchie: Papst, Kardinäle, Erzbischöfe, Bischöfe, Priester. Jede Rolle hatte klar beschriebene Aufgaben und Befugnisse. Entscheidungen wurden ausschließlich auf den oberen Ebenen getroffen. Alle hatten sich an die Vorgaben zu halten und mussten für eine strikte Umsetzung – auch beim Volk – sorgen: Wer sich „recht" verhielt, durfte hoffen, in den Himmel zu kommen, wer dem „rechten Glauben" nicht folgte, wurde „verteufelt". So grausam die Auswirkungen vor einigen Jahrhunderten einerseits waren (Inquisition), so heilsam war es auch für einen Großteil der Bevölkerung: Der Glaube war für den Einzelnen sinnstiftend und schaffte Sicherheit sowie Stabilität im Zusammenleben.

Das blaue Organisationssystem hat bis in die heutige Zeit überdauert. **Typische Beispiele** für heute überwiegend blaue Organisationen sind das Militär, die Polizei, Ämter, viele öffentliche Schulen, traditionelle Banken und Versicherungen sowie klassische Produktions-/Industriebetriebe, Imbissketten (Franchisesysteme).

Wie können diese Organisationen charakterisiert werden? Die **Strukturen** sind streng hierarchisch, durch Organigramme manifestiert und durch formelle Titel (Direktor, Oberstudienrat, Studienrat) oder Ränge (General, Hauptmann) untermauert. Jeder fügt sich in seine Rolle, hat seinen Platz in der Organisation und klar beschriebene Aufgabenfelder und Zuständigkeiten. Die Identifikation mit der Rolle („Ich bin der Direktor") ist so groß, dass ein Verlust der Rolle einem Identitätsverlust gleichkommen kann. Insbesondere Führungspersonen können bei Kündigung oder Verrentung in ein tiefes Loch fallen.

Entsprechend der Rollendefinition ist das **Führungsverständnis** autoritär: Es wird vorgegeben, was und wie etwas zu tun ist, und auch kontrolliert. Die **Kommunikation** nimmt formelle Wege: Ausgewählte Informationen werden von oben nach unten gegeben. Entscheidungen werden ausschließlich auf den oberen Ebenen getroffen und mitgeteilt.

Auch **Ziele und Strategien** werden von oben festgelegt und vorgegeben. Erstmalig erfolgt eine kurz- und langfristige Planung, um Vorhersehbarkeit und Sicherheit zu erzielen. Ein wichtiges Ziel ist, immer eine gleichbleibende hohe Qualität zu gewährleisten. Unternehmen streben danach, möglichst autark zu sein und sich eine dominante Marktposition zu sichern, letztendlich um damit langfristig die Existenz zu sichern. In diesem Sinne kann die Führung auch als patriarchalisch oder „fürsorglich" autoritär bezeichnet werden.

In blauen Organisationen werden erstmalig **Abläufe und Prozesse** definiert und ausführlich dokumentiert. Damit wird personenunabhängig und über lange Zeiten hinweg eine „Wiederholbarkeit" möglich sowie ortsunabhängig ein gleichbleibender Standard gesetzt, z. B. gleichbleibende Produktqualität in Imbissketten oder einheitliche Verfahren in der öffentlichen Verwaltung – bundesweit. Die ausgeprägten Dokumentationen und Verfahrensanweisungen erzeugen aber auch eine starke Bürokratie.

Mit der Definition von Prozessen wird zudem eine klare Arbeitsteilung und Spezialisierung möglich, die insbesondere im Rahmen der Industrialisierung zur Erhöhung der Produktionskapazitäten und zur Steigerung der Effizienz geführt hat (z. B. Fließbandproduktion in der Autoindustrie).

Alles in allem ist die **Kultur** blauer Organisationen durch die Werte „Ordnung, Struktur, Sicherheit und Loyalität" geprägt. Nicht nur die Führungskräfte fühlen sich mit dem Unternehmen verbunden, auch Arbeiter und Angestellte bleiben oft ein ganzes Arbeitsleben lang in einem Unternehmen. Sie erfüllen zuverlässig ihre Aufgaben, halten sich an Gruppennormen, sind loyal gegenüber dem Unternehmen und den Vorgesetzten. Im Gegenzug erhalten sie lebenslang einen sicheren Arbeitsplatz.

**Beispiel für eine blaue Organisation: Die Traditionsbäckerei**

Die Bäckerei Meyerling ist eine Traditionsbäckerei in Westfalen mit 18 Verkaufsstellen und 145 Mitarbeitern. Aufgrund ihrer außerordentlich leckeren Brötchen und Gebäcke, die noch schmecken wie zu Omas Zeiten, sind sie die Nr. 1 in der Region und beliebt bei Jung und Alt.

Das Unternehmen wird geführt vom 75-jährigen Seniorchef, der als Patriarch noch immer über alles wacht. Er sorgt persönlich dafür, dass die alten Familienrezepte geheim bleiben. Nur sein Sohn als verantwortlicher Produktionsleiter, seine vier Bäckermeister und ihre Stellvertreter, die alle seit über 25 Jahren dem Unternehmen die Treue halten, kennen die genauen Rezepte – aber jeder ausschließlich für seinen Verantwortungsbereich: Brötchen, Brot, Salz- und Süßgebäcke, Kuchen/Torten. Es ist alles genau festgelegt: die Zutaten, wie lange jeder Teig ruhen muss, bei welcher Temperatur, wie lange ein Teig geknetet werden muss und so weiter.

Die Weiterverarbeitung jeder Produktgruppe erfolgt in vier mal zwei immer gleich zusammengesetzten Teams. Die Arbeit ist in sinnvolle Arbeitsschritte aufgeteilt und erfolgt nach genauer Verfahrensanweisung. Der jeweilige Bäckermeister und seine zwei Vorarbeiter zeichnen für immer gleichbleibende Qualität verantwortlich. Zusätzlich lässt der Seniorchef aus jeder Charge Proben ziehen, die täglich von ihm, seinem Sohn und den Meistern, beurteilt werden.

Um die Qualität der Zutaten zu sichern und zudem autark zu sein, hat die Bäckerei seit Anbeginn eine eigene Mühle und Felder, die mit alten Getreidesorten seit jeher biologisch bestellt werden sowie eine Obstwiese mit verschiedenen Obstbäumen und Sträuchern. Alles andere wird sorgsam bei langjährigen Geschäftspartnern eingekauft.

Um die Verkaufsstellen kümmert sich seit zwei Jahren der Enkel, zusammen mit drei Verkaufsleitern werden alle Filialen intensiv begleitet: Alle Filialen sind optisch auf Traditionsbäckerei im Stile der 1950er gestaltet. Alle Verkäuferinnen tragen einheitliche Kleidung, die vom Arbeitgeber gestellt wird. Die Repräsentation des Stammsortiments ist vorgegeben, die Aktionsartikel der Woche werden von oben festgelegt – auch die Art der Werbung. Die Verkäuferinnen werden von den Verkaufsleitern geführt und auch im Umgang mit Kunden geschult. Sie haben geregelte Arbeitszeiten und werden fair bezahlt. Die jeweilige Filialleiterin zeichnet lediglich für die Präsentation der Waren und die Absatzplanung verantwortlich.

Für die Verwaltung ist der Schwager Wilhelm Müller verantwortlich. An ihn berichten der Personalleiter, der Leiter Materialwirtschaft & Logistik, der Leiter Finanzen und der Leiter Agrarwirtschaft.

Die Unternehmenskultur ist als familiär zu bezeichnen. Alle Mitarbeiter sind im Durchschnitt über zehn Jahre dabei. Sie fühlen sich wohl, weil alles klar geregelt ist und die Chefs sich immer kümmern, wenn es mal Probleme gibt. Und sie sind stolz darauf dazuzugehören – zur Traditionsbäckerei Meyerling, die jeder in der Region kennt und schätzt.

Die Abb. 4.5 zeigt die Organisationsstruktur der blau geprägten Bäckerei auf.

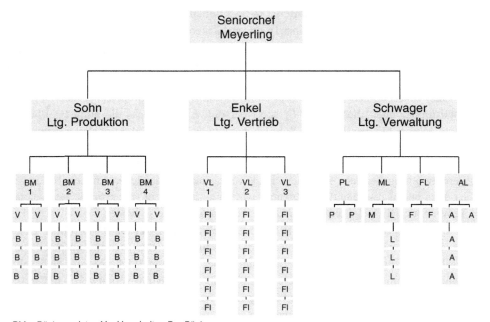

BM = Bäckermeister, V = Vorarbeiter, B = Bäcker
VL = Vertriebsleiter, Fl = Filialleiterin
PL = Personalleiter, ML = Leiter Materialwirtschaft & Logistik, FL = Leiter Finanzen, AL = Leiter Agrarwirtschaft
P / M / L / F / A = Jeweilige Mitarbeiter

**Abb. 4.5** Beispiel einer blauen Organisationsstruktur. (Quelle: „eigene Darstellung")

**Die blaue Organisation auf einen Blick**

Die Tab. 4.5 zeigt die wichtigsten Aspekte einer blauen Organisation auf.

**Tab. 4.5** Die blaue Organisation auf einen Blick. (Quelle: „eigene Darstellung")

| | |
|---|---|
| Typische Beispiele | Militär, Polizei |
| | Ämter, öffentliche Schulen |
| | Kirche |
| | Produktionsunternehmen |
| | Handwerk |
| | Traditionelle Banken und Versicherungen |
| Ziele/Strategien | Erstmalig kurz- und langfristige Planung |
| | Existenz des Unternehmens sichern; immer gleich hohe Qualität gewährleisten |
| | Monopol und Marktdominanz (Sicherheit), daher streben sie auch Autonomie an |
| Abläufe | Erstmalig klar beschriebene und dokumentierte Prozesse und damit „Wiederholbarkeit" möglich |
| | Arbeitsteilung und Spezialisierung so auch verstärkt möglich |
| | Dokumentationen: Verfahrensanweisungen, Qualitätssicherung, … |
| Strukturen | Strukturen, die ein Wachstum der Organisation ermöglichen und stabil sind |
| | Sehr strenge Hierarchie, durch Organigramm und Titel untermauert |
| | Klar beschriebene Aufgabenfelder und Zuständigkeiten |
| | Jeder fügt sich in seine Rolle, hat seinen Platz in der Organisation |
| Führungsverständnis | Strategien werden vom Topmanagement vorgegeben |
| | Autoritäre Führung in Form von Vorgaben (was und wie) und Kontrolle |
| | Entscheidungen werden ausschließlich auf den oberen Ebenen getroffen |
| Werte/Kultur | Ordnung, Struktur |
| | Sicherheit, Stabilität, Loyalität |
| | Zugehörigkeit und Anerkennung über Erfüllung der Gruppennormen und zuverlässige Erfüllung der Aufgabe |
| Kommunikation | Formelle Wege: ausgewählte Information von oben nach unten |
| | Entscheidungen werden mitgeteilt |

## 4.6.3 Beschreibung der orangen Organisation

Je mehr (oranges) rationales, analytisches Denken und der Forschergeist die Oberhand gewinnt, umso mehr bahnbrechende Produkte werden entwickelt – angefangen vom Auto, das durch ein Vielfaches der „Pferdestärke" mehr Leistung und mehr Beweglichkeit bringt, das Telefon, das die Kommunikation schneller macht, Convenience-Produkte, die Zeit sparen helfen, bis hin zum Computer, der die Arbeit immer effizienter gemacht hat.

Leistung, Effizienz, Fortschritt, Innovation, Wachstum, Profit – das sind die Werte der orangen Unternehmens**kultur**. Dazu braucht es Mitarbeiter, die Experten ihres Fachs sind und eigenverantwortliches, unternehmerisches Denken zeigen. Das **Führungsverständnis** ist daher durch Delegation von Verantwortung und Handlungskompetenz geprägt. Lediglich der Handlungsrahmen, die Ausrichtung/Ziele werden vorgegeben. Das „Was" ist damit vorgegeben, das „Wie" liegt in der Verantwortung der Mitarbeiter

(Management by Objectives). Entscheidungen werden in der Regel *top-down* getroffen und lediglich über Empfehlungen seitens der Mitarbeiter vorbereitet.

Die **Kommunikation** in orangen Unternehmen ist sachlich und aufgabenorientiert. Die Themen werden bereichsübergreifend diskutiert, eigene Standpunkte werden argumentativ vertreten und mit Analysen untermauert.

Die **Strukturen** sind zwar hierarchisch, aber flacher als in blau, sodass die Entscheidungswege kürzer sind. Auch werden hierarchische Strukturen nicht mehr so streng eingehalten und geöffnet bzw. erweitert um Projektgruppen, virtuelle Teams und Stabsstellen, sodass die Berichtswege auch prozessorientiert und bereichsübergreifend sind.

Bedingt durch den ständigen Fortschritt und die Innovationskraft, verändern sich die Märkte zunehmend schneller. Daher muss eine orange Organisation sehr stark wettbewerbsorientiert und damit markt- und kundenorientiert agieren. Erstmalig werden **Markt- und Produktstrategien** erstellt auf Basis umfassender Analysen und Untersuchungen. Die **Ziele** orientieren sich mehr am kurzfristigen Erfolg: Profit und Wachstum müssen in den nächsten drei bis fünf Jahren stimmen. Denn danach werden die „orangen" Manager gemessen – im Gegensatz zum „blauen" Chef, der die Existenz langfristig sichern will. Um Wachstum und Profitabilität im zunehmenden Wettbewerb zu sichern, wird die „Maschine Unternehmen" ständig überprüft und optimiert – Output und Input müssen stimmen: Wo können wir outsourcen, wo noch international expandieren? Wo können Prozesse und Strukturen noch schlanker gemacht werden (Lean-Management)? Wo sollten wir uns noch besser bzw. breiter aufstellen?

Um all das effizient zu steuern, braucht es – wie bei hochkomplexen Maschinen – einen Computer mit reichlich „ZDF". Gemeint sind hier Zahlen-Daten-Fakten. Da gibt es die Steuerung über die jährliche Budgetplanung, über Key-Performance-Indicators, Balanced Scorecards und dergleichen mehr. Das heißt, die **Prozess**steuerung ist viel umfassender und detaillierter als in blau. Zudem werden viele Strategien und Veränderungsprozesse in Form von Projekten umgesetzt. Die gute alte Verfahrensanweisung von blau hat weitestgehend ausgedient. Die Dokumentation von Abläufen ist überwiegend dem Projektmanagement gewichen.

**Typische Beispiele** für heute überwiegend orange Organisationen sind global agierende Unternehmen oder Unternehmen mit starkem Marketing und Controlling sowie viele Dienstleister.

Die Sichtweise, dass ein Unternehmen wie eine Maschine funktioniert und auch als solche zu steuern und zu beherrschen ist, ist typisch orange. Die Auswirkungen auf die Menschen im Unternehmen und auf das Umfeld (Zulieferer, Rohstofflieferanten etc.) oder auch die Auswirkungen auf die Umwelt sind nicht oder nur unzureichend im Blick und werden erst mit der systemischen Sichtweise ab der Ebene grün wahrgenommen.

Es ist wie ein Auto, das immer weiter getunt wird, um noch mehr Leistung herauszuholen. Aber geht das ewig? Ist es vom Fahrer wirklich „beherrschbar"? Welche Auswirkungen hat das auf die Umwelt und die anderen Autofahrer? Und welche Folgen hat das langfristig?

---

**Beispiel einer orangen Organisation: Die BonSweet Company**

Die BonSweet Company hat sich in den letzten Jahren zum führenden Anbieter im Bonbonmarkt in Europa entwickelt. Die Unternehmensleitung hat als globale Ausrichtung vorgegeben, international weiter zu expandieren. Ihr Ziel: in den nächsten fünf Jahren zum

größten Bonbonanbieter in Europa und Asien zu werden. Dabei soll vor allem das Kernge-
schäft mit der Topmarke des Hauses im Segment Erfrischungsbonbons ausgebaut werden.

Ein entsprechender Auftrag zwecks Analyse des Potenzials einzelner Länder und
Ausarbeitung einer Marketing-Strategie wurde an das internationale Marketing im
Headquarter Frankfurt erteilt.

Umfassende Marktanalysen und Produkttests ergeben: China, Taiwan und Südkorea
sollten als Kernländer definiert werden, da hier das größte Potenzial ermittelt wurde. Die
Positionierung „Die Energizer" schnitt im Wettbewerbsumfeld bei den 20- bis 49-Jähri-
gen als Kernzielgruppe außerordentlich gut ab. Geschmack, Aromatisierung und das
prickelnde Erfrischungsgefühl des Produkts hoben sich signifikant von Wettbewerbspro-
dukten ab und unterstrichen glaubwürdig die Markenpositionierung. Das innovative, neue
Verpackungskonzept kommt bei der Zielgruppe gut an. Die Benefits: wiederverschließbar,
Schutz vor klimatischen Einflüssen und handlich („Passt in die kleinste Tasche").

Ein Marketingplan mit allen Analysen, die Definition von Absatzquellen, eine Empfehlung zu allen Marketing-Mix-Instrumenten sowie klare Umsatz- und Ertragsziele werden der Unternehmensleitung präsentiert und verabschiedet. Einziger kritischer Punkt ist
die Pricing-Strategy. Der Endverkaufspreis muss in China niedriger angesetzt werden als
in Europa, daher sind die Deckungsbeiträge und der Gesamtertrag niedriger. Mit den bisher angedachten Vertriebsstrukturen und den Overhead-Kosten kann der geforderte Profit
nicht erzielt werden. Daher wird ein Projektteam aufgesetzt, das eine alternative Ver-
triebsstrategie erarbeiten soll. Ein anderes Projektteam hat die Aufgabe, in der Gesamtorganisation die Prozesse zu durchleuchten, Zentralisierungseffekte neu zu berechnen und
ein Outsourcing der Buchhaltung zu bewerten.

Abb. 4.6 zeigt die orange geprägte Organisationsstruktur des Süßwarenherstellers auf.

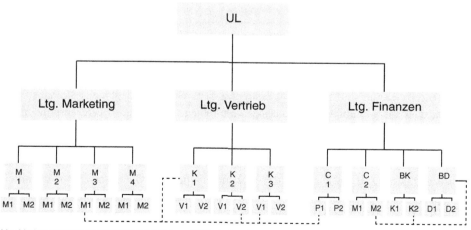

M = Markengruppen (Group-Productmanager mit Mitarbeitern)
K = Key-Account-Manager + V = Vertriebsmitarbeiter
C = Controlling mit Mitarbeitern (P = für Produktion, M = für Marketing/Vertrieb)
B = Buchhaltung mit Mitarbeitern (K = Kreditoren, D = Debitoren)

**Abb. 4.6**   Beispiel einer orangen Organisationsstruktur. (Quelle: „eigene Darstellung")

**Die orange Organisation im Überblick**

Die wichtigsten Aspekte einer orangen Organisation sind in Tab. 4.6 zusammengefasst.

**Tab. 4.6**  Die orange Organisation im Überblick. (Quelle: „eigene Darstellung")

| | |
|---|---|
| Typische Beispiele | Globale Unternehmen<br>Viele Dienstleister<br>Unternehmen mit starkem Produktmanagement |
| Ziele/Strategien | Kurzfristig Profit und Wachstum sichern<br>Markt- und Kundenorientierung: umfassende Erstellung von Markt- und Produktstrategien<br>Sich global aufstellen, international expandieren<br>Permanente Optimierung der Strukturen und Prozesse/Wertschöpfungskette |
| Abläufe | Strategie-Umsetzung über Projekte und Prozesse<br>Steuerung über jährliche Budgetplanung, KPI's, Balanced Scorecards |
| Strukturen | Flache, hierarchische Strukturen, die erweitert werden um Projektgruppen, virtuelle Teams, Stabsstellen<br>Prozessorientierte und bereichsübergreifende Berichtswege |
| Führungsverständnis | Topmanagement formuliert allgemeine Ausrichtung und Ziele<br>Management by Objectives<br>Delegation von Verantwortung und Handlungskompetenz<br>Entscheidungen meist immer noch *top-down,* Vorbereitung von Empfehlungen |
| Werte/Kultur | Leistung, Effizienz, Wertschöpfung<br>Fortschritt/Innovation/Wachstum<br>Profit |
| Kommunikation | Sachlich, aufgabenorientiert<br>Diskutieren<br>Empfehlungen von unten nach oben |

## 4.6.4   Beschreibung der grünen Organisation

Die (orangen) Managementstrategien sind ausgereizt. Prämiensysteme und andere finanzielle Anreizsysteme sind nicht mehr erstrebenswert. Ganz im Gegenteil. Sie haben dazu geführt, dass die Mitarbeiter sich ausgepowert fühlen, eine innere Leere empfinden. Sie sehnen sich danach, mehr Zeit für sich und ihre Familie/Freunde zu gewinnen. Das eigene Wohlbefinden und das Gemeinwohl stehen zunehmend im Vordergrund. Krankheitssymptome bis hin zum Burn-out können die Folge sein. So wechseln Mitarbeiter oftmals in die Selbstständigkeit (z. B. als Dienstleister) oder zu Unternehmen, die neuen „Sinn" vermitteln.

**Typische Beispiele** für grüne Organisationen sind daher gemeinnützige Organisationen und Umwelt- oder Tierschutzaktivisten. Auch arbeiten einige Teile von global tätigen Unternehmen auf dieser Ebene zusammen, wie z. B. die Personalentwicklung, fortgeschrittenes Marketing und Controlling.

Die **Ziele** des Unternehmens sind langfristig ausgelegt. Die angewendeten **Strategien** unterstützen die Nachhaltigkeit und den schonenden Einsatz von Ressourcen. Dabei sollen die Interessen aller Beteiligten berücksichtigt werden, das heißt, nicht nur die Erwartungen und Wünsche der Kunden und Investoren (wie bei orange), sondern auch die Interessen der eigenen Mitarbeiter, der Zulieferer, der Gesellschaft und der Umwelt (Stakeholder-Modell).

Die **Kommunikation** in grünen Organisationen ist offen, wertschätzend und klar. Grundsätzlich gibt es ein Harmoniebedürfnis zwischen den Beteiligten. Durch persönliche Weiterbildung, unterstützte Teamentwicklung und moderierte Workshops können jedoch auch Konflikte zufriedenstellend bearbeitet werden. Intuition und Empathie sind die neuen Qualitäten der Zusammenarbeit.

Durch die persönliche Reife der Mitarbeiter und deren Fähigkeit zum Perspektivwechsel können **Abläufe** flexibel gestaltet werden sowie **Prozesse** und Kompetenzen in die vertrauensvollen Hände der Mitarbeiter gelegt werden.

Die **Werte** der grünen Organisation sind Gleichheit, Gemeinschaft, Sinn- und Werteorientierung.

Das gelebte **Führungsverständnis** lautet: „Diejenigen, die von der Entscheidung betroffen sein werden, sollen sie auch treffen" (Empowerment). So gestalten die Mitarbeiter selbst ihren Einsatzplan, legen Pausen und Urlaub selbst organisiert fest. Vorstellungsgespräche werden von Mitarbeitern geführt, die auch mit ihnen arbeiten werden. Die Hierarchien sind flach und sollten aus Grün-Sicht am besten ganz abgeschafft werden, da ohnehin alle Entscheidungen auf Konsensbasis gemeinsam getroffen werden.

Die **Unternehmenskultur** steht im Zentrum. So finden einmal im Jahr Strategietage statt, um den Austausch aller zu fördern und grundlegende Entscheidungen zu diskutieren.

---

**Beispiel für eine grüne Organisation: Kindertagesstätte als Elterninitiative**

Fünf Elternpaare gründen einen Kindergarten. Sie sind unzufrieden mit den vorhandenen städtischen und konfessionellen Kindergärten des Stadtteils und haben die Vision einer Einrichtung, in der nicht behinderte und behinderte Kinder gemeinsam betreut und gefördert werden. Integration, heute Inklusion, soll Anspruch, Ziel und gelebter Alltag für Kinder sein, deren Unterschiedlichkeit als Bereicherung erlebt wird.

Schnell finden die Eltern ein geeignetes Objekt, in dem zwei Gruppen mit je 15 Kindern betreut werden können. Auch die Einstellung der pädagogischen Mitarbeiter und Therapeuten gelingt reibungslos, da die besondere Energie der Gründer und die sinnvolle herausfordernde Aufgabe die zukünftigen Mitarbeiter anzieht und motiviert.

In jeder Gruppe gibt es zwei Erzieher/innen sowie eine Logopädin (in Teilzeit 50 %) und eine Physio- bzw. Ergo-Therapeutin (in Teilzeit 50 %). In Gruppe 1 arbeitet die Einrichtungsleitung mit zehn Stunden pro Woche als ergänzende Pädagogin als Unterstützung mit. Die in der Einrichtung tätige Berufspraktikantin ist der Gruppe 2 zugeordnet.

Alle Mitarbeiter möchten eine wichtige und tragende Rolle in der Förderung der Kinder einnehmen. In zahlreichen Projekten arbeiten sie interdisziplinär und Gruppen übergreifend zusammen, um den besten Erfolg für die Kinder zu erreichen. So gibt es z. B. das Projekt „Gesunde Ernährung", in dem eine Erzieherin, eine Logopädin, eine Physiotherapeutin und die Köchin zusammenarbeiten. Hierbei werden biologisch erzeugte Produkte verwendet, und die Kinder helfen bei der Zubereitung der Mahlzeiten. Während der gesamten Zeit sind die Therapeuten dabei und unterstützen nicht nur die Förderkinder. Die Therapie findet sozusagen in der Gesamtgruppe statt. Niemand wird separiert oder muss allein in ein „besonderes Zimmer" (Therapieraum).

Die Herausforderung für die Mitarbeiter steckt in der flexiblen Organisationsstruktur. Disziplinarisch ist der Vorstand den Mitarbeitern vorgesetzt. Da dieser aus Eltern besteht, erfüllen diese eine besonders wichtige Doppelrolle. Dazu braucht es reife Menschen, die ihre unterschiedlichen Rollen verantwortungsbewusst wahrnehmen können. Die Mitarbeiter müssen sich auf immer wieder neue Rollen einstellen können. Besonders an die Einrichtungsleitung, die sowohl fachliche Vorgesetzte als auch pädagogische Ergänzungskraft in einer Gruppe ist, stellen sich große Herausforderungen. Auch die Mitarbeiter selbst müssen zu dieser Rollentrennung in der Lage sein, denn einmal sprechen sie mit ihrer Vorgesetzten und in einer anderen Situation mit ihrer Kollegin, die nur zeitweise die Gruppe unterstützt.

Zur professionellen Begleitung nutzt die Einrichtung Supervision als Fallbesprechung und zur Optimierung von Teamprozessen.

Kooperation und Partizipation sind für alle sehr wichtig. Sie bilden die Säulen des **Führungsverständnisses.** Besonders der Vorstand, der zum großen Teil aus den Gründungseltern besteht, sieht sich in der Rolle eines „Servant Leaders" (dienende Führungskraft), der allen Beteiligten gleichermaßen zuhört und bei Fragen und Problemen unterstützt. Diese Eltern wissen, dass ihre Zeit in der Organisation begrenzt ist, da ihre Kinder nach drei bis vier Jahren die Einrichtung verlassen und jemand anderes ihre Rolle übernehmen wird. Umso verantwortungsvoller gehen sie mit Aufgaben und Entscheidungen um.

Abb. 4.7 zeigt die grüne Organisationsstruktur der Kindertagesstätte auf.

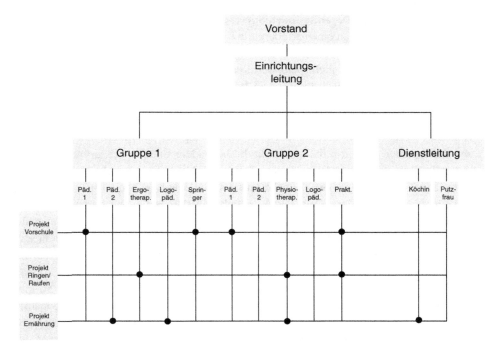

**Abb. 4.7** Beispiel einer grünen Organisationsstruktur. (Quelle: „eigene Darstellung")

**Die grüne Organisation auf einen Blick**

Die wichtigsten Aspekte einer grünen Organisation sind in Tab. 4.7 zusammengefasst.

**Tab. 4.7**  Die grüne Organisation auf einen Blick. (Quelle: „eigene Darstellung")

| | |
|---|---|
| Typische Beispiele | Gemeinnützige Organisationen, Aktivisten, multifunktionale Teams<br>Dienstleister, die Kompetenzpools eingeführt haben |
| Ziele/Strategien | Langfristige Erfolgssicherung, Nachhaltigkeit<br>Berücksichtigung aller Interessen (Stakeholder-Modell): Kunden, Investoren, Management, Mitarbeiter, Zulieferer, Gesellschaft, Umwelt<br>Flexibilität, hoch innovative und komplexe Produkte in hoher Qualität<br>Mitarbeiter/Team sind die entscheidenden Assets im Unternehmen, daher richten sich Ziele und Strategien auch auf diese aus |
| Abläufe | Sehr reife Prozesse<br>Ressourcen (Geld und Menschen) werden flexibel eingesetzt<br>Besonderer Fokus auf reifes Projektmanagement |
| Strukturen | Matrixorganisation: hierarchische Struktur plus Projektorganisation mit den Rollen und Aufgaben entsprechenden Entscheidungskompetenzen<br>Multifunktionale Projektteams, komplementär zusammengesetzt |
| Führungsverständnis | Dezentralisierung, Empowerment<br>Kooperativer, partizipativer Führungsstil<br>„Servant Leaders" („dienende Führungskräfte")<br>Lösungen werden von direkt Betroffenen erarbeitet und Entscheidungen herbeigeführt<br>Selbstreflexion und 360°-Feedback<br>Anerkennung über Wertschätzung, individuelle Entwicklung und Unterstützung, Teamprämien<br>Sozialverträgliche, flexible Arbeitszeiten |
| Werte/Kultur | Effektivität, langfristige Innovationskraft<br>Gleichheit, Fairness<br>Gemeinschaft, Harmonie, Teamorientierung<br>Werteorientierung, Sinnausrichtung |
| Kommunikation | Pluralistisch, viele unterschiedliche Perspektiven wahrnehmen und gleichen Respekt zollen<br>Unterschiede zwischen den Menschen werden akzeptiert oder sogar als Synergie gesehen<br>Entscheidungen werden im Konsens erzielt<br>Kommunikation ist offen, wertschätzend, klar |

### 4.6.5    Beschreibung der gelben Organisation

Organisationen in grün arbeiten in einem echten Team zusammen. Sie arbeiten zielorientiert und erreichen durch den Einsatz ihrer Unterschiedlichkeiten Synergieeffekte. Doch die Orientierung an der Gemeinschaft bringt auch Nachteile. Besonders die Leistungsträger des Teams möchten sich nicht länger am schwächsten Glied ausrichten, sondern ihre hoch entwickelten Fähigkeiten, wie Flexibilität, Systemisches Denken, Einsatz der Intuition, Kreativität und Nachhaltigkeit einsetzen. Einige haben Visionen, wie sie den Problemen und Fragen des noch jungen Jahrtausends begegnen wollen und so entstehen überall in der westlichen Welt gelbe Organisationen. Das Besondere an ihnen ist, dass sie nicht in bestimmten Branchen, Ländern oder Rechtsformen entstehen, sondern sowohl in Produktion und Dienstleistung, als auch in USA und Europa. Sie bestehen ebenso als börsennotierte Aktiengesellschaft als auch als gemeinnützige Organisation.

Der Belgier Frederic Laloux (2014) hat in seinem gleichermaßen faszinierenden wie bahnbrechenden Buch „Reinventing Organizations" Organisationen untersucht, die nach fundamental neuen Strukturen und Abläufen funktionieren. Damit die Erkenntnisse genügend Aussagekraft haben, hat er nur Organisationen betrachtet, die mindestens 100 Menschen beschäftigen und seit mindestens fünf Jahren nach Strukturen, Prozessen, Praktiken und Kulturen arbeiten, die mit den Merkmalen der gelben Stufe einhergehen.

Er hat Unternehmen aus der Energiewirtschaft, der Nahrungsmittelproduktion und der Metallverarbeitung genauso wie aus dem Gesundheitswesen, der IT-Beratung, den Medien und dem Schulwesen gefunden. Zwölf davon hat er genau untersucht, um die Unterschiede zu modernen (orange), traditionellen (blau) und postmodernen (grün) Organisationen und die Parallelen dieser neuen „evolutionären" Organisationen festzustellen.

Die Erkenntnis, dass sich Unternehmen wie lebendige Organismen verhalten und nicht wie Maschinen einem steuerbaren Input-Output-Muster folgen, bringt weitreichende Konsequenzen mit sich. Das Bestehen der Welt im Prozess des Fließens und der ständigen Wandlung macht auch Unternehmen und die darin wirkenden Menschen zu Bestandteilen dieses Prozesses der Entwicklung und der Veränderung. So liegen die **Ziele** dieser gelben Organisationen in der Erfüllung eines evolutionären Sinns. „Was will die Organisation sein und welchem Sinn möchte sie dienen?" Die Antwort auf diese Fragen bildet die Vision für alle Mitarbeiter und abgeleiteten Prozesse. Die **Strategie**, mit der diese Vision erfüllt werden soll, entsteht organisch aus der kollektiven Intelligenz der Mitarbeiter.

Diese **führen sich selbst** in selbst organisierten Teams. Besprechungen finden spontan nach Bedarf statt. Dienstleistungsfunktionen wie IT, Personal, Einkauf, QM etc. werden von Teammitgliedern oder freiwilligen Arbeitsgruppen übernommen. Wenn nötig werden Berater ohne Managementverantwortung einbezogen. Es gibt keine Treffen von Leitungsteams, denn es gibt keine Hierarchie. Das heißt nicht, dass es keine Vorgesetztenfunktionen gibt. Die Funktion eines Vorgesetzten ist temporär und wird je nach Kompetenz der gerade zu erfüllenden Aufgabe und der Bereitschaft des Mitarbeiters innerhalb des Teams entschieden.

**Kommunikation:** Alle Mitarbeiter haben in Echtzeit Zugriff auf alle Informationen, inklusive Finanzen und Vergütung. Alle Ressourcen stehen ihnen zur Verfügung.

Es besteht eine **Kultur** des Vertrauens. Die Menschen, die dort arbeiten, genießen es, das zu tun, was ihrem Wesen entspricht. Sie können sich vollständig als Menschen einbringen und nicht nur mit bestimmten Eigenschaften und Kompetenzen, die der Organisation derzeit von Nutzen sind. Die vollkommene Transparenz in der Organisation lädt alle ein, Empfehlungen zu geben, wie der Sinn der Organisation noch besser erfüllt werden kann.

Durch moderne Technik und völlig offene Kommunikationswege kann jeder mit jedem kommunizieren.

Eine typische **Organisationsstruktur** gibt es für gelbe Organisationen nicht, da sie sich aufgrund unterschiedlicher Unternehmensgröße und Branche zu stark unterscheiden. Allerdings gibt es ähnliche Grundsätze und Leitlinien, die in gelben Organisationen anzutreffen sind, wie Laloux (2014) durch seine Forschung festgestellt hat.

## Die gelbe Organisation im Überblick

Die wichtigsten Aspekte einer gelben Organisation sind in Tab. 4.8 zusammengefasst.

**Tab. 4.8**  Die gelbe Organisation im Überblick. (Quelle: „eigene Darstellung")

| Typische Beispiele | Gibt es noch nicht |
|---|---|
| Ziele/Strategien | Ziel: Erfüllung des evolutionären Sinns (Was will die Organisation sein und welchem Sinn möchte sie dienen?) Strategie: entsteht organisch aus der kollektiven Intelligenz der selbstführenden Mitarbeiter |
| Abläufe | Radikal vereinfachtes Projektmanagement Mitarbeiter besetzen die Projekte selbst Alle Mitarbeiter haben freien Zugriff auf Ressourcen Alle Informationen sind in Echtzeit allen zugänglich, einschl. Finanzen und Vergütung Wenn nötig werden Berater ohne Verantwortung angefordert |
| Strukturen | Selbst organisierte Teams Besprechungen spontan nach Bedarf Dienstleistungsfunktionen wie IT, Personal/PE, Einkauf, QM etc. werden von Teammitgliedern oder freiwilligen Arbeitsgruppen übernommen |
| Führungsverständnis | Selbstführung Keine Treffen von Leitungsteams Ohne Hierarchie und Konsens Jeder kann Vorgesetztenfunktion einnehmen Führungskraft als Vorbild Führungskraft hält den Raum |
| Werte/Kultur | Vertrauen statt Kontrolle Ganzheit/sich vollständig einbringen Diskussion über Werte der Organisation jederzeit erwünscht Menschen genießen es, das zu tun, was ihrem Wesen entspricht Vollkommene Transparenz lädt alle dazu ein, Empfehlungen zu geben, wie der Sinn der Organisation besser verwirklicht werden könnte |
| Kommunikation | Jeder kann jederzeit mit jedem kommunizieren Alle Informationen stehen zur Verfügung |

## 4.7  Vorstellung einer gelben Organisation – Kliniken Heiligenfeld

**Interview mit Dr. Joachim Galuska**

Wir möchten Ihnen an dieser Stelle die vielfach prämierten Kliniken Heiligenfeld vorstellen. Nachfolgend lesen Sie ein Interview aus dem Dezember 2015 mit Herrn Dr. Galuska, Geschäftsführer der Heiligenfeld Kliniken in Bad Kissingen, Uffenheim und Waldmünchen. Diese sind spezialisiert auf die Behandlung von psychischen und psychosomatischen Erkrankungen. Die Luitpoldklinik bietet zudem orthopädische, internistische und onkologische Rehabilitation. Die Kliniken sind bereits mehrfach ausgezeichnet worden, unter anderem als bester Arbeitgeber im Bereich Kliniken 2014, „Great Place To Work" und als Deutschlands Kundenchampions 2014 mit dem ersten Platz für „herausragende Kundenbeziehungen". Verliehen wird die Auszeichnung von forum! Marktforschung und der Deutschen Gesellschaft für Qualität (DGQ).

Außerdem gehört die Akademie Heiligenfeld zum Unternehmen, die jährlich einen Kongress mit Themenfeldern ausrichtet, wie „Spiritualität im Leben" (2016), „WIR – Bewusstsein, Kommunikation und Kultur" (2015), „Burnout und Resilienz" (2014), „Bewusstsein: Bewusstseinsforschung – Bewusstseinskultur – Bewusstseinsentwicklung" (2013), „Wirtschaft und Gesundheit – kranke Wirtschaft – gesunde Arbeit – Burnout-Alarm?" (2012), „Seelen-Heil-Kunst" (2011) und „Die Kunst des Wirtschaftens" (2010).

**Wie würden Sie den evolutionären Sinn Ihrer Klinik beschreiben?**
Ich sehe für mich zwei Sinne: Der eine bezieht sich auf die fachliche Arbeit, die wir machen. Ich sehe den Sinn meiner Klinik darin, dass sie der Medizin und der Psychosomatik eine beseelte, humanistisch-spirituelle Komponente gibt. Das heißt, dass unsere Klinik Medizin mit einem ganzheitlicheren Blick betrachtet, der über die rein funktionelle Betrachtung – sei sie nun biologisch oder verhaltensmodifizierend – hinausgeht. Wir sehen den ganzen Menschen in seiner existenziellen Situation, egal, ob er körperlich oder seelisch krank ist. Somit folgen wir einem humanistischen, also menschlichkeitsfördernden, aber auch integralen Ansatz. Denn im Grunde ist unser Therapiekonzept ein integrales Konzept, weil es eben die verschiedenen Dimensionen des Patienten berücksichtigt und ihn selbst auch in seiner Entwicklungsdynamik würdigt und fördert.

Innerhalb der Wirtschaft sehe ich den Sinn darin, dass wir auch da **ein ganzheitliches Unternehmensmodell** haben, von dem auch die Banken glauben, dass es der Hauptgrund für unseren Erfolg sei. Es basiert auf einem komplexen Wertesystem, in dem wirtschaftliche Prinzipien und Werte genauso eine relevante Dimension sind, wie eben auch andere Prinzipien, die etwas mit Mitarbeitern, Kooperation, Unternehmenskultur, Patientenorientierung, Austausch mit unserem sozialen Umfeld, der Gesellschaft und mit der Verantwortung gegenüber der Gesellschaft zu tun haben. Dabei erkennen wir, dass wir Teil eines komplexen Wirtschaftssystems sind, in dem ideelle Werte eben auch einen Wettbewerbsfaktor darstellen. Wir machen sichtbar, dass es möglich und glaubwürdig ist, gleichzeitig kundenorientiert, mitarbeiterorientiert, wirtschaftlich, ökologisch und sozial verantwortlich zu sein. Diese Sichtweise kommt aus einer aperspektivischen Grundhaltung, die spirituell und ethisch verankert ist. Der evolutionäre Sinn der Klinik besteht eben darin, der Evolution der menschlichen Kultur diese Komponenten hinzuzufügen.

**Welche Prozesse nutzen Sie, um Werte zu definieren und zu erneuern? Durch welche Maßnahmen werden sie vermittelt und aufrechterhalten?**
Wir haben etwa **14-tägig eine Veranstaltung**, die heißt „Organisationsentwicklung". Zu dieser kommen alle leitenden Mitarbeiter sowie die meisten Mitarbeiter, die gerade arbeiten. Diese beschäftigen sich mit einem Thema, das für unsere Klinik wichtig ist, z. B. Zertifizierungsvorbereitung oder Fehlerkultur etc. Es kann auch ein unternehmensrelevantes Thema sein wie Marketingkonzepte oder -ideen, Kundenorientierung, Umgang mit Ressourcen, Schnittstellen zwischen den Abteilungen, Verbesserungen etc. oder mit einem fundamentalen Thema wie „Welche Werte verfolgen wir?".

Diese Werteprinzipien nennen wir „Essenzen" (www.heiligenfeld.de/Unternehmen-Heiligenfeld/heiligenfelder-essenzen.html). Um diese Essenzen herauszuarbeiten, haben wir einen **6-monatigen „Essenzprozess"** gemacht, das heißt, wir haben die Mitarbeiter gefragt: „Was haltet ihr für das Wesentliche von Heiligenfeld?". Diese Frage haben wir bezogen auf alle Dimensionen gefragt. Umgang mit Patienten, Umgang untereinander, Umgang mit Kooperationspartnern, mit Strukturen etc. Dann haben sie wesentliche Prinzipien formuliert, die wir zusammengefasst und überarbeitet haben. Die Essenzen haben das Leitbild abgelöst und sind viel lebendiger, da sie aus der Praxis heraus formuliert werden. Anschließend haben wir alle Abteilungen gefragt, wie sie zu den Essenzen stehen und ob ihre Ziele, die sie sich setzen, damit im Einklang sind. Und auch die Mitarbeiter haben wir einzeln gefragt, wie sie mit ihrem Wertesystem zu unserem Wertesystem und den Essenzen stehen. Dabei kommt es auf den Dialog an, den wir mit den Mitarbeitern dabei führen. Das bearbeiten wir mit den Mitarbeitern alle zwei Jahre. Diese Veranstaltung führt zu sehr viel Kommunikation und damit zu einer lebendigen Unternehmenskultur. Wir haben in einem Krankenhaus sehr viele unterschiedliche Abteilungen. Es gibt ja nicht nur Ärzte, Pfleger und Therapeuten, sondern auch IT-Abteilung, Facility Management, Personalabteilung, Buchhaltung/Verwaltung, Küche und Service. Das heißt, wir haben ein breites Spektrum unterschiedlicher Berufe, die zunächst ihre eigene Denk- und Sprechweise haben. Wir lernen und haben gelernt, miteinander zu kommunizieren, also **die Sprache und die Denkweise der anderen zu verstehen,** um zusammen zu wirken. Und Heiligenfeld wirkt wie aus einem Guss, weil die Menschen wissen, dass ein Mitarbeiter einer anderen Abteilung mit einem ganz anderen Aufgabengebiet, trotzdem etwas Ähnliches innerlich vertritt, wie sie selbst. Außerdem lernen sich die Mitarbeiter untereinander kennen.

In der Großveranstaltung teilen wir uns oft auf in kleinere Arbeitsgruppen, in denen Ideen eingebracht werden, die dann wieder ausgewertet werden. Damit schaffen wir bewusst Unternehmenskultur.

Wir haben auch Tage der Stille. Wo die Patienten alles in Stille machen. Für die Mitarbeiter heißen diese Tage **„Achtsamkeitstage".** Sie kommen morgens zusammen und machen sich Gedanken über ein Thema, gehen ebenfalls in die Stille oder tauschen sich zu zweit dyadisch aus z. B. **„Was erfüllt mich in der Arbeit/was nicht?", „Was begeistert mich/was nicht?", „Wofür bin ich dankbar/nicht dankbar?"** Dies sind Themen, die wir im Laufe des Jahres immer wieder einbringen. Die Menschen sagen, wir gelangen dadurch in einen inneren Spürprozess, wir wecken ihre Seele und ihr Herz bei der Arbeit und ermöglichen so, eine Offenheit für einander zu entwickeln, die über die eigene Prägung durch die Rolle, die Ausbildung und die Funktion hinausgeht. Das ist etwas sehr Wertvolles. **Letztendlich ist das Besondere an Heiligenfeld die Unternehmenskultur** (wie bei jedem Unternehmen das Besondere die Unternehmenskultur ist), denn der Rest ist gar nicht so besonders, da die fachliche Seite, die Organisationsprozesse und die Managementaufgaben letztendlich ähnlich sind. Was aber unterschiedlich ist, ist immer das Selbstverständnis, die Art und Weise des Kommunizierens, die Identifizierung, die Ideen und Überzeugungen der Menschen, das Zusammenstimmen, die Art des Kooperierens; letztlich das gemeinsame Selbst- und Beziehungsverständnis sowie das gemeinsame Verständnis von Zusammenarbeit, machen das Unternehmen weitgehend aus.

Ein Unternehmen, das so offen und innovativ ist wie unseres, hat Komponenten, die neu sind, z. B. Therapieverfahren, Komponenten im Führungs- oder Managementprozess. Wir haben eine **intensive Führungskräfte-Weiterbildung,** weil wir glauben, dass die Führungskräfte eine große Rolle spielen und ihre Führungsidentität ganz entscheidend ist. Deshalb müssen sie auch Selbstmanagement/-führung lernen, Mitarbeiterführung sowieso. Aber eben auch Dinge, die über das „Managementhandwerk" hinausgehen, und da haben wir viele Komponenten: Coaching, Supervisionen, Meditationen. Natürlich machen wir in der Führungskräfte-Weiterbildung auch das fachliche, das so jeder macht und das zur Führungskräfte-Entwicklung dazugehört, aber darüber hinaus ist die persönliche, unternehmenskulturelle, kommunikative Komponente besonders und etwas, das in der deutschen Wirtschaft noch weiter ausgebildet werden sollte, wenn sie wettbewerbsfähig bleiben will.

Es gibt noch eine weitere Komponente, bei der wir uns auch noch auf dem Weg befinden. **Auf dem Weg zu einem lebendigen Unternehmen.** Was ist ein lebendiges Unternehmen? Es hat lebendige Organisationsstrukturen, eine lebendige Kultur und vor allem lebendige Menschen. Lebendigkeit bedeutet auch, dass wenn man das Leben in sich spürt, das immer größer ist alles andere, das Leben selbst als geheimnisvolles Großes, dann ist man auch bereit und in der Lage zu relativieren, was man denkt. Das Hauptproblem, das man in allen Zusammenhängen hat, ist, dass die Menschen mit ihren Rollen identifiziert sind und damit auch mit der Aufgabenstellung, die sie gelernt haben für diese Rolle, unabhängig ob sie Oberarzt, IT-Leiter oder Marketing-Spezialist sind. Das Gebiet, aus dem sie kommen, bestimmt ihre Denkweise und prägt ihre Identität. Diese Prägung bringen sie mit, und das führt dazu, dass sie das Unternehmen zu einem Klassiker machen wollen, auch wenn das Unternehmen sagt, die Welt ist größer als das, was du in Schule und Universität gelernt hast. Denn das macht ihre Aufgabe „gut" in dem Sinne, wie sie es gelernt haben.

Das Besondere an Heiligenfeld ist, dass **wir den Menschen helfen, ihre Prägung zu relativieren.** Das heißt, wir sagen okay, das ist eine Möglichkeit, aber vielleicht kann man auch noch mal ganz anders denken. Und wenn wir unsere Prägung einmal aufgeben, dann sind wir uns wieder ähnlicher. Wir sind unterschiedlicher, wenn wir uns festhalten, an dem, was wir gelernt haben und was wir glauben, was unsere Aufgabe ist. Am Ende sind wir kreativer, kommunikativer und erlangen die Freiheit des Denkens wieder.

Wenn Sie Menschen beibringen wollen, integral zu sein, dann müssen sie **die Freiheit des Denkens wiedererlangen.** Integral heißt nicht, eine bestimmte Weise kommt am Ende heraus, sondern integral heißt, aus den verschiedenen Möglichkeiten die Wirklichkeit zu sehen. Dann werde ich intuitiv etwas auswählen, eine Entscheidung treffen oder eine Komposition entwickeln. Dies wird keine logische Entscheidung oder Betrachtung sein, denn die Logik ist immer Vernunft.

Aber wir machen viele Dinge auch ganz normal, wie andere auch.

**Wie werden Ziele festgelegt? Betreffen diese Einzelne oder Teams? Wer definiert sie? Wie wird die Zielerreichung sichergestellt?**

Wir haben Globalziele, die sich aus der Philosophie ergeben, dies sind mehr Werte. Dann sagen wir den Abteilungsleitern, jede Abteilung soll sich für jedes Jahr fünf Ziele setzen und dann mit Kennzahlen versehen und Maßnahmen dafür entwickeln und am Ende des Jahres schauen wir, wo sie stehen. Aber wir machen diese Ziele nicht verbindlich, das heißt, es sind Orientierungen. Wir sagen, gebt euch die Ziele selber und erklärt uns nachher, was ihr dafür tut und warum ihr sie erreicht oder nicht erreicht und welche neuen Ziele ihr daraus ableitet. Wenn jemand Bürokratie daraus macht, dann sage ich, so ist das nicht gemeint. Was willst du denn wirklich? Außerdem bekommen sie einen Rahmen vorgegeben im Sinne von einem wirtschaftlichen Ziel, ein Gesundheitsziel für eure Mitarbeiter, ein marketingorientiertes Ziel, ein teambezogenes Ziel und ein Umweltziel. Die Mitarbeiter müssen das nicht alles machen, es sind vielmehr Anregungen. Wir fragen, was habt ihr denn vor in diesem Jahr, um eure Ziele zu erreichen? Wenn sie dann Standards aufschreiben, wie Teambesprechungen, sage ich: Die brauchen nicht aufgeschrieben werden, was macht ihr denn Besonderes? Wir führen nicht mit Zielvereinbarungen und nicht mit einem Bonussystem, das auf Zielerreichung basiert. Wir haben zwar für manche leitende Mitarbeiter eine variable Komponente, die aber knallhart auf eine Kennzahl bezogen ist (z. B. belegte Bettenzahl oder Beteiligung an etwas). Aber es gibt keine Bonussysteme, die mit der Erreichung von Zielen verbunden sind.

Auch in der **Geschäftsführung** haben wir alle unsere Ziele. **Wir haben ein komplexes, auf Werten basierendes Zielsystem, circa 25 Ziele.** Dahinter stehen immer ein bis zwei Kennzahlen, die Indikator-Charakter haben und einmal im Jahr betrachtet werden. Wir schauen, wie sie sich im Zeitverlauf entwickeln und erkennen dadurch strategische „Baustellen", die näher betrachtet werden sollen. Dies haben wir aber nur auf der obersten Ebene, Teile der Kennzahlen stehen auch anderen Bereichen zur Verfügung.

**Wie sieht Ihre Organisationsstruktur aus?**
**Wir sind hierarchisch organisiert.** Wir sind ein Familienunternehmen, das hälftig zwei Familien gehört. Meiner und der Familie Lang. Und das führt dazu, dass die Familien die großen Entscheidungen, wenn es ums Geld geht, immer treffen müssen. Alle Investitionen, die größer als 50.000 EUR sind. Dann haben wir die Geschäftsführung, die aus vier Personen besteht, und dann die strategische Leitung, die unternehmenskulturelle Bedeutung hat. Sie entscheidet alles, was kein Geld kostet. Alles, was Geld kostet, muss die Geschäftsführung entscheiden, da sie die Verantwortung trägt. Danach folgen die Abteilungsleiter; das heißt, wir sind also relativ flach organisiert bei 800 Mitarbeitern. Ich habe mir viele Gedanken darüber gemacht, ob man ein Krankenhaus auch anders als hierarchisch führen könnte, und glaube aber, dass das nicht geht, **da wir in einem Krankenhaus zu unterschiedliche Berufsgruppen mit zu unterschiedlichen Ausbildungen, Persönlichkeitsreife und Verantwortungsbereichen haben.**

**Auf den einzelnen hierarchischen Ebenen können sie dann sehr teamorientiert arbeiten,** und das tun wir auch. Teamorientiert heißt aber nicht, dass alles von Teams gemacht wird, sondern jeder hat seinen Verantwortungsbereich, aber die anderen dürfen sich einmischen. Das gilt auch in der Geschäftsführung. Jeder hat sein Ressort, aber jeder darf sich beim anderen einmischen. Jeder darf einen Tagesordnungspunkt in die Geschäftsführung einbringen, der das Ressort eines anderen betrifft. Es darf alles nachgefragt und diskutiert werden und wird **im Konsens entschieden.** Selten, dass wir uns nicht einigen können. Aber wenn wir uns nicht einigen können, geht das Ganze in die Supervision. **Wir haben auf allen Ebenen externe Supervision.** Für die Geschäftsführung und auf der strategischen Leitungsebene kommt einmal im Quartal für einen halben Tag ein Supervisor, der uns unterstützt in unserer Art der Kooperation und Führung. Alle Ebenen und Teams haben externe Supervision. Es ist zwar auch eine Kontrolle, wenn alle sich gegenseitig auf die Finger schauen, aber viel mehr ist es eine Unterstützung, dass man die Dinge auch nicht alleine tragen muss. Denn wir sind so engagiert und nah an unseren Mitarbeitern und Abteilungsleitern, dass es auch schwerfällt „nein" zu sagen oder etwas abzulehnen, z. B. eine Gehaltserhöhung. Die Kollegen unterstützen mit ihrer neutraleren Sicht von außen die Entscheidungsfindung. Am Ende einigen wir uns. Da wir so eng durch die Philosophie miteinander verbunden sind und freundlich im Umgang untereinander, ist das kein Problem. In den meisten Unternehmen ist Angst der Hauptfaktor, die eigene Position permanent absichern zu müssen. Das spielt bei uns überhaupt keine Rolle. Wir verlieren überhaupt keine Energie, wo sich jemand dauernd absichert, irgendetwas dokumentiert. Dadurch geht viel Energie in die tägliche konstruktive Arbeit hinein.

**Welche Praktiken gibt es, die Arbeit von Einzelnen und Teams anzuerkennen (monetär/nichtmonetär)?**
**Heiligenfeld ist wirtschaftlich erfolgreich,** aber nicht vergleichbar natürlich mit den Renditevorstellungen von Beteiligungsgesellschaften. Wir sind wirtschaftlich erfolgreich genug, um investieren zu können, wachsen zu können und unsere Kredite zu tilgen. Denn das Problem an Krankenhäusern sind immer die Immobilien. Wir können nicht

ohne Haus arbeiten, wir werden nicht öffentlich gefördert und müssen unsere Immobilien selber kaufen und finanzieren. Das heißt, wir benötigen Kredite, viele Millionen, die wir aus den Gewinnen bezahlen müssen. Und das funktioniert ganz gut, weshalb uns die Banken lieber gerne mehr Geld geben würden. Sodass wir in einer sehr komfortablen Situation sind, wenn wir wachsen wollen. **Aber wir müssen nicht wachsen. Wir wachsen immer nur dann, wenn es uns gefällt.** Gefällt heißt, es muss passen, uns nicht zu sehr quälen, und es muss sinnvoll sein, in dem was wir machen. Aber wir haben eine wirtschaftlich gute Situation, und wir wissen auch, dass wir die den Mitarbeitern verdanken, weil wir hier nicht als Gruppe von Führungskräften arbeiten, sondern alle zusammen. Wir sind eine große Gruppe von Menschen, die dies erwirtschaftet. Das ist uns sehr wohl bewusst und deshalb versuchen wir unseren Mitarbeitern auch sichtbar zu machen, dass wir dies auch würdigen und wertschätzen. **Das führt dazu, dass wir im Bereich der betrieblichen Leistungen alles ausschöpfen, was man steuerfrei machen kann.** Wir bieten unseren Mitarbeitern ein sogenanntes **Caring-System,** das nur abhängig ist vom Stellenumfang, das heißt, die Mitarbeiter bekommen sechs Gutscheine im Jahr und können dafür eine Massage-, Wellness- oder Kosmetikbehandlung bekommen, kostenlos und in der Arbeitszeit. Sie können den Gutschein auch umwandeln in einen Geburtstagskuchen oder eine Waschmaschine, die ihnen zu Hause angeschlossen wird. Oder eine Leistung, die wir als Unternehmen erbringen können, weil wir viele Kompetenzen haben, z. B. den PC einrichten. Dann bekommen die Mitarbeiter monatlich einen **Tankgutschein** bei einer vollen Stelle. Wenn die Mitarbeiter Kinder in der **hauseigenen Tagesstätte** untergebracht haben und noch Zuzahlungen leisten müssen, bekommen sie die Kosten bis 200 EUR erstattet. Außerdem haben wir eine **zusätzliche Altersversorgung** aufgebaut, bei der die Mitarbeiter einen Betrag einzahlen und wir einen Betrag dazuzahlen, der abhängig ist von der Dauer der Betriebszugehörigkeit. Je niedriger die Gehaltsstufe, desto höher die Zuzahlung. Wir möchten dadurch die unteren Lohngruppen fördern, etwas für ihre Altersversorgung zu tun. In der Zusammenarbeit mit einem Versicherungsunternehmen wird das gelöst. Ab nächstem Jahr bekommen die Mitarbeiter auch eine **Krankheitsbeihilfe.** Diese ist steuerfrei bis 600 EUR wenn es eine bedürftige Situation gibt und die Krankenkasse dies nicht bezahlt, z. B. Zahnersatz, Zweibettzimmer im Krankenhaus, Heilpraktiker oder Hör-/Sehhilfe. Außerdem können die **Mitarbeiter kostenlos an den Seminaren unserer Akademie teilnehmen.** Bis auf mehrjährige Ausbildungen, bei denen die Teilnehmerzahl begrenzt ist. Hier geben wir den Mitarbeitern oft einen Teilerlass. Außerdem gibt es **Prämien für besonders gute Ideen** – 500 bis 10.000 EUR, egal bei welcher Gelegenheit sie diese mitteilen, im betrieblichen Vorschlagswesen oder bei der Organisationsentwicklungsveranstaltung etc. **Eigentlich ist Heiligenfeld eine sich selbstständig entwickelnde, lernende Organisation, die aus sich selbst heraus permanent Verbesserungen und Veränderungen produziert.** Wenn es kein Geld kostet, können die Abteilungsleiter diese direkt umsetzen, genauso, wenn es Geld kostet, sie es aber relativ einfach umgestalten können. Bei größeren Projekten muss natürlich entwickelt und geplant werden. Die Klinik wird also sowohl von oben als auch aus der Mitarbeiterschaft permanent weiterentwickelt.

**Was bewerten Sie als die wichtigsten Aspekte Ihrer Führungsaufgabe als Geschäftsführer?**

Ich persönlich bin als Gründer vielleicht in einer besonderen Rolle, aber wenn ich die Geschäftsführung allgemein betrachte, würde ich heute sehen, dass man als Geschäftsführer versucht, permanent das Ganze zu spüren, das Unternehmen als Ganzes zu fühlen. Man spürt eigentlich mehr durch eine Art Moderation, denn sie können ja nicht zu sehr ins Detail gehen. Können Sie das Ganze fühlen und moderieren? Wo gibt es Impulse? Wo muss man etwas fordern. Was greift man heraus, sodass das Ganze sich wieder weiterentwickelt?

**Strategisches Denken ist für Geschäftsführer entscheidend,** immer die Zukunft im Blick zu haben. Wie sieht die Welt aus, wie verändert sich das Umfeld, z. B. das Gesundheitssystem und die wirtschaftliche Welt? Wohin geht es? Man ist in der Führung oft verführt, den Alltag zu managen, man hat permanent zu tun, ist immer ausgelastet. Das ist aber nicht die eigentliche Aufgabe. Sich immer wieder Zeit zu nehmen, rauszugehen, innezuhalten, **den Blick aufs Ganze zu richten und über den gegenwärtigen Zeitpunkt hinaus.**

Dann halte ich es für entscheidend, dass man sich als Geschäftsführer immer wieder der Werte bewusst wird, denen man folgt. Und tatsächlich sind wirtschaftliche Werte wichtig, aber es gibt eben auch andere Werte, die eine wichtige Rolle spielen, gerade in der Mitarbeiterführung oder wie man möchte, dass Patienten sich behandelt fühlen, das Thema Gesundheit bei Mitarbeitern. **Es ist wichtig, sich der eigenen Werte immer wieder bewusst zu werden, weil das Alltagsgeschäft in der Geschäftsführung permanent nach Organisation und Management verlangt, aber ein Unternehmen ist so viel mehr.** Und am Ende ist dies auch entscheidender, denn das „Technische" und Organisatorische kann man auch zum Teil delegieren. Man muss sich immer wieder bewusst machen, wofür man eigentlich da ist und was man wirklich will. Und wenn man das macht, ist es noch wichtig, dies zu kommunizieren. Immer wieder sichtbar zu machen, nicht nur eins zu eins, sondern auch in den Gremien, in Veranstaltungen und nach außen hin, damit auch eine gewisse persönliche Authentizität da ist. Damit das, was man macht, auch glaubwürdig ist. Und man ist dann natürlich auch gefährdet, weil man angefragt wird und rezitiert und vielleicht auch dann gekränkt ist. Aber da muss man durch. Ich glaube, dass es ganz wichtig ist auf der Geschäftsführungsebene, dass man sich auch outet mit dem, was einem am Herzen liegt, und damit sich aber auch committet dazu. Man wird natürlich auch daran gemessen und danach angefragt, damit muss man sich auseinandersetzen. Aber ich glaube, das sollte man tun, weil man dann auch integer ist. Und ich glaube, **integrale Führung muss auch integre Führung sein.** Integer heißt, dass man mit den eigenen inneren Werten im Einklang ist und dass auch möglichst Äußeres und Inneres im Einklang ist. Das muss man eben auch vertreten und die anderen werden schon einem dazu verhelfen, dass man integer wird. Denn, wenn man das nicht ist und keine Angstkultur vorherrscht, dann bekommt man dies auch rückgespiegelt. „Wie kann das sein, dass du jetzt diese Entscheidung triffst, wo du doch gestern dieses oder jenes gesagt hast?", und diese Korrektur finde ich auch wichtig, denn diese

Korrektur hat man individuell als Einzelgeschäftsführer nicht. Dadurch, dass wir viele Teamstrukturen haben, haben wir auch viele Korrekturmöglichkeiten.

Das sind so Sachen, die meines Erachtens sehr, sehr wichtig sind für Führung, dann bleibt man auch selber lebendig und vielleicht auch die Kultur, in der man tätig ist.

**Welches ist Ihr schönstes Erlebnis, das Ihnen als Geschäftsführer in Ihrer Art der Unternehmensführung Bestätigung und Freude geschenkt hat?**

Das ist sehr schwer zu sagen, aber **vor allem in der Organisationsentwicklungsveranstaltung,** wenn die Mitarbeiter alle in Arbeitsgruppen sind, da durch zu laufen und **zu spüren, wie lebendig die Menschen sind, wie wach sie sind, wie sie sich einbringen, lachen, sich um Lösungen bemühen, kritisch sind – das ist etwas Wundervolles!** Das ist das Feld, in dem ich leben und arbeiten darf, das ich auch mitkreiert habe. Dann bin ich in großer Dankbarkeit mit mir selbst, dass ich auch Anteil haben kann an etwas, was ich mitgeschaffen habe. Dann hat sich auch die Mühe gelohnt, die man sich in der Führung und auch als Unternehmer macht. Denn man geht als Unternehmer ja auch große Risiken ein.

Die Menschen dort sind lebendig, sie freuen sich, bringen sich ein, sie kooperieren, sie haben das Gefühl, sich dort zu verwirklichen oder zu entwickeln. Manche sind auch einfach nur auf der Durchreise, aber es ist eine gute Station. Das hat mich mit sehr viel Dankbarkeit erfüllt, und ich habe auch immer wieder die Dankbarkeit der Mitarbeiter gespürt, die mir sagen, das hat mich in meinem Leben weitergebracht. Oder auch Patienten, die mir manchmal Jahre später schreiben oder, wenn ich durch das Haus laufe, sagen: „Sie sind doch der Herr Galuska, und ich wollte Ihnen mal sagen, wie glücklich ich bin, dass ich jetzt hier sein darf." Das ist sehr, sehr berührend. Das sind die kleinen Highlights, die mir sagen: „Irgendwas machst du richtig!"

Dieses Interview mit Dr. Joachim Galuska führte Sandra Horn im Dezember 2015.

## 4.8   Praxisteil: Entwicklungsebenen selbst feststellen

### 4.8.1   Der Organisations-Check

Nachdem Sie die Beschreibung der Ebenen in Bezug auf die Organisation gelesen haben, ist es sicherlich spannend, das eigene Unternehmen einzuordnen oder das, in dem Sie als Berater/Coach tätig sind. Einen guten Überblick können Sie durch ein sogenanntes Integramm gewinnen. Dies ist die Kombination von Quadranten, Linien und Ebenen in einem Schaubild (siehe Abb. 4.8). Organisationen entstehen erst ab der roten Bewusstseinsebene, darum haben wir hier nur fünf Ebenen eingezeichnet, um das Schaubild übersichtlich zu gestalten.

Welche Schlussfolgerungen ziehen Sie daraus für die Organisation?

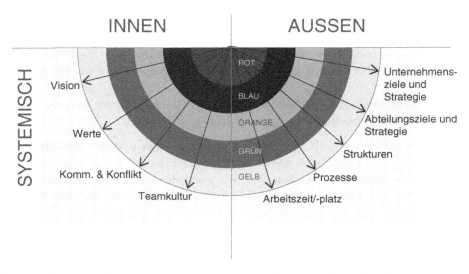

**Abb. 4.8**  Integramm Organisation (Leerformular). (Quelle: „eigene Darstellung")

### 4.8.2   Der Selbst-Check

Führen Sie nun eine Selbsteinschätzung anhand der folgenden Fragen durch und tragen Sie die Ergebnisse in die Abb. 4.9 ein.

- Wenn Sie Ihre Einschätzung zur Organisation mit ihrem persönlichen Ebenen-Test vergleichen, gibt es Übereinstimmungen oder Unterschiede? Welche Hypothesen ergeben sich daraus?
- Wenn Sie zu Ihrer Liniendiagnose als Führungskraft im letzten Kapitel zurückblättern und dies mit Ihren Erkenntnissen aus den Ebenen-Tests vergleichen, welche vielleicht überraschenden Korrelationen stellen Sie fest?
- Vielleicht möchten Sie einen ersten Versuch starten, für sich selbst ein Integramm zu erstellen. Wir haben für diese Selbsteinschätzung nur einige wenige Kriterien ausgewählt, weil zur umfassenden Einschätzung auch Erfahrung und Nachfragen eines Experten erforderlich sind. Bedenken Sie, dass auch der Ebenen-Test nur eine erste Einschätzung gibt.

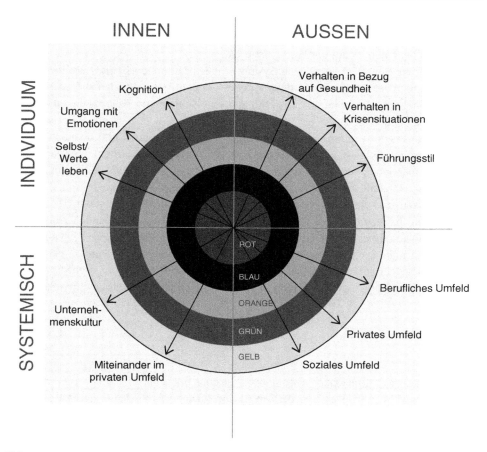

**Abb. 4.9**  Selbsteinschätzung mit dem Integramm. (Quelle: „eigene Darstellung")

**Zusammenfassung**

Die historisch-gesellschaftliche Entwicklung zeigt, wie sich das menschliche Bewusstsein Schritt für Schritt erweitert hat. Sich verändernde Lebensbedingungen und die Bewältigung von Krisen stellen die Menschen immer wieder vor neue Herausforderungen. Dadurch bilden sich neue Denkstrukturen, Werte und Verhaltensweisen heraus, die von Generation zu Generation weitergegeben werden. So können wir die Entwicklung des Bewusstseins auch bei jedem Individuum beobachten: Vom Säuglings- bis zum Erwachsenenalter werden verschiedene Ebenen durchlaufen.

Derzeit können acht Bewusstseinsebenen genauer beschrieben werden, wohl wissend, dass weitere folgen (bei wenigen Menschen zeigen sich bereits noch höhere Ebenen). Wichtig zu wissen ist, dass nicht jeder Mensch alle acht Ebenen durchläuft, da sich die Menschen je nach Lebensbedingung und Umfeld nur bis zu einer bestimmten Ebene entwickeln können. Es werden folglich immer alle acht Meme nebeneinander auf der Welt existieren.

Wenn wir Menschen oder auch Systeme einer bestimmten Ebene zuordnen, ist damit immer der Schwerpunkt des Denkens gemeint. Bezieht man die Entwicklungslinien mit ein, können sich durchaus unterschiedliche Ausprägungen nach unten und oben zeigen.

Mittels des Integramms können Sie einen sehr umfassenden und dennoch sehr pragmatischen Selbst-Check oder Organisations-Check durchführen. So erkennen Sie auf einen Blick, auf welcher Ebene der Schwerpunkt des Denkens liegt und wo Sie noch Potenziale ausschöpfen können, um eine Ebene voll zu integrieren.

Das Wissen um die sich verändernden Werte und Einstellungen lässt Sie auch wach sein in Bezug auf die Chancen und Risiken, die damit verbunden sind, die nächst höhere Ebene zu erklimmen. Sicher ist Ihnen bereits bewusst geworden, warum so mancher Change-Prozess mit vielen Widerständen verbunden ist bzw. was berücksichtigt werden sollte für einen „stärkenden" Entwicklungsschritt. Mehr dazu auch im Kap. 7, „Integral Führen und Unternehmen ganzheitlich entwickeln".

## Literatur

Beck DE, Cowan CC (2011) Spiral dynamics. Kamphausen, Bielefeld
Csikszentmihalyi M (2005) Dem Sinn des Lebens eine Zukunft geben. Klett-Cotta, Stuttgart
Küstenmacher M, Haberer T, Küstenmacher W (2011) Gott 9.0. Gütersloher Verlagshaus, Gütersloh
Laloux F (2014) Reinventing organizations. Vahlen, München

# Typologien – Denk- und Handlungsmuster erkennen und ausweiten

5

## 5.1 Typologien und Metaprogramme – Definition und Nutzen

Typologien sind neben Quadranten, Entwicklungsebenen, Entwicklungslinien und Zuständen das vierte Element des Integralen Ansatzes. Sie sind wahrscheinlich das älteste Klassifizierungssystem der Menschheit, ein früher Versuch, unterschiedliche Denk- und Handlungsmuster von Menschen zu kategorisieren, letztendlich um das Handeln von Menschen vorhersehbar zu machen. Sie sind also unterschiedliche, aber gleichwertige Erscheinungs- oder Ausprägungsformen, die auf jeder Entwicklungsebene zu finden sind, wie z. B. männlich und weiblich, Ying und Yang, die vier Elemente, das Enneagramm, Myers-Briggs-Typen oder Ähnliches.

Das Integrale hat keine spezielle Typologie, sondern bedient sich je nach Zweck und Nutzen aus dem typologischen Erfahrungsschatz der Menschheit. Für den Businessbereich und das Selbstmanagement halten wir die Metaprogramme aus dem NLP für besonders geeignet. Sie sind leicht erlernbar und schnell anwendbar, sie liefern hilfreiche Erkenntnisse ohne große Testverfahren.

Auch Metaprogramme beschreiben grundlegende Organisationsprinzipien, wie eine Person wahrnimmt und wie eine Person denkt und demzufolge handelt. Sie bearbeiten, formen und gestalten jene Informationen aus der Außenwelt, denen wir es gestatten, nach innen zu gelangen. Genauso bearbeiten sie die Informationen, die beim Kommunizieren, im Handeln und Tun, von innen nach außen gelangen. Metaprogramme sind wie eine Tür, durch die wir mit der Welt draußen agieren. Diese Tür hat die Macht, nur bestimmte Dinge passieren zu lassen.

Metaprogramme sind systematische, gewohnheitsmäßig ablaufende Prozesse. Sie sind meist nicht bewusst und beeinflussen uns in den Schlüsselbereichen Motivation und Treffen von Entscheidungen. Daher scheint es so, als ob sie Teil unserer individuellen Natur wären, permanent und dauerhaft. Tatsächlich kann man sie verändern, je nach

© Springer Fachmedien Wiesbaden 2016
H. Kuhlmann und S. Horn, *Integrale Führung*,
DOI 10.1007/978-3-658-13466-2_5

Kontext können sie variieren. So kann es sein, dass wir uns im beruflichen Umfeld anders verhalten als zu Hause in der Familie. Ein Beispiel hierzu möchten wir Ihnen anhand des Programms „Externe versus Interne Referenz" geben:

Ein Vertriebsmanager trifft seine Entscheidungen in Bezug auf das Produktangebot und die Rabattierung aufgrund seines eigenen Maßstabs leicht und schnell während der Verhandlungen mit dem Kunden. Er hat in diesem Kontext eine stark ausgeprägte interne Referenz. Im privaten Bereich konsultiert er meistens seine Freunde Ben und David, wenn es um Entscheidungen geht, die die Anschaffung von technischen Geräten für das Haus betreffen. Beide sind technisch sehr versiert, daher sucht er ihre „externe" Referenz.

Dieses Beispiel soll auch verdeutlichen, dass kein Metaprogramm als solches besser oder schlechter ist. Es kommt auf den Kontext und das Ergebnis an, das erzielt werden soll.

Der Nutzen für den bewussten Einsatz von Metaprogrammen ist vielfältig. Man kann sie für das eigene Selbstmanagement nutzen, für die Optimierung der Zusammenarbeit mit Kollegen, für einen besseren Kundenkontakt, für eine effektive Teamzusammenstellung oder zur Lösung von Problem- oder Konfliktsituationen.

## 5.2     Metaprogramme und ihre Stärken

In der Tab. 5.1 erhalten Sie eine Beschreibung der wichtigsten Metaprogramme. Danach zeigen wir anhand verschiedener Fallbeispiele konkret die Anwendungsmöglichkeiten und den Nutzen auf.

**Tab. 5.1**  Metaprogramme und ihre Stärken

| Spezifisch | Global |
| --- | --- |
| Diese Menschen nehmen Details wahr, erkennen Fehler oder Unstimmigkeiten, legen Wert auf Korrektheit | Solche Menschen nehmen das große Ganze wahr, erkennen Strukturen und Zusammenhänge |
| Sie sind spezifisch in ihren Fragen und präzise in ihren Äußerungen | Ihre Fragen sind eher global und Äußerungen allgemein gehalten |
| Sie beschäftigen sich gern mit konkret abgesteckten Themenbereichen und dem Wie: einzelne Schritte, Reihenfolgen | Sie sind interessiert an umfassenden Konzepten, können gut planen und Strategien entwerfen oder gar Visionen entwickeln, fragen immer nach dem Wofür und der Sinnhaftigkeit |

(Fortsetzung)

**Tab. 5.1** (Fortsetzung)

| Dissoziiert | Assoziiert |
|---|---|
| Diese Menschen betrachten Situationen aus der Distanz wie auf einer Kinoleinwand<br>Negative Emotionen werden dadurch gedämpft wahrgenommen, so wird schneller die Handlungsfähigkeit hergestellt<br>Solche Menschen wirken sehr überlegt, reflektierend, können für Klarheit sorgen<br>Durch ihren distanzierten Blick können sie überzeugen und gut beraten – sich selbst und andere | Solche Menschen können Situation voller Begeisterung erleben und intensiv spüren<br>Sie wirken authentisch und offen, lebendig und stecken mit ihrer Energie andere an<br>Die Assoziation ist der Schlüssel, um zu begeistern und damit ein guter Kommunikator bei Präsentationen, Meetings oder aber auch Trainings zu sein |
| **Gleichheit** | **Unterschied** |
| Die Suche nach Vertrautem steht im Vordergrund. Das bewirkt Sicherheit und Entspannung<br>Sie suchen Kontakt zu Menschen, die ihnen ähneln<br>Sie schauen bei Dingen auf Gemeinsamkeiten<br>Sie reisen immer wieder an die gleichen Orte, bevorzugen die gleichen Speisen<br>Sie können gut zu andern Menschen Vertrauen aufbauen | Die Suche nach Einzigartigkeit und nach Neuem steht im Vordergrund<br>Sie möchten anders sein, Spuren hinterlassen<br>Sie achten bei Dingen auf Unterschiede, benennen Unstimmigkeiten oder Widersprüche<br>Ihr Entdecker- und Forschergeist lässt sie immer etwas Anderes ausprobieren<br>Sie können gut Veränderung und Fortschritt erzielen |
| **Externe Referenz** | **Interne Referenz** |
| Diese Menschen konsultieren andere Personen, Bücher etc., um eine Entscheidung zu treffen<br>Brauchen Anleitung und den Maßstab anderer, um Sicherheit zu gewinnen<br>Brauchen Anerkennung von außen und sind offen für Anregungen in Bezug auf Weiterentwicklung | Diese Menschen treffen Entscheidungen leicht und schnell aufgrund ihrer eigenen Erfahrungen<br>Sie suchen Unabhängigkeit, Freiheit und Selbstbestimmung, sie mögen keine Kontrolle<br>Sie beurteilen Dinge und auch ihre eigene Leistung nach eigenen Standards |
| **Überzeugung einmalig** | **Überzeugung immer wieder** |
| Solche Menschen bekommen einige Fakten, stellen sich den Rest vor und entscheiden dann<br>Sie kaufen schnell, aber auch beim Nächsten, der an die Tür klopft | Diese Menschen sind nur in Bezug auf ein Beispiel oder einen Kontext überzeugt. Morgen muss man es ihnen wieder aufs Neue beweisen, weil morgen ein anderer Tag ist<br>Sie müssen mehrere Produkte sehen und den Verkäufer mehrmals aufsuchen, bevor sie sich entscheiden |
| **Weg von** | **Hin zu** |
| Solche Menschen erkennen Probleme und Fehler sehr schnell<br>Antrieb durch Leidensdruck: Was will ich nicht mehr? Wo will ich weg von?<br>Motivation durch Vermeidung von Konsequenzen und Sanktionen | Diese Menschen konzentrieren sich auf das Ziel oder die Aufgabe und bewegen sich lösungsorientiert darauf zu<br>Antrieb durch Freude: Wo will ich hin? Was ist gut für mich?<br>Optimismus: „Denke positiv"<br>Motivation durch Ziele und Belohnung |

(Fortsetzung)

**Tab. 5.1** (Fortsetzung)

| Reaktiv | Proaktiv |
|---|---|
| Reaktive warten eher darauf, dass andere etwas initiieren | Proaktive sind Macher, sie initiieren Dinge und kommen schnell ins Tun |
| Sie wollen die Situation verstehen, sammeln Informationen, analysieren | Sie handeln vorsorgend, entscheidungsfreudig, ergebnisorientiert |
| Ihre Rücksichtnahme auf andere ist groß, sie hören zu, nehmen Standpunkte von anderen an | Vorrangiges Ziel: zukunftsorientierte Ideen entwickeln und schnell umsetzen |
| Vorrangiges Ziel: Sicherheit | Stillstand ertragen sie nicht |
| Der Reaktive genießt und entspannt sich | |
| **Vergangenheit** | **Zukunft** |
| Ein solcher Mensch orientiert sich stark an vergangenen Erfahrungen und richtet sein Handeln danach aus | Sein Fokus ist voller Neugier auf das gerichtet, was in zehn Jahren sein wird |
| Er lernt aus negativen Situationen/Fehlern | Er hat klare Zukunftsvorstellungen und Visionen |
| Er nutzt positive Situationen der Vergangenheit als Ressource für Gegenwart und Zukunft | Er nutzt seine Fantasie, seine Kreativität, um die Zukunft zu gestalten und Dinge zu verbessern |
| **Prozedural** | **Optional** |
| Diese Menschen gehen genau nach geplanter Reihenfolge vor | Solche Menschen möchten Wahlmöglichkeiten haben |
| Sie halten festgelegte Prozeduren, Verfahren und Regeln ein | Sie wollen neue Verfahren entwickeln, neue Wege gehen |
| Sie gehen eine Sache nach der anderen an, korrekt und zuverlässig | Sie sind flexibel, können gut mit Unvorhergesehenem umgehen |
| Sie geben an, *wie* sie etwas getan haben | Sie geben Gründe an, *warum* sie etwas getan haben |
| **Dinge** | **Menschen** |
| Ihre Aufmerksamkeit richtet sich auf Fakten: Konzepte, Strategien, Finanzen etc. | Sie nehmen die Wünsche und Bedürfnisse der Menschen wahr |
| Sie sind analytische Denker, erfassen auch komplexe Sachverhalte und Zusammenhänge schnell | Sie sind empathisch, haben die zwischenmenschliche Ebene im Blick |
| Durch ihre Distanz zu Menschen betrachten sie Krisen nüchtern und bewältigen diese analytisch-sachlich | Sie haben eine gute Kommunikationsfähigkeit, vermitteln in Konflikten und haben ein Gespür für Stimmungen und Krisen, die sich anbahnen |
| **Andere** | **Selbst** |
| Ein solcher Mensch hat die anderen immer zuerst im Blick | Dieser Mensch hat sich selbst immer zuerst im Blick |
| Er nimmt Rücksicht auf die Bedürfnisse der anderen | Er sorgt für die Erfüllung der eigenen Bedürfnisse |
| Er beobachtet und hört zu, was die Ziele, aber auch die Probleme der anderen sind | Er setzt seine Ziele und Interessen auch in Konfliktsituationen durch |
| Wertschätzung, Hilfsbereitschaft und Kollegialität sind ihm wichtig | Er ist Meinungsbildner und weiß sich selbst zu positionieren |
| Fragt: Was kann ich tun, dass es dem/den anderen besser geht? | Fragt: Was ist mein Nutzen? Wie kann es mir besser gehen? |

(Fortsetzung)

**Tab. 5.1** (Fortsetzung)

| Notwendigkeit | Möglichkeit |
|---|---|
| Konzentration ist auf ein Ziel ausgerichtet | Es gibt so viele Möglichkeiten, ein Ziel zu |
| Der Weg dorthin wird konsequent und | erreichen: Viele Wege führen nach Rom |
| fokussiert beschritten | Diese Menschen sind flexibel, halten sich die |
| Ziel und Weg sind klar, beides wird als „Muss" | Möglichkeit offen |
| erlebt, es gibt keine Alternative und kein | „Alles kann, aber nichts muss" |
| Aufschieben | Sie sind zuversichtlich, dass sich im Prozess |
| Alles Notwendige wird getan, um das | zeigen wird, was machbar ist von all den Ideen |
| gewünschte Ergebnis termingenau zu erreichen | |

## 5.3 Einsatz der Metaprogramme (Fallbeispiele)

### 5.3.1 Selbstmanagement

Ein Versicherungsangestellter macht sich als Makler selbstständig und gründet eine Versicherungsagentur. Seine Vision ist, als unabhängiger Makler Kunden fair und nachhaltig zu beraten, sie somit über Jahre hinweg zu begleiten und Produkte anzubieten, die auf ihre jeweilige Lebenssituation angepasst sind.

Schon jetzt hat er eine klare Zukunftsvorstellung für die nächsten zehn Jahre: Er möchte in den fünf größten Städten Nordrhein-Westfalens Filialen mit jeweils fünf Mitarbeitern aufbauen. Im ersten Jahr will er drei Mitarbeiter am Hauptsitz einstellen, insbesondere die Vermarktungsstrategie total neu kreieren und 100 Kunden gewinnen. Dabei will er die Vergangenheit komplett hinter sich lassen, besonders den Umsatzdruck des Ex-Arbeitgebers und den „bestimmenden" Verkauf von Produkten mit hoher Provision.

Seine überwiegend dissoziierte Art, Dinge wahrzunehmen, unterstützt ihn dabei, alles gut zu planen und zu strukturieren, schwierige Situationen „ent-emotionalisiert" zu meistern und sich von negativen Stimmungen seitens Kunden oder Mitarbeitern nicht anstecken zu lassen. So powert er ein knappes Jahr mit 12 bis 15 h am Tag. Seine Familie vertröstet er, das sei nur die Anfangszeit. Aber seine Frau nimmt zunehmend wahr, dass er mehr und mehr abwesend ist, auch kleine schöne Momente nicht wahrnehmen kann. Seine Gedanken kreisen immer nur ums Geschäft, dass alles noch besser, schneller und größer werden muss. Erste Stresssymptome stellen sich ein, wie Schlafstörungen, Herz-Kreislauf-Probleme, die er jedoch immer wieder negiert.

**Was wird hier deutlich:** Eine starke Fokussierung auf die **Zukunft** und eine sehr **dissoziierte** Wahrnehmung. Diese Programme sind sehr wertvoll in der Anfangsphase. Sie unterstützen den Makler, zukunfts- und lösungsorientiert sein Unternehmen aufzubauen sowie ausdauernd „bei der Stange" zu bleiben. Der Makler lehnt jedoch die Vergangenheit aufgrund einiger negativer Erfahrungen komplett ab und setzt sich selbst unter Druck: Seine Gedanken kreisen darum, dass alles besser sein muss. Er versinkt regelrecht in Grübeleien, was dazu führt, dass er in der eigenen Weltmodellinterpretation hängen bleibt. Zudem wirkt er distanziert und starr auf die anderen. All dies bedeutet letztendlich eine Gefahr dafür, das Geschäft erfolgreich weiterzuführen.

In solchen oder ähnlichen Situationen braucht es frühzeitig eine bewusste Selbstreflexion oder eine neutrale Person (z. B. einen Coach), der diese „Sackgasse" spiegelt und Alternativen aufzeigt: Nach den ersten Erfolgen, wäre es sinnvoll „bewusst" die Programme zu wechseln. Zum einen könnte der Makler sich Zeit nehmen, sich zurücklehnen und assoziiert wahrnehmen, was er bereits alles erreicht hat und die positiven Momente noch mal intensiv erleben. Diese Form der Wertschätzung des bereits Erreichten ist für ihn selbst stimulierend, weckt Gefühle von Stolz und Zufriedenheit, bringt Energie für die folgenden Kundentermine und für die Besprechungen mit den Mitarbeitern, die im Übrigen auch diese Art der Anerkennung brauchen.

Auch der Vergleich zur Vergangenheit ist zieldienlich. So kann einerseits voller Stolz wahrgenommen werden, was besser ist, andererseits birgt die Vergangenheit auch wertvolle Erfahrungen, die nützlich sind bzw. eine Ressource darstellen, auf die man zurückgreifen kann. Das Rad muss nicht immer neu erfunden werden.

### 5.3.2   Optimierung der Zusammenarbeit mit dem Kollegen

Die Abteilungen Marketing und Vertrieb gestalten jedes Jahr ein Planungsmeeting für das Folgejahr, in dem sie gemeinsam Ideen für ein gutes Aktionsgeschäft im Handel generieren. Zwei junge Mitarbeiter – jeweils aus dem Marketing und Vertrieb – sollen das Meeting vorbereiten und auch durch den Workshop führen.

Der Marketingmitarbeiter schlägt vor, zunächst eine klare Agenda zu erstellen und diese Schritt für Schritt abzuarbeiten. Dabei möchte er im Wesentlichen an den altbewährten Vorgehensweisen festhalten:

1. Präsentation der Aktionsergebnisse des laufenden Jahres durch den Vertrieb
2. Ergebnisse laut Marktforschung hinsichtlich der Steigerung der Abverkäufe, Käuferreichweiten und Kaufintensität etc.
3. Aktionen der Wettbewerber und ihre Ergebnisse
4. Fazit
5. Ideenpool für nächstes Jahr

Der Vertriebsmitarbeiter möchte die bisher eingeschlagenen Wege verlassen, mehr Flexibilität und Wahlmöglichkeiten in den Prozess hereinbringen. Er ist voller Ideen:

> Alle Key-Accounter könnten ihren Einkäufer fragen, was die besten fünf Aktionen während seiner beruflichen Laufbahn waren. Unsere Werbeagentur könnten wir auch

bitten herauszufinden, welche Aktionen in anderen Branchen in den letzten Jahren prämiert wurden, da können wir bestimmt auch was abkupfern. Oder wir könnten unser Meeting doch auch in Holland machen und dort alle zusammen mal in die Geschäfte gehen und uns einen Eindruck verschaffen, was dort so für Aktionen laufen. Die Marktleiter geben uns bestimmt auch Infos. Ja, das Letzte sollten wir auf alle Fälle machen und dann schauen wir mal, was jeder so für Ideen noch mitbringt und alles Weitere wird sich schon ergeben. Das kann man ja nicht planen. Das entscheiden wir dann aus dem Bauch. … Wunderbar, das wird bestimmt total inspirierend.

**Was wird hier deutlich:** Es stehen sich zwei völlig unterschiedliche Vorgehensweisen gegenüber – **prozedural versus optional.** Wenn man nichts über diese unterschiedlichen Programme weiß, kommt es höchstwahrscheinlich zum Konflikt zwischen den beiden Mitarbeitern. Wenn sie sich jedoch der unterschiedlichen Prägungen bewusst sind und damit ihrer beider Stärken und sie in einen Topf werfen, kommen mit Sicherheit eine sehr befruchtende Zusammenarbeit und ein effektiver Workshop dabei heraus.

Der prozedurale Typ allein würde wahrscheinlich in diesem Fall vor lauter Zahlenpräsentationen im Analysestadium stecken bleiben, die Kreativität würde erstickt und der Mut zu neuen Wegen fehlt oder wird nur mit angezogener Handbremse möglich. Der optionale Typ würde im Alleingang sicher viele Ideen produzieren, nur welche Ziele erreicht werden sollten für die jeweiligen Produkte und Kunden, würde in dem kreativen Chaos wahrscheinlich untergehen. Somit dürften Entscheidungen in diesem Fall sicher sehr wahllos bzw. ziellos sein. Auch hier zeigt sich: Das eine Programm ist nicht schlechter als das andere, häufig braucht man sie beide – zu gegebener Zeit und in der richtigen „Dosierung".

### 5.3.3 Analyse einer kritischen Situation sowie eine mögliche Konfliktlösung

Zwei Geschäftspartner führen gemeinsam seit einigen Jahren erfolgreich ein Unternehmen für Innenarchitektur. Sie haben sich bisher als gutes Team erlebt, da sie sich in ihren Fähigkeiten und Talenten gut ergänzen. Der eine zeichnet für die Planung und Konzeption der Kundenwünsche verantwortlich, der andere für die qualitativ hochwertige Umsetzung. Bisher haben sie vermögende Privatkunden und kleine Familien-Hotelbetriebe als Kunden betreut und haben sich als Huber & Gruber einen Namen gemacht.

Herr Huber war bekannt dafür, dass er die Vorstellungen der Kunden schnell erfasste, in der Planung alle Zusammenhänge und Abhängigkeiten berücksichtigte, aufgrund der Fakten eine schnelle Kalkulation erstellte und die materielle Seite auch im Verlauf des Projekts gut im Griff hatte.

Herr Gruber zeichnete sich besonders dadurch aus, dass er die Auftraggeber in der gesamten Umsetzungsphase besonders betreute. Seine hohe Kommunikationsfähigkeit und Empathie ließ ihn immer wieder Feedback vom Kunden einholen, im Laufe des

Prozesses entstehende Wünsche wurden immer aufgenommen und nach Möglichkeit realisiert, bei Schwierigkeiten mit Zulieferern oder Problemen schaffte er es durch seine zugewandte Art immer, die Wogen zu glätten und Verständnis beim Kunden zu erzielen.

Dann veränderte sich jedoch die Marktlage: Im zurückliegenden Jahr war die Auftragslage rückläufig und der Preiskampf mit den Newcomern nahm zu.

Für Herrn Huber als „Konzeptioner" war es an der Zeit zu handeln, neue Geschäftsfelder zu bedienen, unter anderem ihre Erfahrung großen Hotelketten anzubieten, sich größer aufzustellen, große Projekte zu akquirieren. Vorrangiges Ziel sei, das Unternehmen auch für die nächsten zehn Jahre gut aufzustellen, Stillstand sei Rückschritt und das Unternehmen sei gefährdet. Großaufträge würden letztendlich auch für ein bis zwei Jahre die Unternehmensergebnisse sichern.

Herr Gruber fand dies übereilt, er war der Meinung, man solle erst mal abwarten, wie das nächste Jahr würde, die finanziellen Reserven würden das ermöglichen. Auch hätte man dann Zeit, erst mal über alles nachzudenken. Das wäre schließlich ein ganz anderes Geschäft, dafür wären sie wahrscheinlich nicht richtig aufgestellt, man müsse schauen, ob dies auch die Mitarbeiter wollten und welche Auswirkungen das auf das private Umfeld hätte, die Zufriedenheit aller – der Kunden, der Mitarbeiter, die eigene und der Familien – wäre ihm wichtig.

Herr Huber gab sich damit nicht zufrieden, man könne die Augen doch nicht vor den Dingen verschließen, wie sie sich im Moment darstellten. Er wolle wenigstens mal einen Versuch starten und sich bei einer Ausschreibung bewerben. Herr Gruber gab nach unter der Bedingung, dass sein Kollege und nicht er federführend die Initiative übernahm.

Als sie schnell den Zuschlag für den ersten Großauftrag bekamen, waren zunächst beide glücklich, schließlich war die Sicherheit und damit die Existenz des Unternehmens sicherzustellen für sie beide ein wichtiges Ziel. In der weiteren Projektumsetzung kam es jedoch immer wieder zu Konflikten zwischen den beiden. Die Projektsteuerung des Großauftrags erforderte eine andere Kundenbetreuung als Herr Gruber sie gewohnt war: Es ging mehr um Daten und Fakten, um schnelles proaktives Handeln und Entscheiden auch in der Umsetzungsphase. Das entsprach nicht seinen Vorlieben und Stärken. Er bat seinen Kollegen, das Geschäft mit dem Großkunden komplett zu übernehmen. Er wolle sich auf das angestammte Kundengeschäft fokussieren und hier über Neukundenakquise das Stammgeschäft sichern. Da sie auch bei den Mitarbeitern ähnlich unterschiedliche Präferenzen feststellten, beschlossen sie die Verantwortung für die zwei Geschäftsfelder aufzuteilen und die Strukturen neu zu ordnen. Insgesamt lief ab da die Zusammenarbeit für alle Beteiligten zufriedenstellender und auch effektiver.

**Was wird hier deutlich:** Herr Huber ist in seiner Art wahrzunehmen und zu handeln eher **proaktiv** und nimmt eher die **Dinge** wahr, während sich Herr Gruber eher **reaktiv** verhält und die **Menschen** im Blick hat. Jeder kann zwar lernen, auch das jeweils andere Metaprogramm mehr zu leben, dennoch gibt es Präferenzen. Dieses Beispiel soll aufzeigen, dass auch eine bewusste Nutzung der Präferenzen für bestimmte Aufgaben – in diesem Fall die Steuerung von Geschäftsfeldern – sinnvoll sein kann.

### 5.3.4 Change-Management

Gleichzeitig möchten wir mit obigem Beispiel alle Change-Manager, Berater und Führungskräfte mit ausgeprägtem **proaktiven** Metaprogramm und Fokussierung auf **Dinge** sensibilisieren. Widerstände in Veränderungsprozessen beruhen häufig darauf, dass Mitarbeiter mit dem jeweils gegenteiligen Metaprogramm nicht mitgenommen werden. Kommt noch eine einseitige **Zukunftsorientierung** hinzu, sind Change-Prozesse meist zum Scheitern verurteilt oder versanden schlicht und einfach.

Mit anderen Worten es ist besonders wichtig, hier für eine Balance zu sorgen: Altbewährtes aus der **Vergangenheit** wertzuschätzen und zu bewahren, auch die Bedürfnisse und Sorgen der **Menschen** ernst zu nehmen und sie teilhaben zu lassen an einem Schritt für Schritt erfolgenden Analyse- und Umsetzungsprozess.

### 5.3.5 Effektive Zusammenstellung eines Teams

Ein Team ist im klassischen Sinne der Definition bekanntlich eine Gruppe von verschiedenartigen Rollen- und Funktionsträgern, die explizit auf ein Thema/Ziel hin zusammengestellt wird. Durch das Zusammenwirken der unterschiedlichen Mitglieder sollen Synergieeffekte dafür genutzt werden, dass zieldienlichere Ergebnisse als ohne Team erzielt werden. Auch die Nutzung von unterschiedlichen Metaprogrammen stellen bessere Ergebnisse sicher. So können je nach Projekt Menschen mit unterschiedlichen Präferenzen gewählt werden oder die Teammitglieder setzen sich bewusst unterschiedliche „Rollenhüte" auf. Nachstehend ein Beispiel hierzu:

Der Geschäftsführer eines Konsumgüterherstellers stellt fest, dass die Herstellkosten eines großen Markenprodukts im Vergleich zum Wettbewerb zu hoch sind. Ein Team hat die Aufgabe, die Produktkosten zu senken. Dieses Team besteht zunächst nur aus einem Controller und einem Produktmanager. Diese nehmen zunächst **global** die gesamte Wertschöpfungskette in den Blick und kristallisieren die wesentlichen potenziellen Handlungsfelder heraus. Danach werden weitere Funktionsträger ins Team berufen: ein Verfahrenstechniker und ein Produktentwickler. Diese beiden Bereiche werden dann **spezifisch** untersucht – wie genau die Prozesse ablaufen und was genau alternative Einsparmöglichkeiten wären. Erste Kalkulationen ergeben: Das Einsparpotenzial liegt nur bei 2 %, wenn die Qualität des Produktes aufrechterhalten werden soll.

Auf der Suche nach anderen Einsparmöglichkeiten werden auch die Kalkulationen **vergangener** Jahre untersucht. Es wird festgestellt, dass vor sieben Jahren die Gesamtherstellkosten deutlich niedriger waren, normale Verteuerungsraten können diesen Unterschied nicht erklären. Im Vergleich zu den Vergangenheitsdaten wird ein Ansatzpunkt deutlich: Der Verteilerschlüssel für Fixkosten wurde für die Marke erhöht und für die Handelsmarken gesenkt, um diese preisgünstiger dem Handel anzubieten. Also ein hausgemachtes Problem, das das Team der Geschäftsführung aufzeigen kann.

Des Weiteren beschließt das Team, einen Ideenpool zum Thema Verpackung und Logistik durchzuführen und erweitert den Kreis des Teams um einen

Verpackungstechniker, den Einkauf und die Logistik. Sie einigen sich, die Metaprogramme **„Notwendigkeiten"** und **„Möglichkeiten"** für die Strukturierung ihrer Ideenfindung zu nutzen und setzen sich gemeinsam nacheinander diese Rollenhüte auf.

Bei den Notwendigkeiten fokussieren sie ihre Wahrnehmung auf das, was unbedingt sein muss als Mindestanforderung, aber auch auf das, was sein muss, um das Ziel Einsparung zu erreichen. Beim Rollenhut Möglichkeit gilt das Motto „Alles ist möglich", es gibt grenzenlose Optionen im Denken, Handeln und Entscheiden. Danach werden beide Perspektiven in die Waagschale zur Bewertung geworfen. Dadurch kommen sie auf zwei interessante Ideen, die noch mal 2 bis 3 Prozentpunkte Einsparung versprechen.

Metaprogramme können also auch zur effizienten Steuerung von Teamprozessen genutzt werden. Und auch als Moderator, Führungskraft oder (Team-)Coach ist es sinnvoll, Metaprogramme bewusst zu nutzen: idealerweise proaktiv oder reaktiv, wenn im Verlauf eines Teamprozesses „Frontenbildung" droht aufgrund konträrer Denk-/Handlungsmuster. Dann ist es sinnvoll, beide Seiten abzuholen und zu würdigen, beides als gleichberechtigt und wichtig stehen zu lassen.

### 5.3.6  Optimierung der Kundenansprache

Ob Händler oder Verbraucher – die Motivation etwas zu kaufen und mit einem Produkt zufrieden zu sein, ist durchaus unterschiedlich: Sie ist nicht nur von den individuellen Werten und Bedürfnissen abhängig, sondern auch von der Wahl der richtigen Metaprogramme. Dies möchten wir zunächst am Beispiel „Werbung für ein Elektroauto" anhand der Metaprogramme **weg von/hin zu** verdeutlichen.

Eine Zielgruppe, die sich für Elektroautos interessiert, ist sicher umweltbewusst: Sie erkennt die weltweit zunehmenden Umweltprobleme, sieht die Konsequenzen und will einen Beitrag dazu leisten, die unerträgliche Situation zu verändern. Dies ist eine klare Weg-von-Motivation. Dies ist wichtig, in der Kundenansprache herauszustellen, z. B. mit Beschreibungen wie: emissionsfreier Antrieb, emissionsarm produziert mit erneuerbaren Energien, ressourcenschonend gebaut mit nachwachsenden Materialien, fast restlos wiederverwertbar.

Aber auch Hin-zu-Motivationen werden bedient, um auch die Zielgruppen zu erreichen, für die Umwelt zwar ein Thema ist, aber nicht nur. Auch hier einige Beispiele, die Autohersteller wie BMW oder Mercedes in ihrer Werbung herausstellen: unvergleichbare Fahrfreude; ein entspannendes, nahezu lautloses Fahrerlebnis; komfortabel zu Hause aufladen; vom Start weg kraftvolle Beschleunigung.

Oder Weg-von und Hin-zu in einem Satz wie bei Mercedes: Null Emission, volle Emotion.

Nicht nur in der Positionierung und Werbung kann man Metaprogramme nutzen, sondern auch im Kundengespräch. Dies zeigen wir nachstehend anhand des Programms **Überzeugung einmal/immer wieder** auf. Es gibt Menschen, die einmal überzeugt einer Marke treu bleiben. Sie hören sich die neuen Fakten kurz an, gleichen das mit ihren bisherigen Eindrücken ab und entscheiden sich sofort. Andere Menschen wiederum müssen immer wieder neu überzeugt werden: neue Fakten, andere Zeit – da muss alles noch mal infrage gestellt werden. In einem Kundengespräch kann es also hilfreich sein, zunächst zu erfragen, ob und welche Erfahrungen der potenzielle Kunde bereits mit der Marke gemacht hat. Dann ist entweder der Entscheidungsweg kurz, weil man als Verkäufer nur die neuen Fakten als weiteres Plus herausstellen kann oder – wenn das Immer-wieder-Programm aktiv ist – der Verkäufer sich Zeit nimmt und von sich aus betont, dass es wichtig ist, alle Facetten noch mal auf den aktuellen Stand hin zu überprüfen, um so langsam Vertrauen aufzubauen.

Auch das Programm **Gleichheit/Unterschied** ist bei Kaufentscheidungen häufig ausschlaggebend. Menschen, die Gleiches bevorzugen, schauen immer auf Ähnlichkeiten, Gemeinsamkeiten, Vertrautes. Damit sorgen sie für Sicherheit, Harmonie und Entspannung. Auf den Autokauf bezogen könnte das sein, dass Faktoren wie gute Sicht, stabile Karosserie oder komfortable Sitzposition des bisherigen Autos auch für den Kauf des neuen Autos wichtige Entscheidungskriterien sind. Daher ist es sinnvoll, als Verkäufer zu fragen, ob etwas besonders am alten Wagen geschätzt wurde und unbedingt auch in Zukunft sichergestellt werden sollte. Auf dieser Basis kann dann das entsprechende Modell empfohlen werden.

Andere Menschen achten mehr auf Unterschiede, sie suchen das Neue, das Unbekannte und die Einzigartigkeit. Für solche Menschen braucht der Verkäufer Sonderausstattungen oder Neuheiten, die der Wettbewerb oder Vorgängermodelle nicht zu bieten haben. So hat z. B. ein großer deutscher Automobilhersteller ein weltweit einzigartiges Navigationssystem in einige Modelle eingebaut, das dem Fahrer das Umsteigen auf öffentliche Verkehrsmittel vorschlägt, wenn er sein gewünschtes Ziel dadurch schneller und effizienter erreichen kann. Das System ermittelt nicht nur die optimale Route, sondern auch den nächsten Park-and-ride-Platz und überträgt dann den Routenplan mithilfe einer App auf das Smartphone. Besonders für den Businessmanager in den Metropolen Europas, USA und China ein besonderes Special.

Natürlich kann man auch die anderen Metaprogramme im Kundenkontakt oder in anderen Gesprächen mit dem Ziel der besseren Verständigung nutzen.

### 5.3.7  Interessenbalance

Zu guter Letzt möchten wir einen Blick auf das Programm Andere/Selbst werfen. Das Metaprogramm **Selbst** ist aktiv, wenn wir den Fokus auf die Erfüllung unserer eigenen Ziele, Bedürfnisse und Ideen richten und diese auch gegen Widerstand durchsetzen. Neben dem eigenen Nutzen, steht auch die eigene Profilierung im Vordergrund.

Das Programm **Andere** bewirkt, dass sich die Aufmerksamkeit stark auf die Befindlichkeit und die Bedürfnisse der anderen, sprich der Kollegen, Mitarbeiter, Gruppe oder Familie richtet. Rücksichtnahme, Zuhören und Harmonie sind wichtig. Die eigenen Bedürfnisse treten mehr in den Hintergrund.

Auch hier ist nicht das eine besser als das andere zu bewerten. In dem einen Kontext ist mal das eine wichtig, in dem anderen Kontext das andere, und in vielen Kontexten ist die ausgewogene Balance das zieldienlichste. Eine gute Führungskraft zeichnet beides aus: Sie braucht ein gesundes Selbst, eine klare Ausrichtung, für die sie eintritt. Dies sorgt für eine klare Positionierung und Standing im Umfeld der Kollegen und für Orientierung bei Mitarbeitern. Die Betonung liegt jedoch auf „gesund", oder „maßvoll" könnte man auch sagen. Die Zeit der großen Alphatiere, der 12-Ender, die ihr Hirschgeweih ständig zur Schau stellen müssen, um sich gegenüber ihren Kollegen zu profilieren, geht glücklicherweise zu Ende. Einige von ihnen haben es so weit pervertiert, dass sie vor dem Kadi gelandet sind, wie z. B. einige Banker.

Eine gute Führungskraft richtet seine Aufmerksamkeit immer wieder auch auf **andere**: Was brauchen einzelne Mitarbeiter, wie kann ich ihre Bedürfnisse berücksichtigen und dadurch auch ihr Engagement sicherstellen? Wie kann ich die Zufriedenheit und damit auch die Teamleistungsfähigkeit erhöhen? Wo sollte ich gegenüber Kollegen mehr Rücksicht nehmen oder auch einlenken, um die Kollegialität zu fördern?

Sicher haben Sie bereits durch die Fragestellungen erkannt, dass auch dies ein Plädoyer für ein „gesundes, maßvolles" Ausrichten auf andere ist. Es wird sowohl der Nutzen für den anderen in den Blick genommen, durchaus aber auch die positive Auswirkung auf das Selbst oder das Gesamtsystem Unternehmen gesehen.

▶     **Fazit:** Der bewusste Einsatz von Metaprogrammen ist in nahezu allen Kontexten sinnvoll und kann viele erwünschte Veränderungen bringen. Am besten man beginnt bei sich selbst mit dem Üben und überlegt auf Basis verschiedener Kontexte oder Rollen, welche Präferenzen bestehen und wo man gezielt für sich Wahlmöglichkeiten und Optimierungen sieht.

Dazu möchten wir Sie jetzt im Praxisteil einladen.

## 5.4     Praxisteil: Metaprogramme analysieren und nutzen

### 5.4.1     Metaprogramme bei sich selbst analysieren

Nutzen Sie die Tab. 5.2 „Erkennen von eigenen Metaprogrammen", um sich einen Überblick darüber zu verschaffen, welche Präferenzen Sie haben und ob sie bestimmte Denk- und Handlungsmuster ausblenden. Hier liegt meistens ein persönliches Entwicklungspotenzial verborgen und häufig auch der Schlüssel für gewünschte Veränderungen.

Definieren Sie in der ersten Zeile als Erstes die Kontexte oder Rollen, die Sie beleuchten wollen und tragen Sie sie jeweils mit einem Stichwort ein (z. B. Beruf, Partnerschaft, Elternschaft, Hobby, Freundschaft etc.). Dann gehen Sie alle Metaprogramme durch und schauen, in welchen Rollen, welche Metaprogramme in welcher Ausprägung aktiv sind. Dazu nutzen Sie eine Skala von 1 bis 10. Die

**Tab. 5.2** Erkennen von eigenen Metaprogrammen

| Metaprogramme | Kontexte und Rollen | | | | |
|---|---|---|---|---|---|
| (1) Spezifisch Allgemein/global (10) | | | | | |
| (1) Dissoziiert Assoziiert (10) | | | | | |
| (1) Gleichheit Unterschied (10) | | | | | |
| (1) Externe Referenz Interne Referenz (10) | | | | | |
| (1) Überzeugung einmalig Immer wieder (10) | | | | | |
| (1) Weg von Hin zu (10) | | | | | |
| (1) Reaktiv Proaktiv (10) | | | | | |
| (1) Vergangenheit Zukunft (10) | | | | | |
| (1) Prozedural Optional (10) | | | | | |
| (1) Dinge Menschen (10) | | | | | |
| (1) Andere Selbst (10) | | | | | |
| (1) Notwendigkeit Möglichkeit (10) | | | | | |

Gegensatzpaare sind in der Tabelle jeweils mit den Polen 1 und 10 festgelegt. **Beispiel:** Wenn das Metaprogramm **Spezifisch** sehr stark ausgeprägt, ist vergeben Sie eine 1 oder 2, wenn das Programm **Global** dominant ist, vergeben Sie eine 9 oder 10. Die Mitte mit 5 sollte nicht zu oft vergeben werden, meistens kann man sich für eine Tendenz in die eine oder andere Richtung entscheiden. Die tabellarische Übersicht Tab. 5.1 „Metaprogramme und ihre Stärken" unterstützt Sie bei der richtigen Einschätzung.

**Auswertung**

- Markieren Sie bei jedem Metaprogramm, welche Seite Sie bevorzugen und erstellen Sie so Ihr persönliches Metaprogramm-Profil.
- Kennzeichnen Sie Rollen bzw. Kontexte, in denen Sie Abweichungen zu Ihren ansonsten präferierten Metaprogrammen haben.
- Wirkt sich die Abweichung positiv oder negativ aus?

**Anregungen zur Arbeit mit Ihren bevorzugten Metaprogrammen**

- Was bedeutet es für Sie, wenn Sie überwiegend nur die eine Seite des Programms nutzen? Welche Auswirkungen hätte es, wenn Sie die andere Facette beim nächsten Mal ausprobieren würden? Was sind die Vor- und Nachteile? Ist es den Preis wert, es mal anders auszuprobieren?
- Analysieren Sie die bisher nicht so erfolgreichen Kontexte/Rollen! Welche Programme bevorzugen Sie hier? Welche können Sie hinzufügen, welche weglassen?
- Machen Sie sich dazu auch die möglichen Nachteile der Programme bewusst. Anregungen erhalten Sie hierzu auch in der Tab. 5.4 „Metaprogramme und ihre möglichen Schwächen und nachteiligen Folgen".

## 5.4.2  Metaprogramme in Konfliktsituationen nutzen

Unterschiedliche Werte und Ziele können einen Konflikt auslösen, häufig sind es aber auch die unterschiedlichen Denk- und Handlungsmuster, die ein Miteinander erschweren oder sogar zum Konflikt führen. Besonders in Stresssituationen können sich auch Ihre Muster oder die des Anderen verändern. Es lohnt sich also, einen Blick auf die Metaprogramme zu werfen, wenn Sie merken, dass sich eine Beziehung oder eine Kommunikationssituation (immer wieder) als schwierig herausstellt. Vielleicht mögen Sie jetzt direkt einen ersten Test machen: Beleuchten Sie eine schwierige Situation mit einer Person aus Ihrem beruflichen oder privaten Umfeld. Nutzen Sie dazu die Tab. 5.3 „Aktive Metaprogramme in einer Konfliktsituation" und skalieren Sie spontan, welche Programme bei Ihnen beiden aktiv sind. Die gegensätzlichen Pole befinden sich wiederum in ihren stärksten Ausprägungen bei 1 bzw. 10.

**Tab. 5.3**  Aktive Metaprogramme in einer Konfliktsituation

| Metaprogramme | Die andere Person | Ich |
|---|---|---|
| (1) Spezifisch/Allgemein/global (10) | | |
| (1) Dissoziiert/Assoziiert (10) | | |
| (1) Gleichheit/Unterschied (10) | | |
| (1) Externe Referenz/Interne Referenz (10) | | |
| (1) Überzeugung einmalig/Immer wieder (10) | | |
| (1) Weg von/Hin zu (10) | | |
| (1) Reaktiv/Proaktiv (10) | | |
| (1) Vergangenheit/Zukunft (10) | | |
| (1) Prozedural/Optional (10) | | |
| (1) Dinge/Menschen (10) | | |
| (1) Andere/Selbst (10) | | |
| (1) Notwendigkeit/Möglichkeit (10) | | |

**Auswertung**

Bevor Sie mit der Auswertung beginnen, machen Sie sich noch einmal bewusst: Manche Muster sind in manchen Kontexten nützlicher als andere. Nutzen Sie die Wahlmöglichkeiten, um Ihr eigenes Handeln und dadurch auch das Handeln des Anderen zu verbessern. Menschen sind nicht ihr Verhalten, sie haben ein Verhalten. Veränderung ist nicht immer einfach, aber möglich.

**Auswertungsfragen**

- Wo sind die Programme unterschiedlich?
- Was könnten Sie tun, um eine Annäherung zu erzielen? Gibt es etwas, was dagegenspricht? Wie könnten Sie dem Einwand begegnen?
- Welche Einstellungs- oder Verhaltensänderung wäre noch möglich? Können Sie es als Synergie sehen? Was sind die Auswirkungen?
- Welche Metaprogramme sind ähnlich? Wie könnten Sie diese möglicherweise stärker nutzen, um den Konflikt zu entschärfen oder die Kommunikation zu verbessern?
- Was werden Sie aufgrund all dieser Überlegungen konkret tun? Was nehmen Sie konkret mit für die nächste Begegnung?

## 5.5    Metaprogramme mit ihren möglichen Schwächen und nachteiligen Folgen

In der Tab. 5.4 erhalten Sie eine Übersicht der bereits beschriebenen Metaprogramme mit ihren möglichen Schwächen und nachteiligen Folgen.

**Tab. 5.4**  Metaprogramme und ihre möglichen Schwächen und nachteiligen Folgen

| Spezifisch | Global |
|---|---|
| Überblick und das eigentliche Ziel gehen verloren | Wahrnehmung und Gesamtbeurteilung sind oberflächlich |
| Aufgaben werden nicht zu Ende gebracht, da man sich im Detail verstrickt | Wichtige Details werden vergessen oder nicht beachtet |
| Überforderung bei komplexen Fragestellungen | Vorgänge werden nicht zum Abschluss gebracht, da die Detailarbeit lästig ist |
| **Dissoziiert** | **Assoziiert** |
| Die Wirkung auf andere ist kühl, distanziert und emotionslos | Negative Emotionen wie Angst, Wut und Traurigkeit werden intensiv empfunden |
| Das Erleben von Situationen und Gefühlen ist gedämpft | Festhängen im eigenen inneren Erleben blockiert das Denken und verhindert, |
| Versinken in Grübeleien und Gedankenspielen | Lösungsansätze zu entwickeln |

(Fortsetzung)

**Tab. 5.4**  (Fortsetzung)

| Gleichheit | Unterschied |
|---|---|
| Ablehnung gegenüber Neuem | Widersprüche und Unstimmigkeiten stehen zu |
| Sind eher unflexibel | stark im Fokus der Wahrnehmung |
| Gefahr der Intoleranz anderen Menschen | Erzielen eines Konsens ist schwierig |
| gegenüber | Das Streben nach Neuem oder nach |
| Bleiben stecken, lernen nichts hinzu | Andersartigkeit, lässt die Person nicht zur Ruhe |
|  | kommen |
|  | Das bisher Gute und Schöne kann nicht |
|  | geschätzt werden |

| Externe Referenz | Interne Referenz |
|---|---|
| Überbewertung der Meinung anderer | Nehmen vorschnell einen Standpunkt ein, den |
| Durch seine Unsicherheit, fragt er ggf. mehrere | sie nicht mehr aufgeben |
| andere Personen nach ihrer Meinung, schwankt | Überhören die Meinung anderer |
| hin und her | Lassen keine anderen Meinungen zu, was sie |
| Wird durch seine Selbstzweifel | zu unbeliebten Diskussionsteilnehmern macht |
| zunehmend abhängig von anderen, gibt die | Wirken dadurch manchmal egoistisch |
| Eigenverantwortung ab | Übersehen manchmal wichtige Dinge in |
|  | Entscheidungsprozessen |

| Überzeugung einmalig | Überzeugung immer wieder |
|---|---|
| Wirken vertrauensselig | Wirken misstrauisch und unsicher |
| Sind unkritisch | Brauchen ständig Vertrauensbeweise und |
| Sind wütend, wenn ihre „Erwartungen" | bestätigende Argumente |
| enttäuscht werden | Andere fühlen sich dadurch nicht wertgeschätzt |
|  | oder gar kritisiert |

| Weg von | Hin zu |
|---|---|
| Beziehen sich mehr auf die Vergangenheit als | Brauchen als Motivation immer ein Ziel |
| auf die Zukunft | Beginnen viele Projekte |
| Wissen nur, was sie nicht mehr wollen, aber | Werden unmotiviert, wenn Hindernisse |
| nicht, was sie stattdessen wollen | auftauchen oder das Ziel noch zu weit weg ist |
| Sehen nur das Negative, verfallen dadurch in | Sind eher unkritisch, sehen ggf. alles „rosa" |
| Traurigkeit, ggf. sogar in die Depression |  |

| Reaktiv | Proaktiv |
|---|---|
| Tut sich mit Entscheidungen schwer | Wirken oft getrieben und gestresst |
| Wird erst durch Bitten und Aufforderungen | Treffen voreilige Entscheidungen |
| aktiv | Fallen mit der Tür ins Haus |
| Gefahr der „Aufschieberitis" | Aktionismus und Hyperaktivität |
| Wirkt unsicher und bremsend |  |

| Vergangenheit | Zukunft |
|---|---|
| Idealisierung der Vergangenheit | Ist mit den Gedanken schon bei der nächsten |
| Kontakt zum Hier und Jetzt geht verloren | Sache, die ansteht |
| Konzentrieren sich auf Problemanalysen, statt | wirkt unkonzentriert und unzufrieden |
| lösungsorientiert vorzugehen | Kann nicht den Moment genießen |
|  | Keine Freude und Anerkennung der eigenen |
|  | Leistung |
|  | Macht keine Pausen |

(Fortsetzung)

**Tab. 5.4**   (Fortsetzung)

| Prozedural | Optional |
|---|---|
| Arbeiten am liebsten mit bekannten Methoden | Hasst Regeln, will immer eigene und neue Wege gehen |
| Werden vorgegebene Prozesse nicht eingehalten, werden sie unsicher oder blockieren alles Weitere | Dadurch verliert der Gesamtprozess an Effizienz, wenn andere involviert sind |
| Haben Angst bzw. nicht den Mut, neue Wege einzuschlagen | Konflikte können entstehen, ggf. ist die Zielerreichung gefährdet oder verspätet |
| **Dinge** | **Menschen** |
| Wirkt emotionslos und distanziert | Kann schwer allein sein, sucht immer die Geselligkeit |
| Ist unsensibel Menschen und Emotionen gegenüber | Aufgaben werden ggf. nicht zu Ende geführt, die Beziehungen zu den Menschen stehen immer im Vordergrund |
| Ist kontaktscheu, hat Schwierigkeiten, Nähe und Vertrauen aufzubauen | Fühlen mit anderen so stark mit, sodass die Gefahr der Verstrickung mit den Themen der anderen besteht |
| **Andere** | **Selbst** |
| Hat immer die Bedürfnisse der anderen im Blick, steckt selbst zurück bis schlimmstenfalls zur Selbstaufgabe | Selbstkritik und Feedback werden nicht angenommen |
| Mischt sich, ohne gefragt zu werden, in Angelegenheiten anderer ein | Gefahr, egoistisch zu werden |
| Meint zu wissen, was gut ist für den anderen und hält sich auch nicht zurück mit Ratschlägen oder „unaufgeforderten" Hilfsleistungen | Keine Empathie |
|  | Kann schlecht die Perspektive anderer einnehmen |
| **Notwendigkeit** | **Möglichkeit** |
| Haben ein Gefühl von Druck und Stress, da immer etwas zu tun ist | Haben Schwierigkeiten, Entscheidungen zu treffen, da sich noch weitere Optionen ergeben könnten |
| Können schlecht zur Ruhe kommen | Zu viele Chancen |
| Wirken hektisch und nervös durch Überforderung können Angstreaktionen entstehen | Kann die persönlichen Ressourcen schlecht auf eine Sache konzentrieren |
| Fühlen sich manchmal so unter Druck, dass sie den Druck an andere weitergeben | Gefahr des „Sich-Verzettelns" |
|  | Möchte keine Möglichkeit ausschlagen und überfordert sich dadurch |

**Zusammenfassung**

Alle Arten von Typologien versuchen, die unterschiedlichen Denk- und Handlungsmuster der Menschen zu klassifizieren, um das Handeln von Menschen vorhersehbar zu machen. Metaprogramme beschreiben auf sehr einfach nachvollziehbare Weise, *wie* Menschen Informationen wahrnehmen, aussortieren und bewerten. Sie sind meist unbewusste Filter, metaphorisch könnte man sie auch als Tür beschreiben, die nur bestimmte Informationen hinein- oder herauslässt. Der Vorteil ist, dass Metaprogramme von jedem ohne große und teure Tests in der Praxis schnell angewandt werden können. Es genügt Bewusstheit und eine kurze Reflexion der jeweiligen Situation, welche Metaprogramme in diesem Kontext zieldienlich sind. So kann mit ein bisschen Übung sowohl das Selbstmanagement als auch die Zusammenarbeit mit anderen deutlich verbessert werden.

## Weiterführende Literatur

James T, Woodsmall W (2006) Time line. Junfermann, Paderborn
Kensok P, Dyckhoff K (2005) Der Werte-Manager. Junfermann, Paderborn

# Zustände – die Tagesform steuern

## 6.1 Zustände – Definition und Nutzen

Während Entwicklungsebenen und -linien eher die sich langsam verändernden Anteile unseres Bewusstseins beschreiben, beziehen sich Zustände auf einen vorübergehenden Erfahrungsbereich. Es geht um etwas Temporäres, etwas, das kommt und geht, in Bewegung ist, fließt und sich schnell verändern kann. Nicht nur Wissenschaftler unterschiedlichster Couleur wie Gehirnforscher, Mediziner, Philosophen oder Physiker haben in den letzten Jahrzehnten spannende Entdeckungen diesbezüglich gemacht. Auch in den Bereichen Persönlichkeitsentwicklung, Selbstmanagement und Stressbewältigung spielt der bewusste Umgang – in diesem Fall mit Entwicklungszuständen – eine immer wichtigere Rolle und findet eine zunehmend große Akzeptanz.

Wovon reden wir genau? Wir reden von Zuständen, die uns täglich in unseren Stimmungen, unserer Leistung und im Miteinander beeinflussen, wie z. B. Gefühlszustände, Stress-, Blockade- und Flow-Zustände sowie auch die natürlichen Seins-Zustände wie Wachen, Träumen und Tiefschlaf.

Im Folgenden möchten wir diese Zustände näher beschreiben und mehr in Ihr Bewusstsein rücken. Im darauffolgenden Schritt geben wir Ihnen Anregungen, wie Sie Ihre Selbstregulierungskräfte aktivieren und wie Sie andere (z. B. Teams) darin unterstützen können, in positive Grundzustände zu kommen – für mehr Effektivität und Leichtigkeit im Miteinander.

### 6.1.1 Individuelle Zustände

Beginnen wir mit den **natürlichen Seins-Zuständen** Wachen, Träumen, Tiefschlaf:

© Springer Fachmedien Wiesbaden 2016
H. Kuhlmann und S. Horn, *Integrale Führung*,
DOI 10.1007/978-3-658-13466-2_6

**Wachen (Grobstofflicher Zustand)**

Dieser Zustand beschreibt unser normales Wachbewusstsein, wo wir „grobstoffliche" materielle Dinge wahrnehmen, wie die Natur, Häuser, Straßen, Autos, Menschen – sprich alle Dinge, die uns in unserer äußeren Umwelt umgeben, aber auch unseren eigenen physischen Körper, den wir genau erspüren können. Wir können wahrnehmen, ob der Körper sich im Moment schwer oder leicht anfühlt, ob verschiedene Körperteile entspannt oder angespannt sind etc. In diesem Zustand arbeitet unser Gehirn auf Hochtouren, um die Wahrnehmungen, Gedanken und Gefühle zu verarbeiten. Misst man die Gehirnaktivität in diesem Zustand, so liegen die Gehirnwellen auf einer Frequenz von 13 bis 30 Hz (Betawellen). Bei starker Konzentration und in Lernprozessen steigt die Frequenz sogar auf über 30 bis circa 38 Hz an (Gammawellen).

**Träumen (Subtiler Zustand)**

Darunter versteht man Traumzustände, aber nicht nur solche, wie wir sie des Nachts erleben, sondern auch die „Tagträume", die wir alle mehrmals am Tag durchlaufen, z. B. beim Autofahren oder auch beim Joggen. Nach längerer Zeit der gleichförmigen Bewegungsabläufe merken wir, dass wir in eine Gedankenwelt abtauchen. Die Außenwelt und unseren physischen Körper nehmen wir in diesem Moment nicht mehr wahr. Ähnliches geschieht, wenn wir längere Zeit in eine brennende Kerze schauen oder auf das Meer blicken. Wir gehen in eine leichte Trance, das bedeutet, wir gehen nach innen, träumen, gehen in Gedanken an alle möglichen anderen Orte und können körperlich sogar spüren, wie es uns an diesem Ort geht. Das heißt, der Traumzustand ist geprägt von Gedanken, Bildern und Emotionen.

Ähnliche Effekte können wir erzielen, wenn wir uns an einen schönen Ort versetzen, um zu entspannen und dabei die Augen schließen. Das kann der Lieblingssessel sein oder ein Plätzchen im Garten. Wenn wir es uns erlauben, die Alltagsgedanken ziehen zu lassen und an etwas Schönes zu denken, es zu visualisieren oder zu imaginieren, dann gibt es viele positive Effekte. Unser Körper kann sich entspannen, alle Körperfunktionen fahren herunter. So sinkt die Herzfrequenz und die Gehirnwellenfrequenz liegt dann nur noch bei circa 8 bis 13 Hz (Alphawellen). Dieser leichte Trancezustand kann auch durch Bewegungsmeditationen wie Tai Chi, Qigong, Yoga oder subtile Atemübungen erreicht werden.

Im Übergang zum leichten Schlaf liegt die Gehirnaktivität zwischen 4 und 8 Hz (Thetawellen). Dieser tiefe Entspannungszustand kann auch erreicht werden durch angeleitete Tiefentrance, Hypnose oder Meditation.

In diesen subtilen Zuständen wird auch unsere rechte Gehirnhälfte besonders aktiviert, die mit Bildern arbeitet, ganzheitlich wahrnimmt und verbunden ist mit unserem Unterbewusstsein, in dem alle Erfahrungen, Erinnerungen, Wahrnehmungen gespeichert sind. So ist es in diesem Zustand besonders leicht, neue kreative Lösungen zu entwickeln und auch die Erinnerungs- und Lernfähigkeit zu steigern sowie die Konzentrationsfähigkeit zurückzuerlangen.

**Tiefschlaf (Kausaler Zustand)**

In diesem Zustand tauchen keinerlei Objekte in unserem Bewusstsein auf, man hat weder grobstoffliche, noch subtile Erfahrungen. Das ist auch der Grund dafür, dass wir uns nach einem Tiefschlaf an nichts erinnern. Allerdings kann man auch durch Meditation diesen Zustand erreichen und dabei lernen, in der Präsenz des Zeugen zu bleiben. Von Menschen, die sehr häufig meditieren, wird dieser Zustand als ein Absinken in ein „stilles ruhiges Reich" beschrieben. Tiefes Wohlbefinden, eine Form von Leere und Zugang zur tiefsten Quelle des eigenen Seins sind bezeichnend für den kausalen Zustand. Die Gehirnaktivität liegt wie im Tiefschlaf bei 0,1 bis 4 Hz (Deltawellen).

Neben diesen drei natürlichen Bewusstseinszuständen kennen wir weitere individuelle Zustände, die uns einen Eindruck des großen Potenzials unseres Bewusstseins gewinnen lassen. Dazu gehören:

- **Phänomenologische Zustände,** die wir alle im Alltag erleben wie Euphorie, Langeweile, Zuversicht, Enttäuschung, Neugier, Angst, Traurigkeit, Freude. Emotionen, die von einer Minute zur anderen wechseln können und die unsere Gedankenwelt genauso blitzschnell beeinflussen, wie unsere Körperreaktionen oder sogar die (messbaren) Gehirnaktivitäten.
- **Außergewöhnliche Zustände,** die wir willkürlich mit bestimmten Methoden und Training erreichen können, z. B. Visualisierungen, Meditation. So können wir einerseits bewusst unsere Körperfunktionen und Gehirnaktivitäten (messbar in Gehirnwellen) beeinflussen, andererseits begünstigen diese Zustände auch eine Bewusstseinserweiterung, die den Zugang zu neuen Erfahrungen, Erkenntnissen oder auch zu mehr Kreativität und Lösungsideen ermöglicht.

## 6.1.2   Zustände in Systemen

Als Individuen sind wir stets Teil eines größeren Ganzen und erleben auch in Systemen unterschiedliche Zustände, die uns im positiven wie auch im negativen Sinne beeinflussen.

- **Wetterzustände,** die uns in unserer Stimmung beeinflussen können, eine geplante Tätigkeit verhindern (z. B. durch Eisregen) oder die Ernte und damit das wirtschaftliche Wohlergehen der Bevölkerung erheblich beeinträchtigen (z. B. durch lange Trockenperioden);
- **Wirtschaftliche Zustände,** z. B. eine Talfahrt an der Börse, die ein Unternehmen vorübergehend in finanzielle Schwierigkeiten bringen;
- **Beziehungszustände,** z. B. die Störung der Kommunikation zu einem Kollegen oder Unstimmigkeiten im Team.

**Abb. 6.1** Zustände aus
Quadrantenperspektive.
(Quelle: „eigene Darstellung")

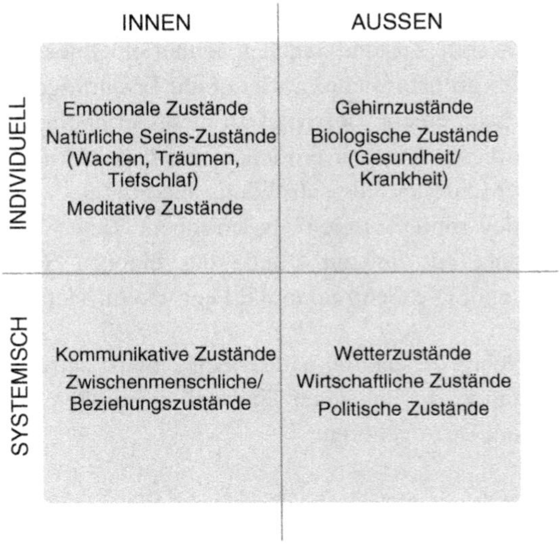

|  | INNEN | AUSSEN |
|---|---|---|
| **INDIVIDUELL** | Emotionale Zustände<br>Natürliche Seins-Zustände<br>(Wachen, Träumen,<br>Tiefschlaf)<br>Meditative Zustände | Gehirnzustände<br>Biologische Zustände<br>(Gesundheit/<br>Krankheit) |
| **SYSTEMISCH** | Kommunikative Zustände<br>Zwischenmenschliche/<br>Beziehungszustände | Wetterzustände<br>Wirtschaftliche Zustände<br>Politische Zustände |

**Alle Zustände im Überblick**

Über die Quadrantenperspektiven können wir die unterschiedlichen Zustände auch wie folgt zuordnen (s. Abb. 6.1).

Und vielleicht bekommen Sie jetzt schon eine Idee davon, wie diese sich wechselseitig beeinflussen und wie wichtig es auch für Sie im Alltag ist, bewusster mit Zuständen umzugehen.

Nachstehend ein paar Beispiele aus dem Alltag, so wie sie uns allen sicherlich des Öfteren im privaten sowie beruflichen Umfeld begegnen. Wenn Sie einen alternativen Umgang damit suchen, erhalten Sie hierzu einige Anregungen und Übungen.

## 6.2 Zustände – Selbstregulationskräfte aktivieren, Flow-Zustände im Team initiieren

### 6.2.1 Emotional negative Zustände entmachten

Stellen Sie sich vor: Sie sind morgens gerade gut gelaunt im Büro eingetroffen, da kommt ein Kollege herein und blafft Sie ohne „Guten Morgen" zu sagen an: „Sie haben mich nicht in den Prozess mit einbezogen!" und verschwindet wutschnaubend, ohne dass Sie etwas sagen können. Vermutlich ändert sich Ihr Gute-Laune-Zustand blitzschnell und löst eine Kettenreaktion verschiedener anderer Reaktionen aus: Wahrscheinlich werden Sie eine Veränderung des emotionalen Zustands verspüren, entweder in Richtung „Ärger" über die Art der Kommunikation oder weil Sie den Vorwurf als nicht gerechtfertigt empfinden. Oder möglicherweise entdecken Sie einen unbeabsichtigten „Fehler" Ihrerseits, ärgern sich über sich selbst oder fühlen sich gar „schuldig". Dieser

**Abb. 6.2** Wechselwirkungen
von Zuständen aus
Quadrantenperspektive.
(Quelle: „eigene Darstellung")

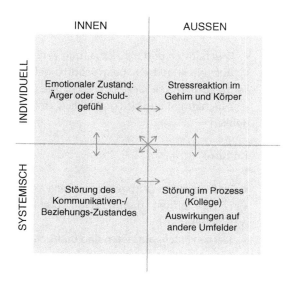

neue emotionale Zustand löst wiederum eine Veränderung des Gehirn- und Körperzustands aus (s. Abb. 6.2), z. B. erhöhen sich die Gehirnwellen und die Körperanspannung nimmt zu.

Dies ist ein ganz normaler blitzschneller Prozess. Aber wie gehen Sie mit solchen Situationen um? Bauen Sie sofort diese Stressreaktion ab? Und wenn ja, welche Ihrer Ressourcen und Fähigkeiten nutzen Sie dafür? Entwickeln Sie sofort Lösungen, wie Sie mit der Prozess- und Kommunikationsstörung in der Beziehung zu Ihrem Kollegen umgehen?

Oder hält dieser negative Stress-Zustand an, verhagelt er Ihnen den ganzen Tag? Manchmal sitzen wir in einem sogenannten „Stuck-State" fest, können aus dem Gedankenkarussell nicht aussteigen, finden keine Lösung, damit umzugehen. In diesem Fall beeinflusst dies natürlich nicht nur unsere eigene Befindlichkeit, sondern hat Auswirkungen auf alle weiteren Kontakte im beruflichen und privaten Umfeld. Aus der Quadrantenperspektive kann man sogar sagen, alle Faktoren beeinflussen sich im weiteren Verlauf des Tages gegenseitig (gestrichelte Linien).

Bei solchen oder ähnlichen Situationen empfehlen wir als Sofortmaßnahme, um den eigenen emotionalen Zustand zu verändern, den „Separator" und die „Assoziiert-Dissoziiert-Technik".

▶   **Separator** Wenn Sie sich in einem Stuck-State befinden, dann erleben Sie sich in dem Moment als blockiert, festgefahren, emotional und Sie können nur schwer einen klaren Gedanken fassen. Man kann auch sagen, Sie sitzen sprichwörtlich fest, denn auch der Körper ist dann meist angespannt, starr und der Atem flach, oder er wird sogar angehalten. Diese körperliche Blockade gilt es als Erstes aufzulösen, um wieder handlungsfähig zu werden, und zwar durch einen Separator. Das ist ein Unterbrecher, den Sie unterschiedlich ausführen können, je nachdem, was die Situation erlaubt. Nachstehend einige Anregungen:

**Im Meeting** (Kleinste mögliche Form des Separators):

- Durchatmen und die Sitzhaltung verändern, Füße etwas bewegen
- Aufstehen und ein paar Schritte gehen, z. B. sich ein Wasser holen, das Fenster öffnen, die Jacke ausziehen und über den Stuhl hängen
- Durchatmen und sich gedanklich umfokussieren, z. B. an einen Wohlfühlort denken

**Im Büro**

- Im Büro auf- und abgehen und sich mal bewusst schnell umdrehen
- Fenster öffnen, mehrmals tief durchatmen und bewusst draußen alles wahrnehmen
- Kleinen Fluch rauslassen und dadurch Dampf ablassen
- 1 bis 2 min etwas Anderes machen (Musik hören, Witz lesen oder etwas Humoriges anschauen)
- In die Pause gehen, spazieren gehen

In vielen Situationen ist ein Separator ausreichend, manchmal braucht es aber auch mehr Distanz, um wieder handlungsfähig zu werden. Dann empfehlen wir die folgende Übung:

▶ **Assoziiert-Dissoziiert-Technik** Wenn wir aus einem Gedankenkreislauf nicht aussteigen können und negative Gefühle wie Ärger oder Wut uns nicht loslassen, hat das oft auch damit zu tun, dass die Situation immer wieder vor unserem inneren Auge abläuft. Besonders heftig ist das Erleben, wenn wir die Situation assoziiert erleben. Das bedeutet: Wir sehen alles, was um uns herum ist, von uns selbst hingegen sehen wir dabei vielleicht nur unsere Hände oder die Vorderseite unseres Körpers. Die Stimmen hören wir unmittelbar und laut. Das vermittelt unserem Gehirn den Eindruck, als wären wir mitten drin in der Situation.

Ein dissoziierter Zustand ist einer, bei dem Sie sich selbst von irgendeiner anderen Position im Raum her beobachten. Sie sehen sich selbst wie auf einem Bild oder einer Leinwand. Auch das Gespräch hören Sie aus der Distanz.

Der wichtigste Unterschied ist dabei folgender: Wenn Sie mit der Erfahrung assoziiert sind, stellen sich die Gefühle der vergangenen Situation voll ein; sind Sie mit dem Ereignis dissoziiert, reduzieren sich die Gefühle automatisch.

Die Möglichkeit, bewusst zwischen Assoziation und Dissoziation zu wählen, schafft ein hohes Maß an emotionaler Freiheit. Dieses mentale Zustandsmanagement kann jeder erlernen. Am Anfang hilft ein einfacher Kniff: Stellen Sie sich zunächst die negative Situation wie in einem Film auf einer kleinen Leinwand vor, sehen Sie sich selbst in dieser Situation agieren (als Figur sozusagen mitspielen). Dann lassen sie die Leinwand immer kleiner werden. Sie rückt immer weiter weg, bis sie vielleicht so groß ist, wie ein Fernseher aus den 1970er Jahren, auch das Bild wird schwarz-weiß und vielleicht mögen Sie den Ton auch noch leiser drehen. In Gedanken ist alles möglich und erlaubt, was zieldienlich ist. Wenn Sie noch Lust haben, etwas anders zu verändern, dann tun Sie es einfach!

Und nehmen sie jetzt Ihre Emotion wahr. Was hat sich verändert? Wie können Sie jetzt die Situation sehen? Welche neuen Handlungsmöglichkeiten haben Sie jetzt?

Häufig reichen diese Techniken bereits aus, um wieder handlungsfähig zu werden. Manchmal benötigen wir jedoch zusätzliche Ideen und Impulse, um eine Kommunikations- oder Beziehungsstörung aufzulösen. In diesem Fall empfehlen wir Ihnen das Modell „1.2.3. Position" auszuprobieren (s. Abschn. 6.3 Praxisteil – die Tagesform aktiv beeinflussen).

## 6.2.2   Einen ressourcenvollen Zustand aktivieren

Ein wichtiger Präsentationstermin steht an und die Vorbereitungen laufen auf Hochtouren. Wahrscheinlich kennen auch Sie das: An einem gewissen Punkt hat man manchmal das Gefühl, die Gedanken schweifen ab, man ist unkonzentriert oder merkt, dass man sich nicht mehr erinnert, was man noch machen wollte – so als ob das Gedächtnis ein Sieb wäre, bei dem die Löcher immer größer werden. Dann ist es spätestens ein Zeichen dafür, dass Sie eine größere Pause einlegen, abschalten, etwas Anderes machen sollten, um den Kopf wieder frei zu bekommen.

Immer mehr Menschen nutzen aber auch regelmäßig und zwar täglich Meditation oder Visualisierungstechniken, um „vorbeugend" in einem ressourcenvollen Zustand zu bleiben oder wieder Ruhe, Kraft, Energie zu tanken. Vielleicht mögen Sie es an dieser Stelle selbst ausprobieren. Wir laden Sie ein zu einer kleinen mentalen Pause.

Dazu setzen Sie sich für ein paar Momente bequem hin. Am besten stellen Sie beide Beine nebeneinander fest auf den Boden und legen Arme und Hände auf Ihren Oberschenkeln ab. Atmen Sie ein paar Mal tief durch. So können Sie mehr und mehr alle Anspannung lösen. Und nun gehen Sie in Gedanken an einen Ort, an dem Sie Ruhe finden, entspannen, träumen können oder auch Kraft tanken. Das kann in der Natur sein oder ein Lieblingsplatz zu Hause. Wählen Sie jetzt einen Ort aus, und wenn Sie mögen, schließen Sie jetzt Ihre Augen, um alles ganz intensiv zu erleben. Nehmen Sie sich Zeit, sich alles bewusst zu machen, was Sie sehen, was Sie hören und was Sie spüren – bis Sie das Gefühl haben, jetzt an diesem Ort zu sein. Erlauben Sie sich, es zu genießen …

▶   Auf unserer Homepage www.future-excellence.de finden Sie angeleitete Mentalreisen als Audiodatei zum kostenfreien Herunterladen zu verschiedenen Themen. So können Sie sich je nach Thema 15 bis 30 min eine Auszeit gönnen, um dann erfrischt und konzentriert wieder in den Alltag zu gehen.

### 6.2.3   Bewusster Umgang mit Stress-Zuständen

Die Komplexität im Businessalltag und auch die Geschwindigkeit, Projekte oder gar Veränderungen größeren Umfangs umzusetzen, haben enorm zugenommen. Als Führungskraft sind Sie besonders gefordert, mit Zeit-, Erwartungs- und Veränderungsdruck umzugehen. Und das heißt im ersten Schritt, für das eigene Zustandsmanagement gut zu sorgen. Denn Sie wissen: Nur wenn Sie selbst in einem guten Zustand sind, können Sie andere gut unterstützen. Oder andersherum formuliert: Wenn Sie in einem negativen Stress-Zustand sind, wirkt sich dies automatisch auf Ihre Mitarbeiter aus.

Zum einen können Sie die aufgeführten Techniken für sich nutzen, wir möchten aber auch einige Anregungen geben, wie Sie mit vielen Kleinigkeiten auch den Zustand Ihrer Mitarbeiter positiv beeinflussen können.

- **Schaffen Sie ein Bewusstsein für Stress und seine Folgen** und leiten Sie ein erstes Gespräch mit Ihren Mitarbeitern zum besseren Zustandsmanagement ein. Dazu haben wir nützliche Informationen im Abschn. 6.2.4 „Auswirkungen von Stress-Zuständen" bereitgestellt.
- **Umgang mit Zeitdruck:** Auf der Handlungsebene – das wissen Sie – können eine Priorisierung der Themen und eine Optimierung der Prozesse häufig natürlich das Zeitmanagement verbessern. Auch das „Entmüllen" wird zunehmend wichtiger. Welche Informationen (E-Mails) brauche ich nicht? Wo können Meetings reduziert oder vom Teilnehmerkreis effektiver gestaltet werden? Ein Teammeeting in diesem Sinne mit dem Fokus „Wo sind die Energiefresser, wo können wir Zeit und Raum gewinnen?" wirkt häufig Wunder. Aber auch die mentale Einstellung spielt eine wichtige Rolle für das Zustandsmanagement: „Wenn du wenig Zeit hast, nimm dir viel davon!" Das hört sich paradox an, trägt aber zur inneren Entschleunigung erheblich bei, wenn ich mit dem Gefühl, Zeit zu haben, etwas tue. Jeder kennt das, wenn man in Eile etwas machen will, gelingt es nicht auf Anhieb und dauert letztendlich häufig länger und stresst zudem.
- **Umgang mit Erwartungsdruck:** Hohe Erwartungen können von außen an uns gestellt werden. Sie müssen jedoch auf einen inneren Resonanzboden treffen. Manchmal können Metaphern und Bilder helfen, den Umgang mit zu hohen Erwartungen zu regulieren. Wenn Sie merken, dass manche Mitarbeiter sehr hohe, vielleicht sogar perfektionistische Ansprüche an sich stellen, ist es sinnvoll mal augenzwinkernd zu fragen: „Wenn Sie sich mit einem Hochspringer vergleichen, wie hoch haben Sie Ihre Latte gelegt? Können Sie schon bequem darunter durchgehen? Oder sollten Sie die Latte etwas herunternehmen?"
- **Umgang mit Veränderungsdruck:** Dies ist meist ein ganz sensibles Thema, besonders bei Menschen, die ein hohes Sicherheitsbedürfnis haben, wie Menschen mit dem Schwerpunkt im blauen Bewusstsein. Umgang mit neuen Prozessen und Strukturen und ggf. neue Fertigkeiten erlernen, bedeutet Stress[3] für diese Menschen. Hier ist es wichtig, als Mentor zu fungieren, sehr stark mit Vorgaben im Sinne von „Was und Wie" zu unterstützen bzw. eng zu führen. Vorab sollte auch sehr deutlich herausgestellt werde, was alles bewahrt bzw. als Vertrautes erhalten bleibt.

- **Umgang mit Beziehungsstörungen:** Zu diesem Thema bietet sich das Modell „1.2.3. Position" an, dass wir im Praxisteil (s. Abschn. 6.3) ausführlich beschreiben werden.

### 6.2.4   Auswirkungen von Stress-Zuständen

Mit Stress bezeichnen wir etwas unbestimmt jede Art von Druck, die tatsächlich oder nur in unserer Vorstellung auf uns einwirkt. Ursprünglich stammt das Wort Stress aus dem Englischen und bezeichnete die „Materialspannung", die in einem Werkstück entsteht, wenn man äußere, verformende Kraft einwirken lässt (z. B. eine einseitig eingespannte Glasplatte, auf die auf der anderen Seite Druck ausgeübt wird und die dann bricht).

#### Äußerungsformen des Stresses

- Meistens sprechen wir von Stress im oben genannten Sinne – sprich vom *Distress*: Stress des Verlustes, der Unzulänglichkeit, Unsicherheit, Hilflosigkeit, Verzweiflung, Enttäuschung
- Es gibt aber auch die Form des positiven Stresses – sprich den *Eustress*: Stress der Durchsetzungskraft und des Vorwärtskommens, er ist Auslöser positiver Gefühle.

#### Warum ist Stress schädlich?

Stress ist im Ursprung eine lebensrettende Kreation der Schöpfung, eine Wechselwirkung von Körper und Psyche, eine Hormonausschüttung, die Flucht- oder Angriffsreaktionen auslöst: „Alle Kräfte in die Beine oder Arme" heißt es, und wenn das Leben gerettet wurde, sind nicht nur die Kräfte erschöpft, sondern auch die Hormone wieder abgebaut. Die schädliche Wirkung von Stress entsteht dadurch, dass die in der Alarmreaktion bereitgestellte Energie heutzutage nicht verbraucht wird („Flucht oder Angriff" erfolgt in der Situation nicht). Das heißt, die Hormone werden nicht mehr abgebaut.

#### Anzeichen für Stress

Negativen Stress erkennt man an der Unfähigkeit sich zu entspannen, an Wut, Reizbarkeit, Konzentrationsschwierigkeiten und Angstgefühlen.

#### Ursachen

- Stress als Folge von Nichtübereinstimmung von eigenen Bedürfnissen und Umwelterwartungen
- Stress als Folge von Reizen der Umwelt (Tod eines nahestehenden Menschen, Trennung, Krankheit/Unfall, Entlassung, Pensionierung, Heirat, Schwangerschaft, …)

**Abb. 6.3**  Stressreaktionskurve.
(Quelle: „eigene Darstellung")

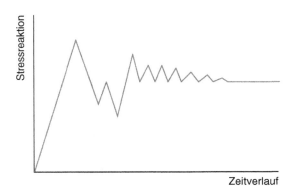

**Mögliche Langzeitfolgen: Körpersymptome/Befindlichkeitsstörungen**

- Zeitdruck (die Zeit sitzt einem im Nacken = Verspannungen)
- Erwartungsdruck (Herzklopfen, Schwitzen, Zittern, Magen-/Verdauungsprobleme, Kopfschmerzen, Konzentrationsmangel)
- Anpassungsdruck (Depressionen, …)
- Mögliche Langzeitfolgen: Krankheiten; z. B. Herz-Kreislauf-Erkrankungen, Schwächung des Immunsystems, psychische Labilität.

Wenn Stress nicht abgebaut wird, kann man sich unsere Körperreaktion wie folgt vorstellen (s. Abb. 6.3): Unser ganzer Körper läuft sozusagen permanent auf Hochtouren und steht unter extremer Anspannung. Stellen Sie sich vor, Sie würden Ihr Auto permanent hochtourig fahren, wie lange würde der Motor das wohl mitmachen?

### 6.2.5  Blockaden im Team auflösen, effektive Kommunikationszustände initiieren

Auch in der Zusammenarbeit von Teams kann man unterschiedliche Zustände beobachten. Sicherlich kennen Sie das auch: Ein Team diskutiert kontrovers und gerät dabei in eine destruktive Spirale – in einen „Blockadezustand". Auslöser sind häufig unstrukturiertes Vorgehen, unterschiedliche Perspektiven seitens der Teilnehmer sowie destruktive „Ja, aber"-Kommunikation und Killerphrasen wie z. B.: „Das haben wir doch schon mal versucht" oder „Das ist doch zu teuer".

Andererseits gibt es Situationen, in denen sich das Team wie in einem „Flow-Zustand" erlebt. Alle haben ein Ziel vor Augen, ziehen an einem Strang, jeder hört jedem zu, alle beziehen sich aufeinander, Unterschiede werden als Bereicherung wahrgenommen. So können Höchstleistungen entstehen.

Gut ist es, wenn eine Führungskraft über Techniken verfügt, die ein Team entweder dabei unterstützen, schnell aus einem Blockadezustand herauszukommen oder idealerweise gleich entsprechende Impulse setzt, um in einen Flow-Zustand zu kommen. Eine Technik, die für solche Teamprozesse geeignet ist, ist die sogenannte Walt-Disney-Strategie. Diese Strategie wurde tatsächlich von Walt Disney entwickelt und modelliert. Die Prinzipien sind einfach, aber sehr effektiv.

Als Erstes wird die Aufgabe/das Thema klar definiert. Dann werden drei Perspektiven sehr klar voneinander getrennt und gemeinsam durchlaufen: die Perspektive des Kreativen, die Perspektive des Machers und die Perspektive des konstruktiven Kritikers. Walt Disney trennte diese Perspektiven sogar räumlich, das heißt, er hatte drei Räume eingerichtet, die atmosphärisch die jeweiligen Perspektiven widerspiegelten. Der Vorteil: Dadurch versetzen sich alle Teilnehmer gleichzeitig in den gleichen Zustand, z. B. im Raum des Kreativen dürfen alle ihren Ideen freien Lauf lassen, der eine befruchtet den anderen. Es gibt kein „Ja, aber …". Alle sind im gleichen Modus und damit im Flow. Im Raum des Machers werden ausschließlich Umsetzungspläne geschmiedet mit Handlungsschritten, Timing, benötigten Ressourcen und Investitionen. Im Raum des Kritikers überlegen alle, welche konstruktive Kritik angebracht ist im Sinne von: Was ist zu beachten oder sollte überprüft werden, um die Ideen umzusetzen? Dies ist ein Garant dafür, dass die Umsetzung gelingt. Dadurch bleibt das Team in einem positiven Zustand – im Gegensatz zum destruktiven Ja-aber-Spiel oder Aussagen, warum etwas nicht geht. Die Einwände werden wiederum im kreativen Raum aufgegriffen und Ideen entwickelt, der Macher plant erneut Handlungsschritte etc. Meistens wird der Prozess nach zwei bis drei Durchgängen abgeschlossen, alle Perspektiven wurden integriert. Das gesamte Team befindet sich auf diese Weise während des gesamten Prozesses in einem positiven Zustand, der effektive und effiziente Zusammenarbeit stark begünstigt.

Natürlich kann man die Übung auch in einem Besprechungsraum durchführen. Zur klaren Trennung der Perspektiven empfiehlt es sich jedoch drei Metaplanwände im Raum zu verteilen und mit der gesamten Gruppe von einer Position zur anderen „zu wandern".

## 6.3 Praxisteil: Tagesform aktiv beeinflussen

### 6.3.1 Zustandsmanagement bei Beziehungsstörungen und Konflikten

Jeder von uns kennt solche oder ähnliche Situationen:

- Die Kommunikation mit einer Person ist nicht gut gelaufen. Die Beziehung ist gestört.
- Sie sind emotional ggf. noch sehr aufgewühlt. Möglicherweise sind Sie auch blockiert, haben keine Idee, wie sie im weiteren Verlauf handeln sollen.
- Oder ein Konflikt mit einer Person bahnt sich an bzw. scheint zum wiederholten Male zu eskalieren.

Wenn Sie in so einer Situation neue Perspektiven oder Handlungsmöglichkeiten gewinnen wollen, dann empfehlen wir Ihnen das **Modell 1.2.3. Position** für sich auszuprobieren. Zunächst erklären wir Ihnen die wesentlichen Punkte, auf die es ankommt:

**Wählen Sie eine konkrete Situation und Person** aus, mit der Sie nicht klarkommen oder einen Konflikt haben oder noch auf Ihrer negativen Emotion „sitzen". Je konkreter und kontextspezifischer Ihre Wahl ist, desto besser und konkreter ist das Ergebnis.

**Betrachten Sie den Konflikt aus drei unterschiedlichen Positionen:**

- Aus der eigenen Position = 1. Position
- Aus der Position des anderen = 2. Position
- Aus der Position einer neutralen Person (z. B. Berater) = 3. Position.

Dies ist häufig nicht so einfach, wie es sich anhört, weil jeder von uns von seiner eigenen Sichtweise, seinem eigenen Erleben des Konflikts überzeugt ist und damit „gefangen" und „befangen" ist. Darum:

**Trennen Sie die drei Positionen deutlich voneinander!**
Tun Sie so, als ob gleich auch der Konfliktpartner und der Berater anwesend wären und stellen Sie drei Stühle im Raum für die Beteiligten bereit oder markieren Sie drei Plätze mit einem Blatt Papier. Das wird Ihnen helfen, besser in die jeweilige Rolle hineinzuschlüpfen und die unterschiedlichen Perspektiven zu erleben.

**Erleben Sie die jeweilige Rolle/Position assoziiert**
Assoziiert heißt: Tun Sie so, als ob Sie gerade mitten drin sind im Konflikt, stellen Sie sich dabei in die jeweiligen Schuhe der Person, schauen Sie aus den Augen der jeweiligen Person und beschreiben Sie, was Sie konkret wahrnehmen – was Sie sehen, hören, fühlen. Dabei ist gerade in der 1. und 2. Position im ersten Durchlauf wichtig, dass Sie den Gedanken und Gefühlen jeweils freien Lauf lassen, auch Bewertungen sind durchaus erlaubt, z. B. „Du bist unfair …".

Nehmen Sie sich Zeit, sich in die andere Person hineinzuversetzen. Hilfreich dabei ist, sich selbst laut zu sagen: „Ich bin jetzt (Name des Konfliktpartners). Ich bin x Jahre alt, kenne y schon so lange …". Dabei nehmen Sie die Haltung des anderen ein und ahmen seine Art zu sprechen nach. So bekommt man mehr und mehr einen Eindruck davon, wie der andere in der kritischen Situation denkt und fühlt.

Eine kurze Unterbrechung (Separator) zwischen den Positionen, in der Sie etwas Anderes machen, etwas trinken, sich bewegen oder Ähnliches, unterstützt Sie dabei, die Rollen sauber zu trennen.

**Die neutrale Person/der Berater gibt Tipps an die 1. (eigene) Position**

Der Berater, den Sie auswählen und in dessen Rolle Sie schlüpfen, ist natürlich neutral, gefühlsmäßig nicht beteiligt. Er sieht den Konflikt von außen – wie auf einer Kinoleinwand – und kann daher neue Handlungstipps und Sichtweisen generieren.

**Testen Sie danach die Tipps des Beraters in der 1. Position und prüfen Sie ihre Wirkungsweise in der 2. Position**

Wiederholen Sie diesen Kreislauf ggf. so lange, bis für alle Beteiligten eine zufriedenstellende Lösung/ein zufriedenstellender Umgang mit der Situation gefunden wurde.

Probieren Sie es jetzt aus und lassen Sie sich überraschen, welchen Effekt dieses Modell auf Sie hat. Nachstehend erhalten Sie einen kurzen Handlungsleitfaden.

**Das Modell 1.2.3. Position**

- **Auf die 1. Position gehen, ich-assoziiert**
  Gehen Sie auf den Platz, den Sie für sich selbst bestimmt haben und beschreiben Sie die andere Person: „Der andere ist …, tut …, denkt …, verhält sich … Das macht mit mir …". (Bewertungen sind ausdrücklich erlaubt, z. B. „Der andere ist stur.")
  **Separator**
- **Auf die 2. Position gehen, du-assoziiert**
  Gehen Sie auf den Platz für die andere Person. Werden Sie ganz der andere, identifizieren Sie sich komplett mit dieser Person und beschreiben Ihr Gegenüber: „Er/sie macht …, tut …, denkt … verhält sich … Das macht mit mir emotional …".
  **Separator**
- **Auf die 3. Position gehen, Metaposition**
  Gehen Sie auf die Metaposition. Das ist eine neutrale Position. Stellen Sie sich vor, Sie sind z. B. ein Berater, der mit emotionalem Abstand, rein sachlich, die Kommunikation der beiden Konfliktpartner beschreibt. Als Berater sehen Sie alles, wie auf einer Filmleinwand. Nennen Sie alles, was Sie jetzt mit dem Blick von außen wahrnehmen.
  Spannend wird es, wenn Sie jetzt als Berater versuchen, die positive Absicht hinter dem Verhalten beider Konfliktparteien zu entdecken. Meistens wollen beide etwas für sie sehr wichtiges sicherstellen – für sich selbst und häufig auch für das gesamte System. Meistens werden so auch übergeordnete gemeinsame Ziele/Aufgaben entdeckt.
  Aufgrund dieser wichtigen Erkenntnisse gibt der „Berater" Kommunikationstipps und Handlungsalternativen an die 1. Position (quasi an sich selbst).
  **Separator**

- **Wieder in die 1. Position zurückgehen**

  Probieren Sie die Ideen aus. Wie wäre das, wenn Sie die Tipps des Beraters umsetzen würden? Welche Reaktion erwarten Sie beim anderen? Wie wohl fühlen Sie sich damit? …

  **Separator**

- **Nochmals in 2. Position gehen**

  Probieren Sie aus, welche Veränderungen sich aus dem veränderten Verhalten der 1. Position ergeben! Was denkt und fühlt der andere jetzt?

  **Separator**

- **Bei Bedarf die Positionen mehrfach durchlaufen**
- **Abschließende Reflexion**

  Was nehmen Sie an neuen Erkenntnissen mit? Gibt es noch Einwände und wie können Sie diese integrieren? Was ist der erste Schritt, den Sie jetzt machen?


## 6.3.2  Mit Metaphern-Arbeit zum „Wunderteam"

Ein Marketingteam stellt fest, dass sich ihr Miteinander und auch die Befindlichkeit jedes Einzelnen deutlich verändert haben: Das grundsätzlich sehr reflektierte Team erlebt sich selbst im „Jammer-Zustand". „Bis vor einem Jahr war alles anders, wir waren engagiert dabei, jeder hat sich ins Zeug gelegt, um den Aufbau der neuen Gesellschaft voranzutreiben. Inzwischen hat jeder das Gefühl, das Ackern hat kein Ende, alles ist chaotisch, jeder stänkert, auch Lästereien über die anderen Kollegen und das Unternehmen sind an der Tagesordnung. Ein Kollege hat schon gekündigt und ein anderer ist langfristig krankheitsbedingt ausgefallen", erzählt ein Teammitglied.

In einem Punkt sind sich alle einig: Sie wollen diesen Zustand ändern. Gemeinsam mit dem Chef besprechen Sie, welche Maßnahme die beste sein könnte. Der Chef schlägt vor, einen Teamcoach mit einzubeziehen, der gemeinsam mit ihnen den Prozess startet und sehr kreative und lösungsorientierte Methoden einsetzt. Er selbst hatte solch einen Prozess bereits in einem anderen Kontext erlebt und das Team sei damals schnell wieder in einen positiven Grundzustand gekommen. Alle stimmen zu und vereinbaren direkt einen Termin für den Workshop.

Der Coach erklärt zu Beginn des Workshops seine Vorgehensweise und betont, dass ein wesentlicher Aspekt des Prozesses die schnelle Umfokussierung auf das Wünschenswerte sei. Wenn man zu lange den Istzustand analysieren und diskutieren würde, hätte das oft den Effekt, dass man immer mehr in den „Problemsumpf" einsinkt und der Zustand der Gruppe sich eher weiter verschlechtern würde. Daher würde er ihnen eine Methode anbieten, die zum einen auf der Wunderfrage von Steve de Shazer basiere, zum anderen auf Metaphern-Arbeit, also eine Kombination von beidem. Im Wesentlichen seien es nur vier Prozessschritte:

1. Kurze Beschreibung des Istzustands des Teams in Form einer Metapher.
2. Umfokussierung auf das sogenannte „Wunder", finden einer Metapher für das Wunderteam, füllen der Metapher mit Assoziationen
3. Unterschiedsbildung mit jeweiligen Auswirkungen
4. Next Steps/Commitment aller

Im ersten Schritt beschreiben sich die Teammitglieder mit der Metapher „Brauereipferde", die täglich schwere Lasten ziehen, Scheuklappen aufbekommen und das Ziel nicht sehen. Nach zwölf Stunden als Zugpferd kommen sie lediglich in die Box für die Nacht und dann geht's weiter. Vor einem Jahr hingegen wären sie Wildhengste gewesen und zum Teil Leitstuten, die frei gewesen und der Herde den Weg gewiesen hätten.

Beim zweiten Schritt und der Frage nach dem Wunderteam einigten sie sich auf die Metapher des Pferdegestüts, das Pferde beherbergt, die ganz besondere Leistungen erbringen. Rennpferde, Springturnier-Pferde, Military-Pferde. Diese müssen zwar täglich auf das Ziel hin hart trainieren und einen klaren Trainingsplan einhalten, bekommen aber auch besondere Zuwendung vom jeweiligen Reiter, erhalten gutes Futter und können auf einer großzügigen Koppel miteinander grasen und sich austoben.

Beim Vergleich beider Metaphern werden Bedürfnisse und Wünsche deutlich sichtbar: Sie brauchen wieder ein klares Ziel und Freiraum, sie sind bereit, dafür hohen Einsatz und Leistung zu zeigen und gewisse Abläufe einzuhalten. Dafür brauchen Sie aber auch Entlastung einerseits und Anerkennung und Wertschätzung andererseits. Anstatt Stress und Frustration wieder mehr Motivation jedes Einzelnen, aber auch ein entspanntes Miteinander.

Als *next steps* halten sie fest, die zwei Planstellen wieder zum nächsten Quartal zu besetzen, die Top-3-Ziele für die Abteilung zu definieren und ein Projekt zur Ablaufoptimierung aufzusetzen. Freiräume wollen sie sich wieder mehr verschaffen, indem sie proaktiv strategische Empfehlungen an die Geschäftsführung richten und nicht mehr eine Umsetzung nach der anderen nur abwickeln, ohne genau die Ziele und Hintergründe zu kennen. Des Weiteren einigen sich Chef und Mitarbeiter auf ein Ritual jeweils zu Beginn des monatlichen Jour fixe der gesamten Abteilung: Bei einem Kaffee wird das in den Blick genommen, was gut gelaufen ist, was bereits geschafft wurde, wo sie auf einem guten Weg sind etc. Sie nennen es „Coffee & Strokes". Damit wollen sie sich auf lockere Art gegenseitig Respekt und Anerkennung zollen und gleichzeitig damit auf dem Laufenden halten.

Am Ende des Workshops sind alle zufrieden über die konstruktive Zusammenarbeit, alle haben sich wie ehemals in einem Flow-Zustand gefühlt. So konnte sehr effektiv gearbeitet werden. Den Abschluss bildet eine wechselseitige Feedback-Runde, im Sinne, was jeder an jedem ganz persönlich schätzt. Dies wird als ein weiterer Kick für ein gutes Miteinander in den nächsten Wochen erlebt.

▶      Fazit: Basis für eine effektive Arbeitsweise ist auch ein positiver Grundzustand, der vom Coach durch die lösungs- und ressourcenorientierten Methoden induziert wurde.

Diesen Teamprozess zu steuern, erfordert Übung und Hintergrundwissen, daher empfiehlt sich für Führungskräfte, sich Unterstützung zu holen – intern bei der Personalentwicklung oder extern bei einem versierten Coach oder Trainer.

Eine Zustandsveränderung können Sie jedoch immer herbeiführen, wenn Sie auf das gewünschte Lösungserleben in der Zukunft umfokussieren, vielleicht mögen Sie es mit einem eigenen Thema versuchen. Daher möchten wir Ihnen in Kurzform nachstehend die Wunderfrage von Steve de Shazer vorstellen.

### 6.3.3  Fokussierung des Lösungserlebens – mit der Wunderfrage

Steve de Shazer ist Gründer der lösungsfokussierten Kurzzeittherapie. Er und seine Frau Inso Kim Berg entwickelten diesen systemischen Ansatz mit der Handlungsmaxime „Eine Minute Problemtalk und 59 Minuten Solutiontalk". Die Wunderfrage ist eine ihrer bekanntesten Interventionen. Vielleicht möchten Sie sie jetzt ausprobieren: Am besten schließen Sie nach dem Lesen die Augen, um sich noch stärker auf die inneren Bilder und das innere Erleben einstellen zu können. Die Pünktchen im Text deuten kleine Pausen an, in denen die inneren Bilder entstehen können.

- Ich habe jetzt eine – im ersten Augenblick vielleicht ungewöhnliche oder seltsame – Frage für dich…
- Stell dir vor, … wenn wir hier fertig sind, einiges bearbeitet haben … du nach Hause fährst … und dann vielleicht noch etwas zu Abend isst … vielleicht noch fernsiehst oder andere Dinge tust …
- Und irgendwann … gehst du zu Bett und dann … schläfst du ein …
- Und angenommen … mitten in der Nacht … während du fest schläfst … geschieht ein Wunder …
  *(deutliche Pause)*
- Und alle Probleme, die dich hier her gebracht haben, sind mit einmal gelöst … einfach so … und das wäre ja wirklich ein Wunder, nicht wahr? … Aber es geschieht genau dann, wenn du schläfst und so kannst du ja nicht wissen, dass es geschehen ist …
- Wenn du also am nächsten Morgen aufwachst, woran erkennst du, dass das Wunder geschehen ist? … Es sagt dir ja niemand. Was genau ist anders?
  *(Zeit lassen, dann Details klären)*
- Was genau tust du anders, an dem du das Wunder erkennen kannst? Mit welchen Emotionen geht das jetzt einher … mit welchen Denkprozessen etc.
- Wer merkt als Erstes eine Veränderung? Wann, wo, wie ist die Reaktion?
- Welche Auswirkungen hat das auf dich?

**Zusammenfassung**

Zustände sind vorübergehende Erfahrungsphänomene, die jeder von uns täglich durchläuft. Dazu gehören verschiedene Gefühlszustände wie Freude, Ärger etc., Stress-Zustände, Blockadezustände, aber auch ressourcenvolle Zustände wie Kreativität und Gelassenheit. Außerdem unterscheiden wir natürliche Zustände wie Träumen, Wachen und Tiefschlaf.

Auch Systeme durchlaufen temporär bestimmte Zustandsformen. So kann ein Team im Flow-Zustand sein, oder Beziehungsstörungen können das Klima negativ beeinflussen. Genauso gibt es vorübergehende wirtschaftliche oder politische Zustände, die die Organisation in ihrer Produktivität und Zusammenarbeit beeinflussen.

Zustände können bewusst herbeigeführt oder beeinflusst werden. Mittels verschiedener Techniken des Zustandsmanagements können wir eigene Zustände verändern und Zustände in Systemen wie Teams beeinflussen. So können wir aktiv unsere Tagesform „steuern", relaxter durchs Leben gehen und gleichzeitig unsere Effektivität und Effizienz in vielen Dingen erhöhen.

## Weiterführende Literatur

de Shazer S, Dolan Y (2015) Mehr als ein Wunder. Carl-Auer, Heidelberg

James T, Shephard D (2005) Die Magie gekonnter Präsentation. Junfermann, Paderborn

O'Connor J, Seymour J (2015) Neurolinguistisches Programmieren: Gelungene Kommunikation und persönliche Entfaltung. VAK, Kirchzarten bei Freiburg

# Integral führen und Unternehmen ganzheitlich entwickeln

## 7.1 Bekannte Führungs- und Managementtheorien aus integraler Sicht

Es sind über all die Jahrzehnte viele Management- und Führungstheorien entwickelt worden. Manche fanden sehr viel Beachtung, andere weniger. Spannend ist, die Theorien aus der Quadranten-/Linienperspektive zu betrachten und auch die Ebenen mit einzubeziehen. Dadurch ergibt sich für die meisten ein völlig neues Bild von Führung.

Anhand der folgenden Beispiele zeigt sich auch das Anliegen Ken Wilbers sehr gut, nämlich „nicht das Rad neu zu erfinden", sondern eine Metalandkarte zu erschaffen, die es möglich macht, ganzheitlich alle wichtigen Aspekte zu erfassen und einzuordnen. Ken Wilber (2006, S. 9) hat in diesem Zusammenhang auf Daryl Paulson verwiesen, der nachgewiesen und in seinem Artikel „Management: A Multidimensional/Multilevel Perspektive" dargestellt hat, dass vier bekannte Managementtheorien praktisch den vier Quadranten entsprechen (s. Abb. 7.1).

Jeder Ansatz bildet also einen Teil der Realität ab, ist aber nicht umfassend oder wie Ken Wilber bezüglich vieler Theorien auch aus anderen Forschungsbereichen sagt: „It's true, but partial." Auch kann man die Entstehung und den Bezug der Theorie x mehr der blauen Ebene und die Theorie y der orangen Ebene zuordnen. Die beiden Managementtheorien der unteren Quadranten sind mehr durch ein reifes Orange und Grün geprägt.

Der Versuch, gewisse Führungstheorien als allgemeingültig und als Richtschnur für erfolgreiche Führung zu entwickeln, kann heute als „gut gedacht", aber nicht „umfassend genug gemacht" beschrieben werden. Auch hier greifen die meisten Theorien zu kurz, weil sie nur bestimmte Quadranten oder gar Linien fokussieren und die Ebenen außer Acht lassen. Dieses Ausblenden von Perspektiven und die damit häufig verbundene Überzeugung, die „einzig wahre Methode" entwickelt zu haben, nennt Ken Wilber Quadranten-, Linien- oder Ebenenabsolutismus.

© Springer Fachmedien Wiesbaden 2016
H. Kuhlmann und S. Horn, *Integrale Führung*,
DOI 10.1007/978-3-658-13466-2_7

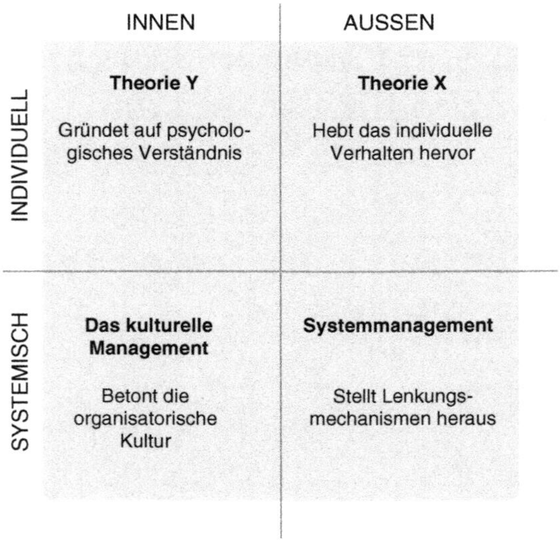

**Abb. 7.1** Managementtheorien
aus Quadrantensicht. (Quelle:
„eigene Darstellung")

|  | INNEN | AUSSEN |
|---|---|---|
| **INDIVIDUELL** | **Theorie Y**<br><br>Gründet auf psycholo-<br>gisches Verständnis | **Theorie X**<br><br>Hebt das individuelle<br>Verhalten hervor |
| **SYSTEMISCH** | **Das kulturelle<br>Management**<br><br>Betont die<br>organisatorische<br>Kultur | **Systemmanagement**<br><br>Stellt Lenkungs-<br>mechanismen heraus |

Im Folgenden möchten wir einige ausgewählte Modelle und ihre Fokusse vorstellen. Wir möchten betonen, dass jede Theorie ihren Beitrag zu einer umfassenderen Sicht geleistet hat. Denn nur durch ihre Beschreibung und Anwendung konnte festgestellt werden, was gut ist, aber auch, was fehlt.

## 7.1.1   Führungsstile nach Kurt Lewin

Ein weit verbreitetes Führungskonzept ist das von Kurt Lewin (1890–1947), ein Pionier der modernen Sozialpsychologie. Er beschrieb drei Führungsstile:

- Autoritärer Führungsstil: Der Chef gibt Anweisungen, Anordnungen, er entscheidet allein, duldet keinen Widerspruch und Kritik.
- Demokratischer (kooperativer) Führungsstil: Der Chef bezieht seine Mitarbeiter mit ein, erlaubt Diskussionen und Empfehlungen, fördert Selbstständigkeit, dennoch bleibt Top-down-Denken im Vordergrund.
- Laissez-faire-Führungsstil: Der Chef gibt den Mitarbeitern viel Freiraum, die Mitarbeiter können Arbeit, Aufgaben und Organisation selbst bestimmen, treffen auch Entscheidungen weitestgehend selbst.

Aus integraler Sicht betrachtet, ist dieses Konzept der drei alternativen Führungsstile sehr eindimensional, denn es wird nur die Führungskraft in den Blick genommen und nur eine Linie im Quadranten OR angesprochen: das Verhalten der Führungskraft. Daraus abgeleitet werden „Verhaltensempfehlungen", sprich ein Führungsstil. Dieser soll dann auf alle Mitarbeiter angewandt werden.

Wir nutzen im Folgenden die Quadranten-Liniendiagnose als „Landkarte", um zu visualisieren, wo die jeweiligen Fokusse der Führungsmodelle liegen. Die leeren Quadrantenfelder sind in den folgenden Abbildungen als „blinde Flecken" zu verstehen, also ausgeblendet. In Abb. 7.2 stellen wir zunächst den Fokus des Führungskonzepts von Kurt Lewin dar.

**Was ist gut**

Im Prinzip wurden jeweils die Verhaltensweisen von Chefs aus den Bewusstseinsebenen blau, orange und grün beschrieben. Dies konnte zwar noch nicht so benannt werden, gab den Führungskräften jedoch eine erste Orientierung.

**Was fehlt**

- Der Hinweis an die Führungskräfte zu überprüfen, welcher Führungsstil ihren Einstellungen und Werten entspricht (OL).
- Die beiden unteren Quadranten der Führungskraft sind nicht im Blick.
- Die Mitarbeiterperspektive fehlt komplett: Es wird z. B. nicht berücksichtigt, welche Erfahrungen und Fähigkeiten der Mitarbeiter bereits hat und in welcher Bewusstseinsebene er sich befindet.
- Das System Team/Unternehmen ist nicht im Blick.

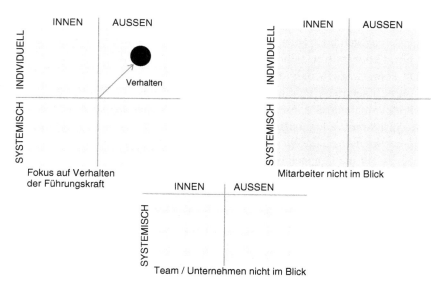

**Abb. 7.2** Fokus der Führungsstile nach Kurt Lewin aus der Quadrantenperspektive. (Quelle: „eigene Darstellung")

An dieser Stelle möchten wir vertiefen, was z. B. in den unteren Quadranten berücksichtigt werden sollte, wenn man das Wissen um die Ebenen mit einbezieht:

- Das Führungsverhalten sollte immer in Bezug gesetzt werden zum Kontext (UR). Hierzu ein Beispiel: Während eines Feuerwehreinsatzes ist es nicht angebracht, einen demokratischen Führungsstil anzuwenden oder sogar laissez-faire jedem Mitarbeiter die Entscheidung zu überlassen. Da ist die „Ansage" ein Muss, um schnell und zielgerichtet Maßnahmen durchzuführen.
- Das Führungsverhalten sollte immer in Bezug zum Umfeld gesetzt werden: Auch eine neue strategische Ausrichtung eines Unternehmens kann zur Folge haben, dass Führungskräfte ein anderes Führungsverständnis entwickeln müssen oder aber andere Führungskräfte benötigt werden. Ein Beispiel: Ein Unternehmen expandiert und sucht einen Geschäftsführer für das Tochterunternehmen in China. Das überwiegend blaue Bewusstsein der Chinesen erfordert eher einen blauen, autoritären Führungsstil.

▶      Das Führungsverhalten sollte also immer **situations- und kontextbezogen** angepasst werden.

- Das eigene Führungsverhalten sollte natürlich auch immer die Beziehung zu dem einzelnen Mitarbeiter sowie die Beziehungen der Teammitglieder untereinander berücksichtigen (UL). Einige Beispiele dazu: Opponiert ein Mitarbeiter wiederholt im Untergrund gegen eine Führungskraft oder mobbt er einen Kollegen, muss er durch „Autorität" in seine Schranken gewiesen werden. Permanente Drückeberger sollten ebenso eng geführt werden. Das kann bei einem orangen Mitarbeiter zunächst in Form eines kooperativen Führungsstils sein, indem man klare Ziele formuliert und deutlich kommuniziert, dass die Erfüllung erwartet wird. Wenn das keine Wirkung zeigt, müssen autoritäre Führungsmechanismen eingesetzt werden (Kontrolle, schriftliche Protokollierung aller Schritte, Konsequenzen „androhen".) Auch der Umgang mit Rädelsführern, Ehrgeizigen, Schüchternen, Gruppenclowns, Außenseitern etc. will immer wieder neu aus allen Perspektiven bewertet werden. Ansonsten wirkt sich dies negativ auf die Gruppendynamik und die Teamkultur aus. All das trifft natürlich auch auf das große System zu, die Unternehmenskultur.

▶      Führungskräfte müssen demzufolge auch **beziehungs- und gruppenorientiert** führen.

## 7.1.2   Situative Führung nach Paul Hersey und Ken Blanchard

Dieses Modell wurde von Hersey und Blanchard 1977 entwickelt und zählt zu den populärsten. Sie setzen den Führungsstil der Führungskraft in Bezug zur „Reife" des Mitarbeiters und empfehlen „situativ" das Verhalten je nach Reife des Mitarbeiters zu variieren:

- **Mit Blick auf die Führungskraft** definieren Sie zwei Führungsstile: Den aufgabenorientierten und den beziehungsorientierten Stil. Schaut man sich die Beschreibung der Verhaltensweisen genauer an, kann man feststellen, dass der aufgabenorientierte Stil nahezu identisch mit dem autoritären Stil von K. Lewin ist. Das beziehungsorientierte Verhalten ähnelt dem kooperativen, demokratischen Stil von Lewin. Hersey und Blanchard betonen allerdings, dass die Rolle und die Aufgabe des beziehungsorientierten Vorgesetzten sei, Wert auf gute persönliche Kontakte zu legen, Unterstützung anzubieten sowie seine Mitarbeiter zu loben und zu ermuntern.

- **In diesem Modell rückt auch der Mitarbeiter in den Fokus** und wird nach seinem Reifegrad geführt. Der Reifegrad wird durch zwei Aspekte definiert: Die sachliche Reife zeigt sich, wenn der Mitarbeiter nach Verantwortung strebt und seine Fähigkeiten und sein Fachwissen selbst entwickelt. Die psychische Reife zeichnet sich durch Motivation und Engagement aus. Der Reifegrad kann je nach Aufgabe bei jedem Mitarbeiter variieren, z. B. kann er im Verkauf hoch sein, in der Organisation von Abläufen aber niedrig.
- **Daraus entstehen vier wesentliche Verhaltensweisen (Stile) als Empfehlung an die Führungskräfte:**
  - Stil 1 – Telling: Niedrige Reife beim Mitarbeiter – hohe Aufgabenorientierung seitens der Führungskraft
  - Stil 2 – Selling: Geringe bis mäßige Reife beim Mitarbeiter – starke aufgaben- und beziehungsorientierte Führung seitens der Führungskraft
  - Stil 3 – Participating: Mäßige bis hohe Reife beim Mitarbeiter – starke Beziehungsorientierung, geringe Aufgabenorientierung aufseiten der Führungskraft
  - Stil 4 – Delegating: sehr reife Mitarbeiter – weder beziehungsorientierte, noch aufgabenorientierte Führung notwendig

**Was gut ist**

- Es wird ein Bezug zum Mitarbeiter hergestellt.
- Es wird empfohlen, das Führungsverhalten je nach Reife des Mitarbeiters zu variieren, es werden dazu erste Kriterien als Hilfestellung definiert.
- Das Modell ist überschaubar, leicht anzuwenden.
- Im Prinzip werden wieder alle drei Führungsstile Lewins bzw. unbewusst auch ein Teil der Bewusstseinsebenen verwendet:
  - Telling = autoritär = blau
  - Selling = kooperativ = anfängliches Orange
  - Participating = kooperativ = reifes Orange
  - Delegating = laissez faire = grün

**Was fehlt**

Die Abb. 7.3 zeigt, was im Fokus ist bzw. was fehlt:

- Die Reife des Mitarbeiters wird nur vage definiert und an zwei Kriterien gemessen.
- Der Begriff „Beziehungsorientierung" ist unseres Erachtens sehr unglücklich gewählt bzw. definiert. Das assoziiert, als ob ein noch nicht so reifer, blauer Mitarbeiter keine

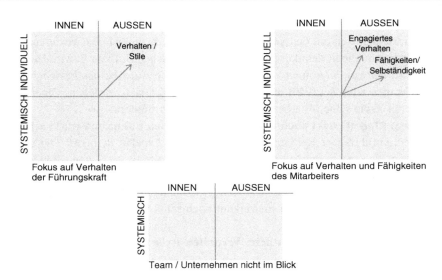

**Abb. 7.3** Fokus der Situativen Führung aus der Quadrantenperspektive. (Quelle: „eigene Darstellung")

Zuwendung, Lob, Anerkennung bräuchte und nur per Anweisung zu führen wäre. Aus der integralen Sicht braucht der blaue Mitarbeiter besonderen Zuspruch, um Sicherheit zu gewinnen. Dieses Ungleichgewicht an Lob und Zuspruch wirkt sich zudem ungünstig auf die Beziehung zum Mitarbeiter und im Miteinander im Team aus (UL).

• Drei Quadranten der Führungskraft und des Mitarbeiters werden nicht berücksichtigt.
• Das System Team/Unternehmen ist nicht im Blick.

### 7.1.3　Transformationale Führung von B. Bass und B. Avolio

Dieses Modell wurde 1995 veröffentlicht. Der Kerngedanke des Konzepts beruht auf der trans*aktionalen* Führung von J.M. Burns aus 1978. Eine Führungskraft erkennt die Bedürfnisse und Motive des Mitarbeiters und „belohnt" ihn, als Gegenleistung wird das Einhalten von Zielvereinbarungen, Regeln und das Erbringen von Leistung erwartet. Die trans*formationale* Führung geht darüber hinaus und schafft eine Motivation auf einem noch höheren Niveau: Sie inspiriert und motiviert Mitarbeiter dazu, einen sinnvollen Beitrag zum Erfolg der Organisation zu leisten, an der Verwirklichung einer gemeinsamen Mission/Vision mitzuarbeiten. Dazu werden Führungskräfte geschult, folgende Einstellungen und Kompetenzen zu entwickeln:

1. **Idealized Influence:** Sie entwickeln Vorbildfunktion, sind verlässlich und bauen Vertrauen auf.
2. **Inspirational Motivation:** Sie vermitteln Sinn und Zuversicht, setzen herausfordernde Ziele und sorgen für Teamgeist.

3. **Intellectual Stimulation:** Sie regen die kreativen Fähigkeiten und eigenständige Problemlösungen an.
4. **Individual Consideration:** Sie gehen auf individuelle Bedürfnisse der Mitarbeiter ein und entwickeln gezielt ihre Fähigkeiten.

Die Abb. 7.4 zeigt, was die transformationale Führung in den Blick nimmt bzw. was ausgeblendet ist.

**Was gut ist**

- Es werden Führungskräfte und Mitarbeiter gleichermaßen betrachtet und entwickelt.
- Mehrere Dimensionen/Linien werden angesprochen.
- Der Schwerpunkt liegt auf den beiden inneren Quadranten: der intrinsischen Motivation.

**Was fehlt?**

- Der Quadrant unten rechts
- Das Einbeziehen von Ebenen
- Der Blick auf das gesamte Team/Unternehmen mit seinen Zielen, Strategie, Strukturen etc.

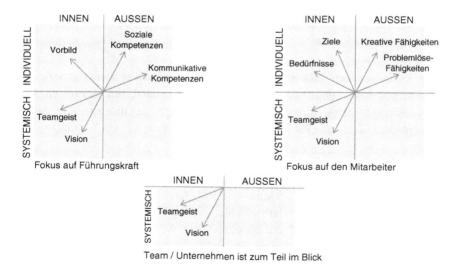

**Abb. 7.4**  Fokus der transformationalen Führung aus der Quadrantenperspektive. (Quelle: „eigene Darstellung")

### 7.1.4  Systemische Ansätze für die Führung

Veröffentlichungen über systemische Führung sind noch eher selten. Aber das systemische Denken hält mehr und mehr Einzug in unsere Gesellschaft und auch in das Management. Wir möchten die wichtigsten Aspekte kurz und prägnant herausstellen – als Anregung, sich intensiver mit diesem komplexen Thema zu beschäftigen. Denn diese Art zu denken und die Grundhaltung sind für Führung und Management in der Zukunft unerlässlich und wie Sie inzwischen wissen ein wesentlicher Bestandteil auch des metasystemischen integralen Denkens.

Kurz zur Historie: Basis des systemischen Führens bilden die Erkenntnisse der Systemtheorie, die bereits in den 1980er Jahren insbesondere von Niklas Luhmann (soziologische Systemtheorie) in Deutschland publiziert und seither weiterentwickelt wurde. Zu verschiedenen Zeitpunkten haben Forscher und Berater aus unterschiedlichen Disziplinen paradigmatische Leitideen und -fragen beigetragen und der Theorie jeweils einen neuen Fokus gegeben. Beispielhaft nennen möchten wir die Neurobiologen Humberto Maturana und Francisco Varela und den Physiker Heinz von Foerster (Kybernetik 2. Ordnung).

Die Systemtheorie hat zunächst Eingang in die systemische Therapie gefunden, hier sind als Vorreiter international die Palo-Alto-Gruppe um Virginia Satir (u. a. mit Gregory Bateson, Jay Haley, Paul Watzlawick) und die Mailänder Gruppe um Mara Selvini Palazzoli zu nennen. Für die Entwicklung in Deutschland war die Heidelberger Gruppe um Helm Stierlin von Bedeutung (Gunther Schmidt, Fritz B. Simon und Gunthard Weber). Nicht nur das Gedankengut und die Grundhaltung, sondern auch die sehr erfolgreichen Interventionen sind heute im systemischen Coaching und in der Organisationsberatung nicht mehr wegzudenken.

Einige Prinzipien der Systemtheorie und des systemischen Denkens möchten wir nachstehend plakativ – und daher etwas vereinfacht anhand von Beispielen aus dem beruflichen Alltag – erläutern. Weiterführende systemische Lektüre zu unterschiedlichen Themenbereichen, auch zur Vertiefung der Theorie, haben wir im Literaturverzeichnis aufgeführt.

- **Zirkularität** Einerseits wird unser Verhalten durch unseren Zustand, unsere Überzeugungen und unsere in dem Moment „verfügbaren" Fähigkeiten beeinflusst. Aber nicht nur, sondern auch durch die Beziehungen und Wechselwirkungen aller im System Beteiligten. So sollte z. B. ein „demotiviertes" Verhalten eines Mitarbeiters nicht per se als Charaktereigenschaft oder „so sein" bewertet werden, sondern als Teil eines Wechselwirkungsprozesses in einem bestimmten Kontext.
- **Kontextualisierung** Jedes Phänomen ist immer nur verstehbar in seinem Kontext. Ein Mitarbeiter kann sich z. B. als stur zeigen. Zunächst wird die Führungskraft das wahrscheinlich als störend und als Problem wahrnehmen. Wenn sich die Führungskraft jedoch den Kontext bewusst macht, kann das Verhalten eine andere Bedeutung bekommen. Z. B. im Kontext eines Veränderungsprozesses einer Organisation könnte

das sture Verhalten bedeuten, dass der Mitarbeiter Sorge hat, in seinem Alter das Neue nicht mehr lernen zu können und damit sieht er die Sicherheit seines Jobs/seine Existenz gefährdet.

- **Muster und Selbstorganisationsprozesse** (Autopoiese) Systeme wie Organisationen sind in ihren Strukturen und Kulturen sehr komplex, viele Dinge greifen ineinander, stehen in Wechselwirkung miteinander, spielen nach immer gleichen Regeln zusammen und bilden dadurch sogenannte „Muster". Das lineare Denken in Begriffen von „planen, steuern und kontrollieren" und das damit verbundene Ursache-Wirkungsdenken greifen daher nicht. Es wird ersetzt durch systemisches Denken, das davon ausgeht, dass eine Handlung in einem System viele Folgewirkungen, Wechselwirkungen und Rückkoppelungsschleifen auslöst und dass sich Systeme bei Veränderungsimpulsen von außen selbst neu organisieren. Eine metaphorische Vorstellung hilft dieses zu verdeutlichen: Stellt man sich ein Netz mit vielen Knotenpunkten vor und zieht an einem Knotenpunkt, dann kommt das ganze Netz mit allen Knotenpunkten in Bewegung und verändert seine Form. Dies bedeutet aber auch, wenn ich nur ein Element verändere, dann kommt schon alles in Bewegung, das heißt, mit *einem* zieldienlichen Impuls kann manchmal schon sehr viel bewegt werden.

- **Homöostase und Metamorphose** Lebende Systeme haben immer das Bestreben, einen Gleichgewichtszustand zu erlangen (Homöostase). Insofern sind Widerstände von Mitarbeitern in Veränderungsprozessen als Versuch zu verstehen, die Stabilität, den Gleichgewichtszustand aufrechtzuerhalten. Dies ist als „positive Absicht" sicher nachvollziehbar und grundsätzlich auch wichtig. Systeme brauchen aber auch immer wieder Erneuerung (Metamorphose), Anpassung z. B. an Marktveränderungen, letztendlich um ihre Existenz zu sichern und damit wieder in einen Gleichgewichtszustand zu kommen. Oder wie Gunther Schmidt (2005) sagt: „Wer einigermaßen der Gleiche bleiben will, muss sich ständig verändern".

- **Kybernetik 2. Ordnung und Konstruktivismus** Der Physiker Heinz von Foerster sagte: Wir können nicht sehen, dass wir nicht sehen. Und: Das Beobachtete wird durch Beobachtung massiv beeinflusst. Was bedeutet das? Stellen Sie sich ein Gespräch des Chefs mit seinem Teamleiter vor. Beide sprechen über eine gewisse „Problematik" im Team. Allein durch das Sprechen darüber verändert sich etwas, denn die vom Teamleiter beobachtete Situation (1. Ordnung) wird beobachtet (2. Ordnung). Machen wir uns zudem bewusst, dass wir immer nur Teilaspekte der Wirklichkeit wahrnehmen und daraus unsere eigene Landkarte konstruieren (Konstruktivismus), stellen wir fest, dass es in dem Gespräch um eine subjektive Beschreibung einer subjektiven Erfahrung handelt, wo vieles ausgeblendet wird. In diesem Fall trifft die Landkarte des Teamleiters auf die Landkarte des Chefs, die zusammen durch ihr Gespräch wiederum eine neue Landkarte entwerfen. Man kann sich vorstellen, dass die Ratschläge des Chefs somit nicht gerade mit hoher Wahrscheinlichkeit „Treffer" landen. Dies erklärt auch, warum Coaches keine Ratschläge geben sollten, sondern durch ein Gespräch „ausschließlich" eine Beziehung des Vertrauens, ein „gutes Beratersystem" aufbauen sollten und den Coachee dabei zu unterstützen, mögliche Vorannahmen und blinde Flecken sichtbar zu machen. Daraus kann die Führungskraft eigene Lösungsalternativen entwickeln, die ihn befähigen, mit der Situation vor Ort flexibel umzugehen.

**Weiterentwicklungen in der systemischen Therapie/Coaching**
An dieser Stelle möchten wir insbesondere Gunther Schmidt erwähnen, der die systemische Therapie, aber auch das systemische Coaching und die Organisationsberatung durch sein neues Konzept bereichert und weiterentwickelt hat. In seinem hypnosystemischen Ansatz hat er die Grundhaltungen und Interventionen aus der Hypnotherapie und der systemischen Therapie zu einem Integrationsmodell vereint. Einen Punkt möchten wir hier herausheben.

Die systemische Therapie betrachtet im Ursprung die interaktionellen Muster, das heißt das Miteinander, die Regeln und Strukturen im System Familie oder Organisation. Durch die integrale Brille betrachtet würden wir sagen, der Fokus liegt auf den beiden unteren Quadranten. Die ericksonsche Hypnotherapie (nicht gleichzusetzen mit klassischer Hypnose) betrachtet vordergründig die beiden oberen Quadranten mit ihren internalen Musterdynamiken, sprich den Wechselwirkungen von Werten, Einstellungen, Fähigkeiten und Verhalten. Durch sein Integrationsmodell, das in den 1980er und 1990er Jahren noch sehr skeptisch betrachtet wurde, hat Gunther Schmidt aus heutiger Sicht auch einen Meilenstein für die integrale Betrachtung von Systemen gesetzt. Insbesondere die Verkoppelung der internalen und interaktionellen Musterdynamiken ist heute in die Arbeitsweise vieler systemischer Berater und Coaches eingeflossen.

**Was bedeutet all das für systemische Führung?**
Systemische Führung ist keine Methode, kein Führungskonzept mit konkreten Handlungsempfehlungen. Systemische Führung ist eine neue Art zu denken, eine Grundhaltung, die es ermöglicht, viele Probleme und Fragen unserer Zeit anders zu betrachten, die Musterdynamiken und Zusammenhänge besser zu erkennen und dadurch neue Lösungen zu entwickeln.

Neben diesen Chancen zeigt das systemische Führungsverständnis aber auch klare Grenzen in Bezug auf die Steuerung von Teams und Unternehmen auf: Jede „orange" linear-kausal denkende Führungskraft muss sich erst einmal mit dem Gedanken anfreunden: Organisationen lassen sich nicht im eigentlichen Sinn „steuern", also kontrolliert von A nach B lenken. Es ist wichtig, immer wieder neu alle Interaktionen innerhalb und außerhalb (Kunden, Wettbewerber, Lieferanten etc.) der Organisation als Ganzes wahrzunehmen und Strategien als zieldienliches „Impulspaket" zu sehen. Es geht um wahrscheinliche Auswirkungen und Effekte. Es geht um wahrscheinliche Unterschiede, die eine neue Strategie oder Konzeption im Vergleich zur alten herbeiführt. Gewissheit kann durch „Abtesten" aller Art nicht erwirkt werden, da die Komplexität nie simuliert und der gegenwärtige Moment des Tests nie wiederhergestellt werden kann.

Systemische Führung in Bezug auf den Mitarbeiter heißt, sich immer wieder neu kontextspezifisch auf die Menschen und Situationen einzustellen, sie zu pacen und sie „einzuladen" (wie G. Schmidt immer betont sagt), in eine gewünschte Richtung zu gehen.

Für systemisch denkende Führungskräfte bedeutet dies, sich bewusst zu machen,

- dass sie aufgrund ihrer Persönlichkeit, ihres Wissens und ihrer Kompetenzen „nach bestem Wissen und Gewissen" zieldienliche Impulse in ein System gibt und dadurch einen Prozess in Gang setzt.
- dass auch andere Kontextfaktoren auf die „Geführten" wirken und daher die von der Führungskraft gesetzten Impulse nicht immer die gewünschte Wirkung zeigen.
- dass die Impulse nicht nur auf den „geführten Mitarbeiter", sondern auch auf andere Beziehungen wirken und auch auf Strukturen oder Prozesse Wechselwirkungen haben.
- Dass Führen auch bedeutet, eine Welt zu schaffen, der andere gerne angehören wollen, um so die Selbstorganisationsprozesse „anzuregen".

Systemische Führung beschäftigte sich in den anfänglichen Konzepten vorwiegend mit den interaktionellen Mustern. Aktuellere Ansätze gehen bereits in die systemisch-integrale Richtung und beziehen auch die vielschichtigen internalen Musterdynamiken mit ein, das heißt die individuelle Persönlichkeitsentwicklung und damit die Auseinandersetzung mit sich selbst, seinen Fähigkeiten, stärkenden und limitierenden Überzeugungen, seinen Rollen und Bedürfnissen, immer in Bezug zum privaten und beruflichen Umfeld mit all seinen Beziehungsdynamiken.

**Mit unserem integralen Quadranten-Modell können wir systemische Führung wie folgt zusammenfassen und visualisieren:**

- Einige systemische Führungskonzepte fokussieren die Quadranten UR und UL (in Abb. 7.5. dunkelgrau unterlegt). Sie betrachten einerseits die Interaktionen von der

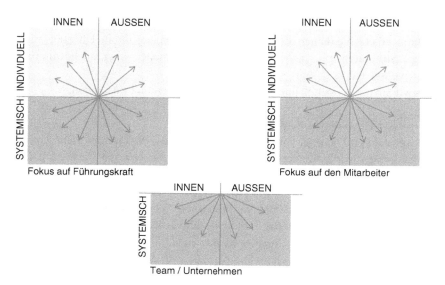

**Abb. 7.5** Fokus systemische und integrale Führungsansätze aus der Quadrantenperspektive. (Quelle: „eigene Darstellung")

Führungskraft und dem einzelnen Mitarbeiter, aber auch die Interaktionen zwischen den Mitarbeitern und Kollegen sowie die Beziehungen zu Externen, wie Kunden und Lieferanten, Wettbewerbern, der Gesellschaft, der Umwelt. Das heißt, sie fokussieren auf die im ursprünglichen Sinne „systemischen" interaktionellen Muster des Gesamtsystems.

- Andere Konzepte kommen schon nah an den integralen Ansatz heran und nehmen das gesamte System Unternehmen und seine Individuen mit seinen inneren und äußeren Quadranten in den Blick. Sie beziehen neben den interaktionellen Mustern auch die internalen Musterdynamiken mit ein. Je integraler die Sicht, umso mehr werden die vielen Facetten innerhalb der Quadranten und deren Wechselwirkungen, wie durch die Linien angedeutet, berücksichtigt (s. Abb. 7.5, alle hell- und dunkelgrau hinterlegten Felder).

**Was gut ist**

- Das komplexe System „Unternehmen" und die komplexe Aufgabe des Führens wird ganzheitlich erfasst.
- Das systemische Verständnis eröffnet eine völlig neue Sicht auf „Probleme" und Lösungswege oder wie Albert Einstein schon sagte: Lösungen auf einer anderen Ebene.

**Was fehlt**

- Das Bewusstsein, dass systemische Führung zumindest eine grüne Kognition bei den Führungskräften selbst benötigt und durch viele praktische Erfahrungen im Umgang damit erst entwickelt werden muss.
- Das Einbeziehen der Ebenen und damit der differenzierte Blick auf die Mitarbeiter mit ihren unterschiedlichen Bedürfnissen, Einstellungen, ihrem Umgang mit Beziehungen, Strukturen etc. Insbesondere blaue Mitarbeiter, aber auch Mitarbeiter in orange wollen anders geführt werden.
- Die bewusste „gekoppelte" Integration von Typologien und Zuständen.

**Fazit zu den beschriebenen Führungsansätzen**

Die ausgewählten Theorien von 1940 bis heute zeigen, dass immer mehr Komplexität wahrgenommen wurde, immer neue wichtige Facetten „bewusst" geworden sind. Die Wahrnehmung, die Art des Denkens sowie Grundhaltungen haben sich extrem verändert und erweitert.

Aufgrund der heutigen Komplexität wünschen sich insbesondere junge Führungskräfte ein pragmatisches Führungsmodell und konkrete Verhaltensempfehlungen, die sie idealerweise in allen Situationen anwenden können. Dieser Wunsch ist verständlich, die Realität ist jedoch zu komplex, um für jede Führungskraft in jeder Situation mit jedem Mitarbeiter konkrete Empfehlungen zu geben. Darum kann es aus

systemischer Sicht kein Handbuch mit konkreten, allgemeingültigen Handlungsan-
weisungen geben. Es ist jedoch möglich, Ihnen viele Anregungen zu geben, wie Sie
Ihre Wahrnehmung, Ihr Denken und Ihr Bewusstsein erweitern können, wie Sie in
bestimmten Situationen Interventionen und Impulse setzen können.

Die systemische Sichtweise ist eine wichtige Basis des integralen Ansatzes. Der
enorme Vorteil des integralen Modells AQAL ist, wie Sie bereits wissen, dass Sie die
Komplexität besser erfassen und sich des Wesentlichen besser bewusst werden können. Der Transfer des Modells auf den Kontext Führung bietet Ihnen daher eine sehr
gute Landkarte, mit der Sie durch den Führungsalltag „navigieren" können.

## 7.2   Was bedeutet integral führen mit AQAL?

Eins vorweg: Sie müssen nicht im integralen Bewusstsein auf allen Linien komplett
angekommen sein, um sich in Richtung integrale Führungskraft und Manager zu
entwickeln.

Im ersten Schritt ist es wichtig, sich umfassend „integral zu informieren", das heißt
die Basics AQAL zu kennen und deren Anwendung zu üben. Auch wenn Sie im Rahmen
der Analyse feststellen sollten, dass Ihr Schwerpunkt des Denkens bei orange liegt, können Sie Ihre Kognition als Erstes in Richtung grün und gelb weiterentwickeln. Unsere
Kognition ist den anderen Entwicklungslinien häufig ein bis drei Schritte voraus. Bis wir
uns auf den anderen Ebenen weiterentwickelt haben, können Jahre vergehen – zumal
man Grün auch nicht überspringen kann, wie Sie wissen. Aber Ihre Kognition kann Sie
mithilfe der pragmatischen integralen Tools unterstützen ein Big-Picture-Denken zu
entwickeln.

So können Sie Ihr systemisches Denken schulen und nehmen mehr und mehr wahr,
wie Systeme mit Systemen in Wechselwirkung gehen (z. B. Organisation – Umwelt –
gesellschaftliche Veränderungen). Auch werden Sie zunehmend die systemischen Wirk-
mechanismen im Rahmen der Unternehmensentwicklung mehr schätzen lernen: Schon
ein bis zwei Impulse reichen aus, um das gesamte System in Bewegung zu bringen –
im positiven wie auch im negativen Sinne. Daher sollten immer auch die Auswirkungen
außerhalb des Systems im Blick sein. Im NLP nennt man dies auch „einen Öko-Check
durchführen".

Durch das Big-Picture-Denken entwickeln Sie zudem Ihre strategische Kompetenz
und Ihre systemische Managementkompetenz weiter. Sie können die Ausrichtung des
Unternehmens nachhaltig gestalten und auch die Strukturen und Prozesse ebenenspezi-
fisch daraufhin optimieren.

Als integrale Führungskraft wissen Sie, dass der Management- und Strategie-Qua-
drant (UR) nicht isoliert betrachtet werden sollte. Sie nehmen immer parallel die Unter-
nehmens-/Teamkultur (UL) in den Blick. Denn idealerweise sollte Ihre Organisation und
auch Ihr Team von einer sinnstiftenden Vision/Mission geleitet und das Handeln durch
gemeinsame Werte geprägt sein. So schaffen Sie einen Rahmen, der Ihren Mitarbeitern

(Team oder Organisation) Orientierung und Ausrichtung gibt, der Zufriedenheit und ein Zugehörigkeitsgefühl entstehen lässt. Und dies ist wiederum der Motor für Motivation und Engagement.

Natürlich kann es dennoch zwischen den Mitarbeitern zu Schwierigkeiten oder Konflikten kommen. Dann ist Ihre soziale Kompetenz gefragt. Neben einer guten Wahrnehmung und Empathie sind insbesondere gute Kommunikationsfähigkeiten und der Einsatz von Typologien oder Tools zum Zustandsmanagement im Team gefragt.

In Bezug auf die Führung der einzelnen Mitarbeiter können Sie einen integralen Führungsstil entwickeln, das bedeutet auch hier, AQAL in all seinen Facetten zum Einsatz zu bringen – im Einzelnen:

- **Ebenen:** Welche Rolle, welches Führungsverständnis habe ich derzeit, welcher Bewusstseinsebene entspricht dies? Wie kann ich lernen, mein Führungsverhalten zu erweitern und zu flexibilisieren?

  Wie würde ich jeden einzelnen Mitarbeiter einordnen in Bezug auf seinen Schwerpunkt des Denkens? Wie kann ich jeden einzelnen individuell abholen, sprich: meinen Führungsstil der Wertewelt und den Erfahrungen des jeweiligen Mitarbeiters anpassen? Wie kann ich ihn werteabhängig motivieren? Hierzu erhalten Sie im Abschn. 7.3.2 konkrete Tipps und Empfehlungen.
- **Quadranten und Linien:** Wo liegen die Stärken des Mitarbeiters, wo gibt es wesentliche Entwicklungsfelder? (s. Kap. 2 und 3) In welcher Form ist eine Weiterentwicklung zieldienlich – entspricht dies den Bedürfnissen und der Wertewelt (Ebene) des Mitarbeiters? Oder ist der Erhalt des Status quo oder ein anderes Tätigkeitsfeld die bessere Maßnahme?
- **Typologien und Zustände:** Unabhängig von der Bewusstseinsebene kann sich in diesen Themenfeldern jeder gleichermaßen weiterentwickeln. Jeder kann erlernen, mit Metaprogrammen seine Denk- und Handlungsmuster zu erweitern. Alle sollten in unserer schnelllebigen Zeit Methoden des Zustandsmanagements erlernen, um sich selbst und seine Mitarbeiter besser zu führen (s. Kap. 5 und 6).

Natürlich sollte sich jede Führungskraft selbst mehr in den Blick nehmen, im Rahmen des Selbstmanagements reflektieren: Wo stehe ich auf Basis der AQAL-Analyse, was sind meine Stärken, wo liegen meine Potenziale? Wie kann ich eine authentische Führungspersönlichkeit entwickeln? Hier ist die Unterstützung durch persönlichkeitsorientierte Seminare oder Coachings unbedingt zu empfehlen, um den eigenen blinden Flecken nicht zu erliegen. Anregungen erhalten Sie hierzu auch in den Kapiteln „9 Integrale Persönlichkeitsentwicklung" und „8 Resilienz". Beide Themen spielen eine immer größere Rolle für Führungskräfte, um den komplexen Herausforderungen des Führungs- und Managementalltags gewachsen zu sein.

Und letztlich kommt es darauf an, dass Sie Spaß und Freude an der Führung von Menschen haben! Denn die Führungsaufgabe hält immer wieder neue Herausforderungen bereit und ist auch mit so manchem Tiefschlag verbunden. Sie benötigen einiges an

Mut und Ausdauer sowie die innere Überzeugung, dass sie als Führungskraft genau an der richtigen Stelle sind. Souveränität und Sicherheit entstehen nicht über Nacht. Sie zu erlangen, ist ein Prozess, durch den alle Führungskräfte gehen müssen.

Menschen, die eine Führungsaufgabe nur übernehmen, weil sie es für den nächsten Karriereschritt halten, wählen einen steinigen Weg, der selten zum Ziel führt. Sie vermeiden wichtige Gespräche, weichen Entscheidungen aus, werden häufig zynisch und am Ende nicht selten krank.

Wenn es Ihnen eine Herzensangelegenheit ist, Menschen zu führen und mit Ihnen Ziele zu erreichen, werden Ihre Mitarbeiter diese Überzeugung und Ihr Engagement spüren. Sie wirken authentisch und vertrauensvoll und sind eine Führungspersönlichkeit, mit der man gerne zusammenarbeitet und von der man sich gerne führen lässt.

**Erfahrungen aus der Praxis mit der Umsetzung**

In unseren Beratungen und Seminaren erleben wir manchmal, dass Führungskräfte einerseits fasziniert sind von den pragmatischen Entwicklungsmöglichkeiten, andererseits mit Respekt oder auch Zurückhaltung reagieren. Auf Nachfragen unsererseits treten häufig zwei Reaktionen auf:

- „Oh, was kommt da auf mich zu? Da gibt es viel zu tun."
- „Was kann ich als mittlere Führungskraft da ausrichten? Da muss sich erst mal ganz oben etwas tun."

Es ist gut, dass diese Einwände zu Beginn kommen. Mit dem ersten Einwand will unsere innere Stimme uns vor dem Scheitern oder zu viel Arbeit schützen. Anders formuliert: Es ist wichtig, von vornherein mit dem Bewusstsein an den integralen Führungsansatz heranzugehen: Was ist *wesentlich* und *wie* – in welchen Schritten – sollte ich die Veränderung anstoßen, damit sie von Erfolg gekrönt ist? Wohl wissend, dass nicht immer der erste Schuss ein Treffer ist. Man braucht nicht nur eine starke Fokussierung auf das Ziel, sondern auch eine ruhige Hand – um bei dem Bild zu bleiben. Und wenn man sich etwas Zeit gibt und dranbleibt, trifft man schon bald ins Schwarze. Und so ist es bekanntlich auch bei jeder Veränderung, die man anstrebt: Veränderung ist ein Prozess und braucht seine Zeit.

Und damit möchten wir auch noch den zweiten Einwand aufnehmen und hierzu ein Beispiel geben: Eine Frau reiste nach Indien und stellte fest, dass sehr viele Menschen ihr Augenlicht verloren, weil sie nicht das Geld für einen minimalen operativen Eingriff hatten, der 30 EUR kostete. Sie entschloss sich, diesen Menschen zu helfen und Spenden zu sammeln. Freunde sagten skeptisch „Wie willst du das schaffen? Du bist doch eine einfache Hausfrau." Sie antwortete: „Ich beginne mit dem Ersten." Einige Jahre später hatte sie eine große Organisation aufgebaut und inzwischen zehntausenden Menschen wieder ihr Augenlicht geschenkt. Beginnen auch Sie mit dem ersten Schritt. Mit einer Portion Mut und Zuversicht im Gepäck geht es immer weiter …

Auch wir haben mit einem ersten Schritt vor ein paar Jahren begonnen. Wir haben uns selbst „integral ausbilden" lassen und dieses Wissen in Workshops, Coachings und

Seminaren weitergegeben. Uns ist so viel Interesse und auch Begeisterung in der praktischen Umsetzung begegnet, dass wir jetzt den zweiten Schritt gehen: Durch dieses Buch möchten wir eine größere Anzahl von Menschen „integral informieren" und damit Wissen und integrale Bewusstheit schaffen. Wir würden uns freuen, wenn wir Sie damit anregen, einen ersten Schritt in Richtung integrale Führung und integrales Management zu tun – im Sinne von: Verantwortung ganzheitlich übernehmen – beginnen – Fokussierung auf das Wesentliche – sich Zeit geben – eine Portion Zuversicht und Mut immer im Gepäck.

Sind Sie dabei? Im Praxisteil zeigen wir Ihnen, wie Sie sich auf den Weg machen können.

## 7.3    Praxisteil: Ein Leitfaden für die integrale Führungspraxis

### 7.3.1    Das Unternehmen/Team führen

Basierend auf den Erkenntnissen des Abschn. 1.3 (AQAL) möchten wir mit dem von uns entwickelten 6-Schritte-Programm die Fäden konkret zusammenführen, aus einzelnen Puzzleteilchen ein Big Picture erstellen.

**Das Future-Excellence 6-Schritte-Programm**

1. **Betrachten Sie das gesamte System „Unternehmen"**
   Als Manager schauen Sie auf den Quadranten UR, als Führungskraft auf UL und analysieren mittels der Entwicklungslinien den Handlungsbedarf und die Stärken/Ressourcen, auf die Sie bauen können.
2. **Der Blick auf das System „Team"**
   Verschaffen Sie sich mittels der Quadranten-/Liniendiagnose einen Überblick darüber, wo Ihr Team steht. Wollen Sie sich das Feedback des Teams einholen, empfiehlt es sich ggf. einen neutralen Experten hinzuzuholen, insbesondere, wenn man kritische Facetten vermutet.
3. **Der Blick auf die eigene Person**
   Fokussieren Sie auch hier zunächst nur auf die Quadranten-/Liniendiagnose. Stellen Sie Ihrem Selbstbild idealerweise ein Fremdbild gegenüber, z. B. durch gute Kollegen, den Vorgesetzten oder einen externen Coach.
4. **Das Wesentliche fokussieren – anhand der Quadranten-/Liniendiagnose**
   Ziehen Sie ein Zwischenfazit zu den Punkten 1 bis 3. Was sind Ihre Stärken und Stützpfeiler? Was sind die wesentlichen Handlungsfelder, die Top 3?
5. **Korrelationen zu Bewusstseinsebenen**
   Wo befindet sich der Schwerpunkt des Denkens (Punkte 1 bis 3)?
   – Wie ist Ihr allgemeiner erster Eindruck?

– Verifizieren Sie diesen anhand der Linien, insbesondere in Bezug auf die als wesentlich definierten Handlungsfelder.
– Dies können Sie auch anhand eines Integramms visualisieren.
– Nachdem das „Was" ersichtlich ist, geht es nun um das „Wie umsetzen?". Auch da ist es wichtig, die Bewusstseinsebenen zu berücksichtigen, um sich selbst und die anderen an der „richtigen" Stelle abzuholen, die Werte und Denkweisen sowie Handlungsmöglichkeiten zu pacen (sich anzugleichen).

6. **Typologien und Zustände**
Überlegen Sie, wie Sie die Erkenntnisse über Typologien und Zustandsmanagement bei der Umsetzung unterstützen können. Erstellen Sie schließlich einen zusammenfassenden Handlungsplan.

## 7.3.2   Mitarbeiter führen

Wie können Sie jeden einzelnen Mitarbeiter individuell abholen, also Ihren Führungsstil der Wertewelt und den Erfahrungen des jeweiligen Mitarbeiters anpassen? Wie können Sie ihn werteabhängig motivieren? Und warum ist dies so wichtig?

▶   **Das individuelle Einstellen auf den Mitarbeiter ist die Basis für beidseitig wachsendes Vertrauen, die Motivation und Leistung des Mitarbeiters.**

Nachstehend möchten wir Ihnen ein paar Anregungen geben, wie Motivation, Leistung und Vertrauen zusammenspielen. Dazu ein paar Begriffsklärungen: Unter **Motivation** versteht man die Summe der Beweggründe, die das menschliche Handeln in Bezug auf den Inhalt, die Richtung und die Intensität beeinflussen. Motivierung von außen ist meist nur ein Impulsgeber oder Verstärker einer vorhandenen Motivation. Das heißt, Motivation bedeutet, jemandem ein Motiv geben, etwas zu tun, seinen Nutzen befriedigen, das Wollen aktivieren.

**Leistung** ist das Ergebnis einer Aktivität/Handlung, beeinflusst von den Faktoren Motivation (Wollen), Fähigkeiten (Können), Rahmenbedingungen (Dürfen), Zwänge (Sollen) und Führung.

Aus der Quadrantenperspektive können wir Motivation und Leistung wie in Abb. 7.6 dargestellt in Beziehung zueinander setzen. Die Führungskraft sollte alle Perspektiven einbeziehen, wohl wissend, dass die inneren Quadranten meist stärker „wiegen".

Welche Bedeutung hat **Vertrauen** in Bezug auf die Leistung/das Engagement der Mitarbeiter? Im Allgemeinen entsteht Vertrauen, wenn „die Chemie stimmt", wir „auf der gleichen Wellenlänge" sind, also dann, wenn die Beziehungsebene stimmt. Anzeichen für eine vertrauensvolle Beziehung sind: Sympathie, Wertschätzung, Achtung, Ehrlichkeit, Stärken und Schwächen respektieren, Anteil nehmen an Sorgen und Nöten des anderen, aber auch Selbstvertrauen und Vertrauen in den anderen. Vertrauen beginnt

**Abb. 7.6** Motivation aus der Quadrantenperspektive. (Quelle: „eigene Darstellung")

|  | INNEN | AUSSEN |
|---|---|---|
| **INDIVIDUUM** | **Motivation aus mir selbst**<br><br>Eigene Bedürfnisse, Werte, Wünsche, Ziele, Überzeugungen verwirklichen können<br><br>*„Wollen"* | **Motivation aus der Aufgabe**<br><br>Was X gut kann oder gerne tut<br><br><br>*„Können"* |
| **SYSTEMISCH** | **Motivation aus dem Betriebsklima/Kultur**<br><br>Gemeinsame Überzeugungen/Werte/Vision<br><br>*„Dazugehören"* | **Motivation aus dem Arbeitsumfeld**<br><br>Arbeitszeit/Arbeitsplatz, Prozesse/Strukturen, Regeln, Firmenziele, Anreize (Geld)<br><br>*„Sollen und dürfen"* |

immer mit einem Vertrauensvorschuss und wächst mit zunehmendem Verständnis und Einstellen auf den anderen.

▶ Wenn seitens der Führungskraft dieser Vertrauensvorschuss gewährt wird und die Motivation über alle Quadranten geweckt werden kann, werden Mitarbeiter sich auch in Krisensituationen engagieren und häufig sogar überdurchschnittliche Leistungen erbringen.

Nun möchten wir Sie dazu einladen, selbst zu überlegen, was Mitarbeiter mit einem Werteschwerpunkt in blau, orange und grün motiviert. Denn dies sind in der westlichen Welt die drei Ebenen, die bei Mitarbeitern meistens vorzufinden sind. Nutzen Sie hierzu nachstehende Fragen und tragen Sie Ihre Erkenntnisse in den jeweiligen Quadranten ein (Abb. 7.7, 7.8 und 7.9). Ihre Ergebnisse können Sie danach mit unserer Auflösung in den Abb. 7.10, 7.11 und 7.12 vergleichen.

- **OL:** Welche Bedürfnisse haben die jeweiligen Mitarbeiter und welche Werte prägen ihr Denken und Handeln?
- **OR:** Welche Aufgaben motivieren sie? Brauchen sie eher Unterstützung oder Freiraum? In welcher Form sollten Anerkennung und Lob ihnen gegenüber gezeigt werden?
- **UL:** Welche Kultur (Werte im Miteinander) brauchen sie, um sich zugehörig zu fühlen und effektiv zusammenzuarbeiten?
- **UR:** Welches Arbeitsumfeld benötigen sie, um optimale Leistung zu bringen?

**Was motiviert Blau?**

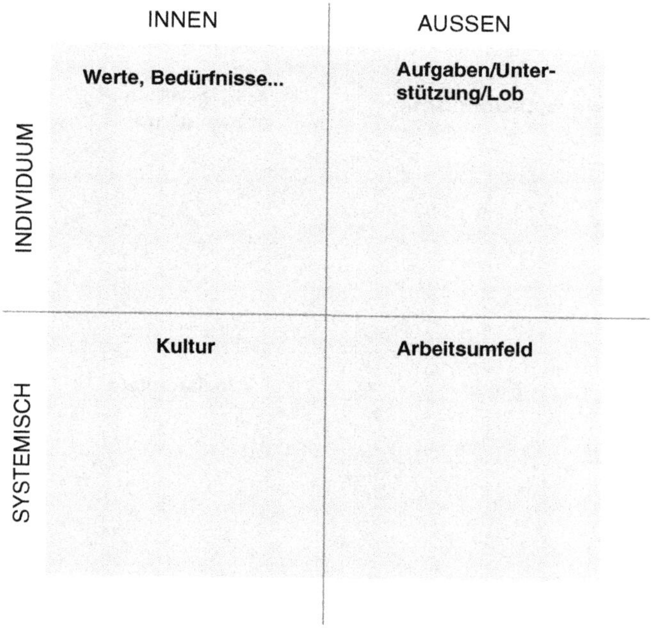

|  | INNEN | AUSSEN |
|---|---|---|
| **INDIVIDUUM** | Werte, Bedürfnisse... | Aufgaben/Unter-stützung/Lob |
| **SYSTEMISCH** | Kultur | Arbeitsumfeld |

**Abb. 7.7** Motivation blauer Mitarbeiter (Leerformular). (Quelle: „eigene Darstellung")

**Was motiviert Orange?**

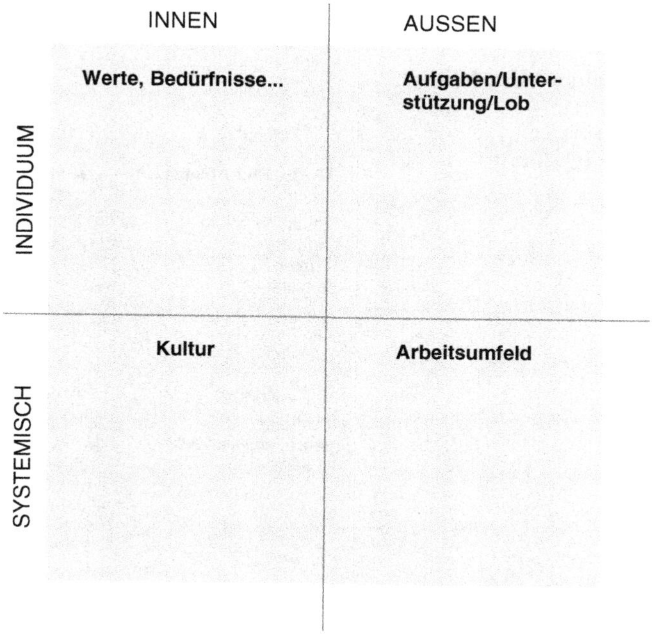

|  | INNEN | AUSSEN |
|---|---|---|
| **INDIVIDUUM** | Werte, Bedürfnisse... | Aufgaben/Unter-stützung/Lob |
| **SYSTEMISCH** | Kultur | Arbeitsumfeld |

**Abb. 7.8** Motivation oranger Mitarbeiter (Leerformular). (Quelle: „eigene Darstellung")

**Was motiviert Grün?**

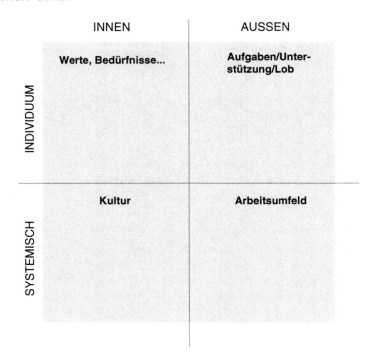

**Abb. 7.9**  Motivation grüner Mitarbeiter (Leerformular). (Quelle: „eigene Darstellung")

## Die Auflösung
**Motivation eines blauen Mitarbeiters.**

**Abb. 7.10**  Motivation blauer Mitarbeiter: Auflösung. (Quelle: „eigene Darstellung")

|  | INNEN | AUSSEN |
|---|---|---|
| **INDIVIDUELL** | **Werte, Bedürfnisse...**<br>- Sicherheit<br>- Ordnung<br>- Struktur<br>- Stabilität | **Aufgaben/Unter-stützung/Lob**<br>- Alle Routinetätigkeiten, Verwaltungstätigkeiten<br>- Klare Vorgaben: was und wie (Anweisung)<br>- Auszeichnungen, Lob, höhere Gehaltsstufe, Statussymbole |
| **SYSTEMISCH** | **Kultur**<br>- Harmonie<br>- Vertrauen/Respekt<br>- Loyalität | **Arbeitsumfeld**<br>- Immer gleiches Arbeits-feld<br>- Geregelte Arbeitszeit<br>- Klare Hierarchien<br>- Einhaltung von Regeln<br>- Finanzielle Grund-sicherung |

**Motivation oranger Mitarbeiter.**

**Abb. 7.11** Motivation oranger
Mitarbeiter: Auflösung. (Quelle:
„eigene Darstellung")

| | INNEN | AUSSEN |
|---|---|---|
| | **Werte, Bedürfnisse...** | **Aufgaben/Unter-stützung/Lob** |
| **INDIVIDUELL** | - Erfolg<br>- Autonomie<br>- Leistung | - Planer, Prozess-optimierer, Vertrieb...<br>- Freiräume gewähren, nur Zielvorgabe (MBO)<br>- Prämien, Incentives, Unternehmen repräsentieren |
| | **Kultur** | **Arbeitsumfeld** |
| **SYSTEMISCH** | - Effizienz<br>- Fortschritt<br>- Wettbewerb<br>- Wissen | - Jobenrichment (z.B. Projektltg.), Beförderung<br>- Flexible Arbeitszeit<br>- Kurze Entscheidungs-wege<br>- Einhaltung von Prinzipien<br>- Hohes Grundgehalt und Erfolgsprämie |

**Motivation grüner Mitarbeiter.**

**Abb. 7.12** Motivation grüner
Mitarbeiter: Auflösung. (Quelle:
„eigene Darstellung")

| | INNEN | AUSSEN |
|---|---|---|
| | **Werte, Bedürfnisse...** | **Aufgaben/Unter-stützung/Lob** |
| **INDIVIDUELL** | - Selbstbestimmung<br>- Gleichheit/ Gleichberechtigung<br>- Wertschätzung | - Visionäre, komplexe Aufgaben/Projekte<br>- Großer Spielraum und Mitgestaltung (mehr ‚Coaching')<br>- Persönliche Weiter-entwicklung, Work-Life-Balance |
| | **Kultur** | **Arbeitsumfeld** |
| **SYSTEMISCH** | - Effektivität<br>- Sinnhaftigkeit<br>- Teamarbeit<br>- Konsens/Synergie | - Offen für neue heraus-fordernde Jobs<br>- Flexible Arbeitszeit, passend zu Lebens-umständen<br>- Keine Hierarchien und Machtspiele<br>- Finanzielle Gleich-behandlung |

**Motivation wecken – Vertrauen schaffen – Leistung erzielen**

Nehmen Sie sich nun ein paar Wochen Zeit, um aufgrund dieser neuen Erkenntnisse Ihre Mitarbeiter zu beobachten, in verschiedenen Situationen wahrzunehmen, was den jeweiligen Mitarbeiter motiviert und wo sein Schwerpunkt des Denkens liegt. Prüfen Sie dann, ob es in den vier Quadranten Abweichungen gibt und überlegen Sie, mit welchen Maßnahmen Sie den jeweiligen Mitarbeiter in seiner „Wertewelt" besser abholen können. Machen Sie sich bewusst, dass es im ersten Schritt immer um das Pacen geht, mit anderen Worten: Wie kann ich mich als Führungskraft noch besser auf den Mitarbeiter einstellen, wie kann ich das vorhandene Potenzial des blauen, orangen oder grünen Mitarbeiters voll ausschöpfen?

---

**Beispiel: Die blaue Sekretärin**

Eine blaue Sekretärin wird ihren Chef in allen Routinetätigkeiten wie Termine vereinbaren, Reiseplanung, Korrespondenz nach Diktat, Budgetaufstellungen oder Ähnlichem entlasten und diese gewissenhaft und eigenständig erledigen. Sie wird die Ablage vorbildlich organisieren, die Anfragen nach Eingang bearbeiten, und der Chef kann sicher sein, dass die Wiedervorlage termingerecht und reibungslos funktioniert. Wichtig ist, dass der Chef seiner blauen Mitarbeiterin deutlich Anerkennung ausspricht: die Zuverlässigkeit, die Struktur und Ordnung z. B. lobt und zu bestimmten Anlässen wie einem Jubiläum auch öffentlich seine Anerkennung zum Ausdruck bringt. Der Chef weiß, dass sie Wert auf Hierarchie legt. Wenn Teammitglieder die Unterstützung der Sekretärin benötigen, sollten sie unbedingt den Weg über den Chef wählen. Bei Konfrontation mit neuen Techniken z. B. sollte der Chef für Unterstützung sorgen und ihr Zeit zum Lernen lassen. Ein Projekt eigenständig zu leiten, z. B. die Organisation einer neuen größeren Tagung, würde eine blaue Sekretärin überfordern. Auch sollte der zeitliche Einsatz im Allgemeinen den tariflichen Vereinbarungen entsprechen. Werden all diese Facetten vom Vorgesetzten berücksichtigt, kann er sich auf die Unterstützung einer äußerst zuverlässigen, loyalen und zufriedenen Mitarbeiterin verlassen.

---

Sucht ein Chef eher eine Assistentin als eine Sekretärin, die Projekte eigenständig durchführt und ihm in der Vorbereitung von Präsentationen durch Recherchen oder Ähnliches unterstützt, benötigt er eine Mitarbeiterin, die ein oranges Bewusstsein hat.

---

**Beispiel: Die orange Sekretärin**

Diese Mitarbeiterin braucht Freiräume und eigene Arbeitsfelder, wo sie sich einbringen und Leistung zeigen kann. Ein Stichwort reicht im Sinne „Ziel ist …" und sie wird alles Nötige selbstständig einfädeln. Diese Mitarbeiterin wird Routinetätigkeiten eher als lästiges oder notwendiges Übel einordnen. Würde sie hauptsächlich mit Aufgaben betraut, wie oben bei der blauen Mitarbeiterin beschrieben, wäre sie unterfordert und auf Dauer unzufrieden. Als Chef ist es daher wichtig, ihr eigenverantwortlich immer neue Aufgaben zu geben und ihre Einsatzbereitschaft, ihre Flexibilität und die erzielten Ergebnisse zu honorieren, auch monetär. Der Chef kann sie fördern, indem er sie zu Schulungen schickt. Sinnvoll ist auch, dass sie sich im Gesamtteam durch verantwortungsvolle Tätigkeiten profilieren kann. An eine orange Mitarbeiterin kann der Chef anspruchsvolle Aufgaben delegieren – mit geringem persönlichen Zeiteinsatz.

---

Wenn es um Neueinstellungen geht, sollte man sich als Führungskraft vorher genau bewusst machen, was die zu besetzende Stelle erfordert, brauche ich eher einen Mitarbeiter mit blauem oder orangem Bewusstsein?

Auch im Rahmen des Gesamtteams gibt es häufig Stellen, die mehr blaues oder oranges Bewusstsein benötigen. Manchmal ist es daher sinnvoll, über eine Job-Rotation nachzudenken. Echtes Job-Enrichment ist erst ab orange sinnvoll.

Einen Mitarbeiter in eine neue Ebene hineinzuentwickeln – z. B. von blau nach orange – ist meistens auf beiden Seiten mit viel Stress verbunden. Es ist möglich, aber nur behutsam. Um einen blauen Mitarbeiter etwas in Richtung orange zu entwickeln, könnte man zunächst kleine Teilziele gemeinsam festsetzen, gleichzeitig ist es jedoch wichtig, die einzelnen Schritte zur Zielerreichung minutiös gemeinsam durchzusprechen. Regelmäßige Rücksprachen, Kontrolle und Feedback sind erforderlich, um der Person die nötige Sicherheit zu geben.

▶   **Fazit:** Generell möchten wir Führungskräften empfehlen, erst einmal das Potenzial innerhalb einer Ebene auszuschöpfen (horizontale Entwicklung, auf allen Linien). Die Entwicklung zu einer nächsthöheren Ebene sollte von der Person selbst gewollt werden, ansonsten bedeutet es meistens Überforderung und Stress und ist möglicherweise mit ernsthaften Schwierigkeiten oder gar Krankheiten verbunden.

### 7.3.3   Sich selbst führen

Wir haben bereits an verschiedenen Stellen darauf hingewiesen, wie wichtig es ist, sich selbst zu führen – als Basis, um:

- die zunehmend komplexeren und schwierigen Herausforderungen unserer Zeit zu meistern,
- „Führungs-Persönlichkeit" und „Führungs-Kraft" zu entwickeln,
- für sich selbst eine Grundzufriedenheit zu realisieren.

Wir möchten Sie dazu einladen, einmal anders über Führung nachzudenken. Führung im ursprünglichen Sinn bedeutet, Menschen auf einem Weg oder einer Reise durch ein für sie unbekanntes oder schwieriges Terrain zu führen. Führender zu sein, ist ohne Bedeutung, wenn keiner mit einem reisen will. Also ist es für Sie besonders wichtig, die Menschen zur Teilnahme an der Reise zu inspirieren, sie von Ihrer Persönlichkeit zu überzeugen. Die Menschen wollen wissen, wer die führende Person ist, wofür sie steht (Werte), was ihre Stärken sind, ob sie das Ziel im Auge behält, weiß, wo sich die Gruppe gerade befindet, und wahrnimmt, was die Gruppe und auch der einzelne Reisende braucht. Oder mit anderen Worten: Der Einfluss einer führenden Persönlichkeit entspringt dem, was sie ist und was sie tut. Je mehr sich eine führende Person selbst kennt, sich ihrer „selbst bewusst" ist, umso mehr kann sie dieses authentisch zeigen und umso mehr werden die Reisenden ihr folgen, sich auf sie einlassen. Ein Zeichen für Führungspersönlichkeit (sogenannte Leader-Qualität) ist immer, wenn Mitarbeiter dieser Person auch ohne formale Position folgen würden, ihr als Mensch vertrauen.

Es ist an der Zeit, den Begriff „Leadership" zu entmystifizieren, ihn vom Podest zu holen und sich damit zu beschäftigen, auf die eigene Entdeckungsreise Ihres wahren Selbst zu gehen. Wer sind Sie? Wo wollen Sie hinreisen? Welche Ressourcen haben Sie bereits im Gepäck und welche möchten Sie hinzufügen?

Sicher haben Sie in den vorherigen Kapiteln schon einiges für sich herausgearbeitet. Nutzen Sie die Tab. 7.1 als Übersicht und Handlungsplan, um das eigene Profil zu schärfen und Ihre Führungspersönlichkeit weiterzuentwickeln. Beginnen Sie zunächst mit der AQAL-Analyse (Quadranten, Linien, Ebenen, Typologien, Zustände) In den Folgewochen empfehlen wir die Kapitel „8 Resilienz" und „9 Integrale Persönlichkeitsentwicklung" durchzuarbeiten und den Handlungsplan zu ergänzen.

**Mein Profil und mein Handlungsplan**

Bitte tragen Sie alle bisher erarbeiteten Ergebnisse in die Tab. 7.1 ein. Fokussieren Sie sich dabei auf das Wesentliche:

- Stärken: Top drei pro Frage/Kategorie
- Potenzial: maximal drei über *alle* Kategorien kurzfristig, maximal weitere drei mittelfristig.

**Tab. 7.1** Integraler Handlungsplan

| Ergebnisse aus den Kapiteln | Meine Stärken Alles, was mir wichtig ist, mich ausmacht, mich unterstützt, was ich gut kann, was ich gerne tue … | Mein Potenzial Alles, was ich verändern möchte, mehr in den Blick nehmen, mehr nutzen möchte, entwickeln möchte … |
|---|---|---|
| **Quadranten und Linien:** Kap. 2 und 3 Ergebnisse Quadranten-Liniendiagnose | | |
| **Ebenen:** Kap. 4 Ergebnisse Selbst-Check | | |
| **Typologien:** Kap. 5 Kontextspezifische Nutzung von Metaprogrammen, z. B. im Konflikt | | |
| **Zustände:** Kap. 6 z. B. Nutzung ‚Techniken | | |

(Fortsetzung)

**Tab. 7.1** (Fortsetzung)

| Ergebnisse aus den Kapiteln | Meine Stärken<br>Alles, was mir wichtig ist, mich ausmacht, mich unterstützt, was ich gut kann, was ich gerne tue … | Mein Potenzial<br>Alles, was ich verändern möchte, mehr in den Blick nehmen, mehr nutzen möchte, entwickeln möchte … |
|---|---|---|
| **Resilienz:** Kap. 8<br>Welche der sieben Resilienzfaktoren sind vorhanden, welche ausbaufähig?<br><br>Wichtige sonstige Werte<br>Weitere Talente/Fähigkeiten<br><br>Was verleiht Sinn/? Fehlt Sinn oder etwas, dem man sich verbunden fühlt?<br><br>Erkenntnisse aus der Rollenklärung | | |
| **Persönlichkeitsentwicklung:** Kap. 9<br>Körperliches Wohlbefinden<br>Schatten: Stützende bzw. hindernde Antreiber<br>Geist/Spiritualität | | |

**Wir empfehlen Ihnen**

- **Nehmen Sie sich Zeit, um all Ihre Stärken bewusst wahrzunehmen.**
  Dazu führen Sie sich ein bis zwei Situationen, in denen Sie über die jeweilige Stärke verfügt haben, konkret vor Augen. Tun Sie so, als ob Sie die Situation wie in einem Film noch einmal erleben. Das ermöglicht es Ihnen, die Kraft der Situation zu spüren, die positiven Auswirkungen auf andere wahrzunehmen und das Ergebnis voller Freude oder auch Stolz wahrzunehmen.
- **Stellen Sie sich zum Abschluss vor, es würde ein Kurzfilm, ein Porträt über Sie als Führungspersönlichkeit gedreht.**
  Welche Ausschnitte würden gezeigt? Welche Ergebnisse? Was haben Ihre Mitarbeiter über Sie gesagt? Was schätzen Kunden, Kollegen oder Ihr Chef an Ihnen? Was würden Sie selbst abschließend den Zuschauern des Kurzfilms sagen, wofür sind Sie dankbar, was haben Sie auf Ihrer persönlichen Reise ganz besonders erfahren?
- **Machen Sie eine Pause und genießen Sie die Eindrücke.**
- **Dann schauen Sie auf Ihre Potenziale.**
  Bringen Sie auf den Punkt, was Sie für sich erreichen wollen. Formulieren Sie drei Ziele so konkret wie möglich. Folgende Vorgehensweise wird Sie dabei unterstützen:

– Gehen Sie gedanklich in die Zukunft und stellen Sie sich eine Situation vor, in der Sie bereits das gewünschte Potenzial leben. Dann formulieren Sie das „Ergebnis" als Zielsatz – positiv und konkret, z. B. „Ich handle in Situation x proaktiv".
– Definieren sie den Zeitpunkt: Wann haben Sie das Ergebnis erreicht?
– Beschreiben Sie das „Wie": Welche Fähigkeit und Maßnahmen haben Sie dabei unterstützt? Welche externen Ressourcen waren notwendig (z. B. finanzielle Mittel oder Unterstützung durch bestimmte Menschen)?
– Achten Sie darauf, dass die Zielerreichung in Ihren Händen liegt und nicht von anderen abhängt.
– Prüfen Sie zum Abschluss, ob es irgendwelche Einwände aus Ihrem Umfeld geben könnte oder ob eine innere Stimme Sie abhält, das Ziel zu erreichen. Wenn ja, versuchen Sie den Einwand in Ihre Zielerreichung zu integrieren. Oder fragen Sie sich: Ist es den Preis wert, darauf zu verzichten? Manchmal müssen auch Dinge losgelassen werden, um den nächsten Entwicklungsschritt zu machen. Dann ist es den Preis wert, „es hinter sich zu lassen".

**„Bleiben Sie am Ball!"**
Regelmäßige Selbstreflexion mit den integralen Diagnosemethoden wird Sie dabei unterstützen, sich fortwährend weiterzuentwickeln und ihre ganz individuelle Führungspersönlichkeit authentisch zu leben.

Jeder Mensch braucht jedoch auch Feedback von außen: Ein 360°-Feedback und/oder die Begleitung durch einen Mentor oder Coach auf Ihrem Entwicklungsweg ist unumgänglich, um blinde Flecken aufzudecken, diese Facetten zu bearbeiten und zu integrieren.

Bedenken Sie immer, dass Entwicklung ein Prozess ist, der Zeit braucht. Eine Persönlichkeit muss reifen und kann immer wieder aufs Neue reifen – ein Leben lang.

**Zusammenfassung**
Führungskräfte und Manager, die integral informiert sind, können erheblichen Einfluss auf die Unternehmensentwicklung nehmen: Sie können die Weichen für eine strategisch nachhaltige Ausrichtung des Unternehmens stellen, ihre Führungspraxis ist bestimmend für eine sinnstiftende Team- und Unternehmenskultur, in der sich die Mitarbeiter zugehörig fühlen.

Sie schaffen einen Rahmen, in dem sich jeder Mitarbeiter individuell seinen Werteebenen, Bedürfnissen und Erfahrungen entsprechend entwickeln kann, sodass er motiviert und engagiert seinen Verantwortungsbereich auszufüllen vermag.

Ihre eigene Entwicklung nehmen integral ausgerichtete Führungskräfte selbst reflektiert in die Hand und sind offen für Feedback und neue Impulse von außen.

Integrale Führungskräfte und Manager stellen sich dieser komplexen Aufgabe und nehmen bewusst diese Verantwortung in all ihren Ausprägungen wahr. Sie sehen es als Chance, durch diesen ganzheitlichen Blick (mithilfe der AQAL-Tools)

Stärken und Schwächen pragmatisch und effizient herauszukristallisieren und wesentliche Handlungsfelder festzulegen – für eine nachhaltige Existenzsicherung und Zufriedenheit aller Systembeteiligten und deren Umfelder.

## Literatur

Schmidt G (2005) Einführung in die Hypnosystemische Therapie und Beratung. Carl-Auer, Heidelberg
Wilber K (2006) Ganzheitlich Handeln. Arbor, Freiamt

## Weiterführende „integrale" Literatur

Deeg J, Küpers W, Weibler J (2010) Integrale Steuerung von Organisationen. Oldenbourg, München
Laloux F (2014) Reinventing organizations. Vahlen, München

## Weiterführende „systemische" Literatur

Berghaus M (2011) Luhmann leicht gemacht. Böhlau, Köln
Maturana HR, Varela FJ (2009) Der Baum der Erkenntnis. Fischer Taschenbuch, Frankfurt a. M.
Seliger R (2013) Das Dschungelbuch der Führung. Carl-Auer, Heidelberg
Senge PM (2011) Die fünfte Disziplin. Schäffer-Poeschel, Stuttgart
Simon FB (2015a) Einführung in systemtheorie und Konstruktivismus. Carl-Auer, Heidelberg
Simon FB (2015b) Einführung in die systemische organisationstheorie. Carl-Auer, Heidelberg
Steinkellner P (2012) Systemische intervention in der Mitarbeiterführung. Carl-Auer, Heidelberg

# Resilienz

8

## 8.1    Was ist Resilienz?

Der Begriff Resilienz ist abgeleitet von dem lateinischen Wort *resilire* und bedeutet zurückspringen, abprallen. Resilienz wurde zunächst in der Physik verwendet und bezeichnet in der Werkstoffkunde die Fähigkeit eines Werkstoffs, sich verformen zu lassen und danach in die ursprüngliche Form zurückzufinden.

- Im Bereich der Biologie steht Resilienz für Elastizität, Schwung und Beweglichkeit.
- Die Psychologie versteht unter Resilienz die Fähigkeit zur Belastbarkeit bzw. die Widerstandskraft, die Menschen Krisen und schwierige Situationen meistern lässt.
- Im Unternehmenskontext steht Resilienz für die individuelle und organisatorische Fähigkeit, sich an interne und externe Veränderungen schnell und erfolgreich anzupassen. Damit Führungskräfte flexibel und widerstandsfähig bleiben, erfordert es eine hohe Kompetenz an Selbststeuerung, Komplexitätsbewältigung und Stressresistenz – kurzum: Resilienz.

## 8.2    Zeichen unserer Zeit

Im Rahmen der Unternehmens- und Führungskräfteentwicklung rücken die Themen Gesundheitsmanagement und Resilienz zunehmend in den Blickpunkt, denn.

- 80 % aller Angestellten und ihrer Chefs klagen zeitweilig oder dauerhaft über Stress (TK 2013). Damit verbundene Symptome wie mangelnde Konzentration, Schlafstörungen, Muskel-/Skeletterkrankungen oder Herz-/Kreislaufprobleme sind keine Seltenheit.
- Die Fehltage wegen psychischer Störungen (z. B. Ängste und Depressionen) sind in den letzten sieben Jahren um mehr als 97 % gestiegen. Im Jahr 2012 wurden

© Springer Fachmedien Wiesbaden 2016
H. Kuhlmann und S. Horn, *Integrale Führung*,
DOI 10.1007/978-3-658-13466-2_8

bundesweit 60 Mio. Arbeitsunfähigkeitstage aufgrund psychischer Erkrankungen registriert (Psyga 2015).

- Gravierend sind die Produktivitätsverluste, die durch Abwesenheit, Fluktuation und höhere Fehlerquoten entstehen. Die Produktionsausfallkosten belaufen sich hochgerechnet auf 59 Mrd EUR in Deutschland (Baua 2013).
- Der Engagement-Index (Gallup 2014) zeigt erschreckende Zahlen: 70 % machen Dienst nach Vorschrift, 15 % haben innerlich gekündigt, nur 15 % sind hochengagiert.

Die Zahlen sprechen für sich. Insbesondere das Leistungs- und Profitstreben der orangen Kultur fordert einen hohen Tribut. Change, Change, Change – ein Veränderungsprozess jagt den nächsten. Fusionen und strategische Neuausrichtungen sollen die Wettbewerbsfähigkeit steigern. Strukturen und Prozesse werden permanent überprüft und die Arbeitsverdichtung nimmt zu, um noch das letzte Quäntchen Profit herauszupressen. Der untere rechte Quadrant wird also permanent „bearbeitet".

Nur die Wechselwirkungen mit den anderen Quadranten werden allzu häufig außer Acht gelassen. Die Geschwindigkeit der Veränderung bei gleichzeitig hoher Leistungserwartung schlägt in eine übertriebene negative Leistungskultur um. Das Betriebsklima verschlechtert sich: Hinter den Kulissen wird gemeckert und gelästert; Veränderungen werden durch passiven Widerstand ausgebremst. Die Menschen fühlen sich nicht wahrgenommen, geschweige denn wertgeschätzt und fühlen sich zum Teil sogar ausgebeutet. Provokativ kann man sagen: Die Ressource Mensch wird genauso ausgenutzt wie die Bodenschätze – als ob sie unerschöpflich wäre.

Insbesondere Führungskräfte erleben sich häufig wie in einem Hamsterrad: Sie sind neben ihrem eigentlichen Verantwortungsbereich in verschiedene Projekte eingebunden, ein Meeting jagt das andere, am Abend warten am Schreibtisch Massen von E-Mails, Anrufen und Wiedervorlagen auf ihre Beantwortung. Viele Meetings und ständige Informationsüberflutung sorgen dafür, dass für die Mitarbeiterführung kaum Zeit bleibt. Dies ist sowohl für die Führungskraft, als auch für die Mitarbeiter unbefriedigend.

Die an sich vielen sehr leistungsfähigen und fachlich gut ausgebildeten Fach- und Führungskräfte stellen zudem an sich selbst sehr hohe Erwartungen: Sie wollen ihre anspruchsvollen Ziele und die damit verknüpften Prämien erreichen. Viele zeigen nach außen Stärke, sie dissoziieren sich und bilden einen Schutzpanzer um sich herum. Das ist durchaus eine Fähigkeit, nur nehmen manche nicht wahr, wenn sie keinen Kontakt mehr zu sich selbst haben. Die Gefahr besteht, dass die Selbstregulierungskräfte schleichend schwinden, die Anzeichen wie Schlafstörungen, Konzentrationsschwäche oder andere körperliche Symptome werden negiert. Auch das Privatleben leidet, für Partnerschaft und Familie ist kaum noch Zeit, soziale Beziehungen zerfallen. Zunehmend fühlen sich die Menschen unzufrieden und leer – ein Sinnvakuum entsteht.

In diesem Stadium gehen Menschen unterschiedlich mit der Situation um.

- Die einen stellen sich die Frage der Sinnhaftigkeit, beginnen sich selbst zu reflektieren und holen sich Unterstützung bei einem Arzt, Therapeuten oder Coach, um mit der Situation besser umgehen zu können.

- Andere resignieren, haben innerlich gekündigt und machen Dienst nach Vorschrift.
- Und wiederum andere negieren die ersten Anzeichen der Unzufriedenheit und die körperlichen Symptome und gehen in ein „Mehr desselben"-Muster. Sie verdrängen oder rationalisieren die Situation und treiben sich selbst an, haben hohe Erwartungen an sich, machen den Leistungsrückgang wett durch noch mehr zeitlichen Einsatz. Eine Mischung aus „Streng dich an", „Beeil Dich", „Mach's perfekt" kann zur innerlichen Zerreißprobe werden. Sie fühlen sich zunehmend ausgebrannt. Das ist der Beginn einer gefährlichen Spirale.

Zwar ist es heutzutage bereits „akzeptabler" darüber zu reden, denn „ausgebrannt" kann man ja nur sein, wenn man „gebrannt" hat, sprich Leistung und Engagement gezeigt hat. Dennoch sollten sich Führungskräfte und Unternehmen bewusst machen, dass am Ende eines Burn-outs Angststörungen, Depressionen und absolute Handlungsunfähigkeit stehen können.

Die Abb. 8.1 zeigt Stressfaktoren sowie Aus- und Wechselwirkungen unserer Zeit.

**Abb. 8.1** Stress – Zeichen unserer Zeit. (Quelle: „eigene Darstellung")

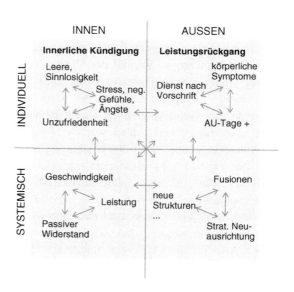

> **Fazit:** Die Einflussfaktoren auf die Resilienz sind alles in allem vielschichtig: Sie liegen sowohl im System „Unternehmen" begründet als auch beim Einzelnen, und häufig gibt es neben beruflichen auch private Faktoren, die die Situation „befeuern". Auf jeden Fall kann jedoch eine übertriebene orange Leistungskultur gegenteilige Auswirkungen haben als erwartet: Unzufriedenheit, kranke Menschen, Leistungsrückgang, Ineffizienz und der Beginn von abnehmender Wettbewerbsfähigkeit.

## 8.3    Folgerungen für Unternehmen

Globalisierung sowie neue gesellschaftliche, ökonomische und umweltpolitische Entwicklungen fordern von Unternehmen eine stetige Verbesserung der Wettbewerbsfähigkeit und Kundenorientierung. Permanente Anpassung an veränderte Rahmenbedingungen ist ein strategischer Erfolgsfaktor. Und das zieht natürlich auch Veränderungen der Strukturen und Prozesse nach sich. All das macht den Managementquadranten (UR) aus – wie Sie inzwischen wissen: Der Fokus auf das „Außen" ist sehr wichtig für die Existenzsicherung des Unternehmens. Das Ganze sollte sich nur nicht selbst überholen, wie es die Realität uns leider häufig widerspiegelt, sondern auf Nachhaltigkeit und auf langfristige Ziele ausgelegt sein.

Gleichzeitig wird es immer wichtiger, den Blick auch nach „innen" zu lenken: Die Mitarbeiter müssen wieder mehr im Mittelpunkt stehen. Sie brauchen eine Kultur, in der sie sich zugehörig und aufgehoben fühlen, wo das Miteinander stimmt, eine Kultur, die sie mitgestalten können. Sie sollten ihre wichtigsten persönlichen Ziele und Werte leben können sowie ihren Fähigkeiten und Wünschen entsprechend eingesetzt werden. Und sie brauchen Unterstützung, wie man mit dem Druck und den Veränderungen umgeht. Diese Kraft der inneren Stärke fördert sowohl die Leistungsbereitschaft als auch die Leistungsfähigkeit der Einzelnen.

Unternehmen sollten sich bewusst machen, dass der Mensch die wichtigste Ressource, das wichtigste Kapital des Unternehmens ist: Die Produkte unterscheiden sich immer weniger, eine Differenzierung zum Wettbewerb ist nur noch möglich durch die kreative, engagierte Leistung der Menschen, die in einem Unternehmen arbeiten. Gesunde, motivierte Mitarbeiter, die ihr Potenzial entfalten können, sind hochengagiert, generieren eine enorme „Manpower" und sorgen letztendlich für mehr Innovationskraft.

Warnen möchten wir an dieser Stelle davor, dass das Thema Resilienz von Unternehmen missbraucht wird. Besonders orange Unternehmen könnten es ausnutzen wollen nach dem Motto „Je mehr Widerstandskraft, umso mehr Arbeit können wir den Mitarbeitern aufbürden". Der Schuss geht garantiert nach hinten los: Da geht am Ende auch die stärkste Psyche kaputt. Und natürlich wird nicht nur intern die Unzufriedenheit in dem Fall weiter steigen, sondern auch das Image des Unternehmens im Außen darunter leiden. Alles im allem eine sehr „ungesunde" Entwicklung!

Unternehmen, die es jedoch ernst meinen, bietet sich eine große Chance, durch Maßnahmen zur Resilienzentwicklung die Leistungsbereitschaft und Leistungsfähigkeit der Mitarbeiter und den unternehmerischen Erfolg zu steigern (s. Abb. 8.2).

Dieses Denken, diese Einstellung sollte zunächst von den Führungskräften verinnerlicht werden. Auch sollten sie sich selbst die Erlaubnis geben, mehr für sich zu tun, mehr für die eigene Resilienz zu sorgen. Denn auch sie sind nicht nur als Funktions- und Rollenträger unterwegs, sondern als „ganzer Mensch": Sie müssen nicht nur diese enorme Komplexität im Unternehmen managen lernen, sondern die psycho-soziale Kompetenz entwickeln, um ihre Mitarbeiter adäquat zu unterstützen und zu stärken. Zudem gibt es ja auch noch die vielen privaten Rollen und persönlichen Bedürfnisse, die berücksichtigt werden wollen. Dazu braucht es, wenn man mal ehrlich ist, so etwas wie

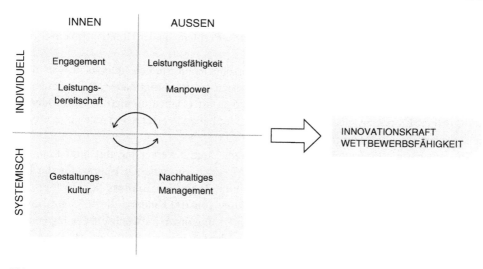

**Abb. 8.2** Resiliente Unternehmen. (Quelle: „eigene Darstellung")

„Herkules-Kräfte". Um diese aufzubauen, benötigen Führungskräfte zunächst Bewusstheit für die Relevanz dieses Themas und des Weiteren die Bereitschaft auch Unterstützung von außen anzunehmen, z. B. durch ein Coaching oder Resilienztraining. Dieses dient dem entsprechenden „Muskelaufbau" und der Entwicklung mentaler Stärke, der individuellen Resilienz.

## 8.4 Individuelle Resilienz

### 8.4.1 Historie und Forschungsergebnisse

Forscher haben immer wieder festgestellt, dass Menschen unterschiedlich mit schwierigen Lebensbedingungen, Lebensphasen oder temporären Belastungssituationen umgehen. Die einen mobilisieren all ihre Kräfte und gehen sogar gestärkt daraus hervor, die anderen finden nur schwer oder keinen Ausweg aus der für sie schwierigen Situation, resignieren oder werden krank.

- **Schwierige Lebensbedingungen** können sein: Naturkatastrophen und ihre Folgen, Krieg, Armut, wirtschaftliche Not, schwieriges familiäres oder soziales Umfeld.
- **Schwierige Lebensphasen** durchlaufen wir alle immer wieder in unserem Leben: Tod einer nahestehenden Person, Krankheiten (selbst oder in der Familie), Trennung vom Partner, Verlust des Arbeitsplatzes. Und auch Übergangsphasen können eine große Herausforderung darstellen und Stress verursachen: Arbeitsplatzwechsel, Übernahme von Führungsverantwortung, Fusionen, Elternschaft, Übergang ins Rentenalter etc.

- **Temporäre Belastungskrisen:** Sorgen um die Kinder, Konflikte mit Kunden oder Kollegen, Auseinandersetzung mit dem Vorgesetzten, Probleme in der Familiensituation.

Forscher haben seit den 1950er Jahren in verschiedenen Studien untersucht, was Menschen ausmacht, die schwierige Lebenssituationen gut bewältigt haben. Wie konnten sie ihre Widerstandskraft aktivieren und Krisen sogar als Chance für sich nutzen? Oder um es mit Albert Camus zu sagen: „Mitten im Winter habe ich erfahren, dass es in mir einen unbesiegbaren Sommer gibt."

Die amerikanische Entwicklungspsychologin Emmy Werner hat mit ihrer Langzeitstudie auf der Insel Kauai von 1955 bis 1995 einen wesentlichen Beitrag für die Resilienzforschung geliefert. Sie studierte mit ihrem Team den Einfluss von biologischen und psychosozialen Faktoren auf die Entwicklung von 700 Kindern, die 1955 auf Hawaii geboren wurden und unter unterschiedlichsten Bedingungen aufwuchsen. Sie begann die Untersuchung in der pränatalen Stufe und verfolgte die Entwicklung im Alter von 1, 2, 10, 18, 32 und 40 Jahren.

Ihre besondere Aufmerksamkeit galt den 30 % „Risikokindern". Damit sind Kinder gemeint, die in chronische Armut hineingeboren wurden oder deren Lebensumstände durch dauerhafte Disharmonie belastet war, z. B. durch Vernachlässigung, Gewalt oder Krankheit der Eltern. Zwei Drittel dieser Kinder entwickelten zum Teil schwere Lern- und Verhaltensstörungen, wurden straffällig und hatten schwerwiegende psychische Probleme. Aber ein Drittel dieser Gruppe entwickelte sich trotz der Risikofaktoren positiv: zu leistungsfähigen, zuversichtlichen und fürsorglichen Erwachsenen. Sie kamen gut mit ihrem sozialen und häuslichen Leben zurecht, schauten positiv in die Zukunft, hatten stabile Beziehungen und waren motiviert, sich selbst zu verbessern. Sie entwickelten die Fähigkeit, Krisen zu meistern und für ihre persönliche Weiterentwicklung zu nutzen: Mithilfe eigener psychischer und sozialer Ressourcen entwickelten sie Stehauf-Qualitäten. Nur welche Faktoren sind es genau, die Menschen – wie diese Kinder auf Hawaii – unterstützen, eine Krise zu bewältigen?

Emmy Werner und auch spätere Resilienzforscher, wie z. B. Corina Wustmann, Matthias Grünke oder Boris Cyrulnik in Deutschland, sind in ihren Untersuchungen zu ähnlichen Kernaussagen gekommen. Resilienz ist kein angeborenes Persönlichkeitsmerkmal, sondern entwickelt sich in der Interaktion mit der Umwelt. Dabei gibt es sogenannte interne und externe Schutzfaktoren, die bereits im Kindesalter aufgebaut werden können. An dieser Stelle möchten wir Corina Wustmann (2016) zitieren:

**Interne Schutzfaktoren**

- Problemlösefähigkeiten
- Selbstwirksamkeitsüberzeugungen
- Ein realitätsnahes und positives Selbstkonzept
- Die Fähigkeit zur Selbstregulation

- Ein aktives Bemühen um Bewältigung, z. B. die Fähigkeit, soziale Unterstützung zu mobilisieren
- Eine optimistische, zuversichtliche Lebenseinstellung.

**Externe Schutzfaktoren**

- Mindestens eine stabile, verlässliche Bezugsperson
- Gute Bewältigungsfähigkeiten der Eltern in Belastungssituation
- Ein wertschätzendes und unterstützendes Klima in den Bildungsinstitutionen
- Dosierte soziale Verantwortlichkeiten und individuell angemessene Leistungsanforderungen.

Resilienz kann auch im Erwachsenenalter trainiert und entwickelt werden. In diesem Zusammenhang möchten wir auf das Modell von Monika Gruhl verweisen, die sieben Resilienzfaktoren definiert und beschrieben hat.

**Sieben Schlüssel für innere Stärke – nach Monika Gruhl (2008):**

- **Zukunft gestalten:** an den eigenen Werten und Bedürfnissen orientierte Ziele setzen und verfolgen
- **Akzeptanz:** das Unabänderliche annehmen
- **Verantwortung:** die Opferrolle verlassen
- **Optimismus:** an die Möglichkeit eines positiven Ausgangs glauben, statt Selbstmitleid oder Schuldzuweisungen, die eigenen Handlungsspielräume nutzen
- **Selbstregulation:** den eigenen Zustand (Gedanken, Gefühle, Stimmungen) dem Kontext angemessen steuern
- **Lösungsorientierung:** die Energie auf mögliche Lösungen richten statt auf Probleme
- **Beziehungen gestalten:** gleichwürdige Beziehungen pflegen, Unterstützung geben und von anderen annehmen.

All diese Erkenntnisse führen wir in der Abb. 8.3 zusammen und stellen sie in Form der Quadrantenperspektive für die Mitarbeiter- und Unternehmensentwicklung dar.

Wie stark ausgeprägt Ihre Resilienz oder die Ihrer Mitarbeiter ist, können Sie im ersten Schritt anhand der Liniendiagnose im Kap. 3 ermitteln, die die meisten Kriterien bereits enthält. Bei Bedarf können Sie selbst die Linien variieren oder erweitern. In diesem Kapitel wollen wir uns darauf fokussieren, die einzelnen Faktoren näher zu erläutern und bereits erste Möglichkeiten aufzeigen, wie sie Ihre persönliche Resilienz weiterentwickeln können.

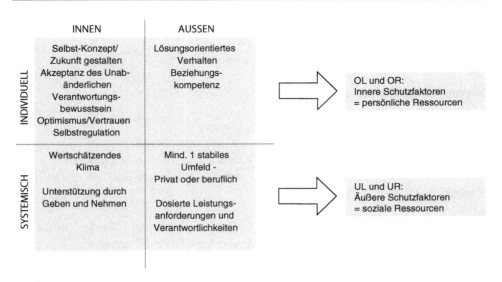

**Abb. 8.3** Individuelle Resilienz. (Quelle: „eigene Darstellung")

Resilienzentwicklung umfasst immer alle vier Quadranten. Das heißt, Resilienz ist immer:

- **LO: Persönlichkeitsentwicklung,** ein Blick nach innen auf das eigene Selbst und die Bewusstmachung zieldienlicher innerer Haltungen,
- **RO: Kompetenzerweiterung,** das Erlernen von Fertigkeiten und alternativen Handlungsstrategien zur Bewältigung von Stress und Krisensituationen,
- **LU: die Bewusstmachung und Nutzung aller sozialen Ressourcen** sowie ggf. die Optimierung der Beziehungsgestaltung,
- **RU: eine Stabilisierung oder ggf. Veränderung der Umweltfaktoren** im privaten bzw. beruflichen Bereich.

Des Weiteren sollten bei jedem Resilienztraining oder Coaching die Entwicklungsebenen mitberücksichtigt werden, um nachhaltige Veränderungen zu erzielen. Einige Anregungen hierzu geben wir Ihnen in den nachfolgenden Beschreibungen der Resilienzfaktoren.

### 8.4.2  Resilienzfaktoren entwickeln

#### 1. Selbstkonzept/Zukunft gestalten

Unsere Werte und Bedürfnisse und auch unsere Rollen verändern sich im Laufe unseres Lebens. Sei es, weil wir in eine neue Lebensphase eintreten (neue berufliche Herausforderung, Heirat, Familiengründung, Rente oder Ähnliches) oder weil wir uns in eine andere Entwicklungsebene hineinentwickeln. Daher ist ein „Selbst-Check" immer wieder wichtig, um rechtzeitig die Weichen für eine zufriedene Zukunft zu stellen und so für die Bewältigung dieses nächsten Schrittes gerüstet zu sein.

Die Frage nach dem „Wer bin ich?" ist sicher für uns alle nicht einfach zu beantworten. Daher ist es leichter, sich all seiner Rollen bewusst zu werden, um sich auf dieser Basis seiner Werte, Bedürfnisse und Ziele bewusster zu werden.

Aus unserer Erfahrung ist eine Krise immer zunächst eine „Weg von"-Bewegung und gefühlsmäßig ein Verlust von etwas Bekanntem, Vertrautem, ein Verlust von Sicherheit. Daher gibt diese Art von Selbstreflexion Klarheit, eine neue Orientierung und Ausrichtung – es entsteht eine „Hin zu"-Perspektive. Diese neue Wahlmöglichkeit lässt uns wieder ins Gleichgewicht kommen. Menschen, die in diesem Sinne proaktiv mit Veränderungen umgehen, nehmen die Krise stark abgeschwächt wahr und nutzen die Krise als Chance: Sie erlauben sich, ihre Zukunft nach ihren Wünschen und Bedürfnissen zu gestalten und erleben sich daher letztendlich zufriedener.

Menschen mit einem Schwerpunkt des Denkens in der blauen Bewusstseinsebene tun sich erfahrungsgemäß mit dieser Art der Selbstreflexion schwerer, da Sicherheit und damit das Altbewährte einen hohen Stellenwert haben. Zudem brauchen sie meist viel Unterstützung von außen, um für sich neue Ziele und Wege formulieren zu können. Menschen ab „orange" können sich jedoch sehr gut auf diese Art der Selbstreflexion einlassen.

▶   Selbst-Check Individuelle Resilienz: Im Praxisteil stellen wir Ihnen ein Modell zur Verfügung, das wir zur persönlichen Rollenklärung entwickelt haben.

## 2. Akzeptanz des Unabänderlichen

Nicht alles ist planbar oder vorhersehbar. Das wissen resiliente Menschen. Die Rahmenbedingungen im Außen ändern sich. Das kann die politische oder die wirtschaftliche Lage sein, aber auch unvorhersehbare familiäre oder berufliche Ereignisse, wie ein Krankheitsfall in der Familie oder ein Arbeitsplatzverlust. Eine erste Reaktion ist meistens, die Augen davor zu verschließen. Das Verleugnen der Situation kann dabei helfen, den Schock und den Schmerz besser zu ertragen. Resiliente Menschen schaffen es dann jedoch, sich aus der Schockstarre zu lösen und die Situation zunächst rational zu bewerten, um sich realistisch die Frage zu stellen: Kann ich den Rahmen ändern oder beeinflussen oder muss ich ihn als unabänderlich annehmen? Ein indianisches Sprichwort sagt es noch provokativer: Wenn du merkst, dass du ein totes Pferd reitest, dann steige ab!

Resiliente Menschen können gut unterscheiden zwischen dem Veränderbaren und dem Nichtveränderbaren. Sie lassen sich Zeit, um die Krise zu begreifen. Menschen mit orangem Bewusstsein wirken sicher distanzierter im Umgang mit diesen Krisen, sie zeigen nach außen hin wenig Emotionen. Menschen im grünen Bewusstsein erlauben sich mehr, ihren Gefühlen Ausdruck zu geben und auch emotional das „Unabänderliche" zu akzeptieren. Menschen mit blauem Bewusstsein brauchen meistens eine längere Phase. Sie durchlaufen häufig am stärksten das „Tal der Tränen", bevor sie die Situation annehmen und sich dem Neuen zuwenden können.

Erst nach der emotionalen Akzeptanz – dem Annehmen der Situation – ist die Tür offen für Neues. Dann kann die nächste Frage beantwortet werden: Wie kann ich mich in dem neuen Rahmen anders oder neu aufstellen und so eine zufriedenstellende Lösung entwickeln? Es werden alternative Wege durchdacht und ausprobiert bis letztendlich die Krise gemeistert und das Neue Einzug gefunden hat.

Der beschriebene Ablauf lässt sich auch grafisch in Form einer Kurve darstellen (s. Abb. 8.4). Das 7-Phasen-Modell der Veränderung von Prof. Richard Streich beschreibt einen typischen Verlauf, wie Veränderungsprozesse generell ablaufen.

Auch im Unternehmenskontext gibt es Unabänderlichkeiten oder Rahmenbedingungen, die seitens der Unternehmensleitung als „gesetzt" gelten. Führungskräfte und Mitarbeiter müssen sich auch dann die Frage beantworten: Kann ich diese akzeptieren? Neige ich dazu, immer wieder „gegen Windmühlen" zu kämpfen? Und wenn ja, kann ich diese Energie umfokussieren? Im extremen Fall, wenn es total gegen die eigenen Werte verstößt, muss man sich auch die Frage stellen, ob man das System verlässt, bevor es einen „krank" macht.

▶ Genauso verhält es sich in Bezug auf Situationen, in denen man mit dem Verhalten eines anderen Menschen nicht einverstanden ist. Resiliente Menschen machen sich bewusst, dass es nicht in ihrer Macht steht, den anderen zu verändern – wenngleich es noch so wünschenswert wäre. Auch hier gilt, wir haben Wahlmöglichkeiten:

- Wir können den anderen so akzeptieren, wie er ist.
- Wir können unsere eigene Einstellung überprüfen und ggf. verändern. Dadurch wird sich unser Verhalten verändern und systemisch gesehen auch automatisch etwas in der Reaktion des anderen in Bewegung kommen.
- Wir können die Situation als unabänderlich bewerten und verlassen.

**Abb. 8.4** Das 7-Phasen-Modell der Veränderung nach Prof. Richard K. Streich. (Quelle: „eigene Darstellung")

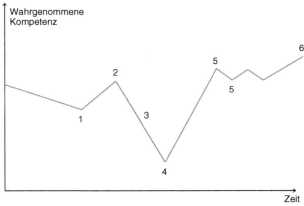

1. Schock / Überraschung
2. Verneinung
3. Rationale Einsicht
4. Emotionale Akzeptanz „Tal der Tränen"
5. Ausprobieren
6. Erkenntnis / Integration

Egal wie Ihre Entscheidung in solch einer Situation ausfällt, die Tatsache, dass sie aktiv eine Entscheidung treffen, statt passiv die gegebene Situation auszuhalten, reduziert den Stress und setzt neue Energien frei. Und das führt zum nächsten Faktor.

**3. Verantwortungsbewusstsein**

Resiliente Menschen machen sich bewusst, dass sie immer Wahlmöglichkeiten haben. Sie übernehmen die Verantwortung für sich selbst und gehen proaktiv auf die Suche nach Problemlösungen. Sie nutzen ihre Handlungsspielräume und stehen für ihre Entscheidungen ein.

Sicherlich hadert jeder zunächst mit einer unerwartet schwierigen Situation. Man ist wütend auf andere oder auf das sogenannte Schicksal, versinkt schon mal in Schuldzuweisungen oder auch im Selbstmitleid. Resiliente Menschen bleiben jedoch nicht in dieser Opferrolle stecken. Sie akzeptieren die Situation, suchen einen Ausweg, nehmen die Herausforderung an. Gleichzeitig können sie sich aber auch abgrenzen, den Verantwortungsrahmen klar abstecken, sie überfordern sich nicht, indem sie nicht alles auf sich ziehen, sondern die Verantwortung dort lassen, wo sie hingehört.

▶ Im Unternehmenskontext gibt es immer wieder Situationen, in denen etwas aus dem Ruder gelaufen ist, z. B. ein Großkunde aufgrund schlechter Auftragsabwicklung abgesprungen ist oder ein Produkt aufgrund von Mängeln schlechte Presse bekommen hat. Auch hier ist es wichtig, nicht in gegenseitigen Schuldzuweisungen und in der Opferrolle stecken zu bleiben. Bezieht man hier die Ebenenperspektive ein, werden werteabhängige Verhaltensweisen sichtbar:

- „Blau" neigt in solchen Situationen besonders dazu, in Kategorien wie falsch und richtig zu denken und zu beweisen, dass er sich regelkonform verhalten hat. Er will sein Ansehen retten und überschüttet andere mit Schuldzuweisungen.
- „Orange" kann in Rollen- und Abteilungsdenken gefangen sein, nach dem Motto: „Jeder hat vor seiner Tür zu kehren."
- „Grün" aufwärts denkt systemisch, im Sinne: „Die Einflussfaktoren sind meistens vielschichtig, dass die Dinge so sind, wie sie sind. Lasst uns gemeinsam nach vorn schauen und eine gemeinschaftliche Lösung entwickeln."

▶ Als Führungskraft ist es wichtig, die Existenzsicherung und die Kundenzufriedenheit in den Blick zu rücken und die Verantwortung dafür zu übernehmen, schnellstmöglich eine Lösung in diesem Sinne herbeizuführen. Ein orangegrünes Bewusstsein ist dafür hilfreich: Jeder sollte seinen Teil der Verantwortung übernehmen und sich gleichzeitig für eine ganzheitliche bessere Lösung einbringen. Ein provokatives humorvolles Aufrütteln kann manchmal auch hilfreich sein nach dem Motto: *„Shit happens,* lass uns Dünger daraus machen."

### 4. Selbstregulation

Selbstregulation bedeutet der Umgang mit negativen Gedanken, Gefühlen, Stimmungen (Sorgen/Ängste, Wut/Ärger etc.). Dazu gehört auch der Umgang mit Enttäuschungen. Resiliente Menschen haben im Laufe ihres Lebens Strategien entwickelt, wie sie emotional Abstand gewinnen können. Außerdem sind sie sich vieler positiver Situationen bewusst, z. B. wo sie erfolgreich mit Enttäuschungen umgegangen sind, oder Situationen, in denen sich Sorgen als überzogen herausgestellt haben. Sie fokussieren auf diese Positiverfahrungen und entmachten damit die Negativemotionen.

▶   Menschen aller Bewusstseinsebenen können ihre Selbstregulierungskräfte
    aktivieren bzw. Strategien dazu erlernen. Nutzen Sie auch dazu die Methoden
    des aktiven Zustandsmanagements wie im Kap. 6 beschrieben.

### 5. Optimismus – (Selbst-)Vertrauen

Wer an die Möglichkeit des positiven Ausgangs glaubt, beeinflusst damit auch automatisch seine Selbstregulationskräfte. Menschen mit einer Portion Optimismus glauben, dass die Krise nur zeitlich begrenzt ist: Sie wird zwar im Moment als schlimm erlebt, aber es muss ja nicht so bleiben, es kann sich verändern oder überwunden werden. Diese Menschen haben die Fähigkeit, in all dem Negativen auch das Positive wahrzunehmen oder zumindest Fortschritte zu erkennen, selbst wenn es zunächst nur kleine positive Veränderungen sind.

Bei weniger turbulenten Situationen werden diese eher als Herausforderung oder Lernchance gesehen, denn als Krise. Dabei sind Optimismus und Zuversicht häufig gekoppelt mit einer Portion Selbstvertrauen.

▶   Nicht nur Selbstvertrauen, sondern auch Vertrauen in den anderen, gepaart
    mit Zuversicht, weckt neue Kräfte in den Menschen, lässt sie neue Lösungs-
    ideen kreieren und so wird das gewünschte Ergebnis oft zur sich selbst erfül-
    lenden Prophezeiung. Eine Führungskraft kann mit dieser Einstellung viel bei
    ihren Mitarbeitern bewirken.

### 6. Lösungsorientiertes Verhalten

Ein resilienter Umgang mit Krisen zeigt sich darin, dass das „Problem" nicht zu lange fokussiert wird, denn je länger man sich mit einem Problem beschäftigt, umso größer ist die Gefahr, dass man wie in einem Sumpf immer mehr und hilflos absackt. Fragen wie „Warum, wer oder was hat dazu beigetragen, dass die Situation so ist, wie sie ist?" sind daher in Krisen meist nicht hilfreich.

Resiliente Menschen empfinden natürlich auch im ersten Moment einer Krise Hilflosigkeit, Wut, Traurigkeit oder Ähnliches und bedauern sich oder die anderen, das heißt, sie nehmen sich und die Situation schon ernst, pacen sich selbst oder auch die anderen, die involviert sind, in ihrem Leid. Dann haben sie jedoch die Fähigkeit, in Kürze auf den Punkt zu bringen, wovon sie wegwollen, was genau hinderlich oder unerwünscht ist, um dann auf das Wünschenswerte, auf das was anders sein soll, umzufokussieren.

▶ Beschreiben Sie das „Soll" ausführlich, malen Sie es mit allen Sinnen aus. Wie nehmen Sie die Situation wahr? Welches Bild haben Sie vor Augen? Wie fühlen Sie sich in der Zielsituation? Was sagen andere, was sagen Sie sich selbst? Das ermöglicht es Ihnen, über den nun verfügbaren Soll-Ist-Vergleich besser und schneller Lösungsansätze zu ermitteln. Nutzen Sie dazu auch die im Kap. 6 aufgezeigten Methoden, z. B. die Walt-Disney-Strategie.

**7. Beziehungskompetenz**

Resiliente Menschen wissen um die Kraft eines stabilen, unterstützenden Netzwerks, ein Umfeld, in dem das Miteinander großgeschrieben wird. Sie bauen sich tragfähige Beziehungen auf und wissen, auf wen sie im Krisenfall „setzen" können. Mit anderen Worten: Sie sind nicht der einsame Held, der die Krise allein meistern muss, sondern sie holen sich Unterstützung von anderen. So wie sie bereit sind, Hilfe anzunehmen, sind sie aber auch bereit, sie zu geben, und sind dadurch auch verlässliche Partner für andere.

▶ Besonders Menschen mit Schwerpunkt des Denkens in blau-orange neigen zur Strategie des einsamen Wolfes, nur: Wir Menschen sind wie Wölfe „Rudeltiere". Beugen Sie vor, machen Sie sich die Fähigkeiten, Vorlieben und Talente jedes Einzelnen in Ihrem Team bewusst, idealerweise sogar gemeinsam mit Ihrem Team. Nutzen Sie diese Ressourcenvielfalt gewinnbringend für alle Beteiligten und natürlich für die Krisenbewältigung.

### 8.4.3   Resilienz integral betrachtet

Individuelle Resilienz beschreibt im herkömmlichen Sinne die oben beschriebenen Resilienzfaktoren, das heißt, innere Einstellungen und Grundhaltungen sowie daraus resultierende Fähigkeiten und Verhaltensweisen, die uns bei der Krisenbewältigung unterstützen und uns Veränderungen meistern lassen. Dabei ist auch die Nutzung der sozialen Ressourcen im Blick.

Aus integraler Sicht haben wir bereits auf die Einbeziehung der Entwicklungsebenen und der Zustände verwiesen. Vielleicht ist Ihnen beim Lesen auch bewusst geworden, dass die Metaprogramme aus den Typologien an der einen oder anderen Stelle auftauchen. Für Krisenfälle sind insbesondere folgende Programme zieldienlich: Hin zu, proaktiv, Zukunft, Möglichkeiten.

Integral betrachtet kann man individuelle Resilienz jedoch noch weiter fassen: Resilienz bedeutet für uns nicht nur die „Täler" des Lebens schneller und besser zu durchlaufen. Auch aus den Hochphasen können wir viel lernen und vor allem unsere Kraftspeicher auffüllen, sodass wir in schwierigen Zeiten davon profitieren können.

- In Hochphasen fühlen wir uns in der Regel glücklich und zufrieden. Jetzt heißt es, bewusst wahrnehmen, was Herz und Seele erfreut, dankbar sein und die Zeit zu genießen!
- In Hochphasen läuft vieles gut. Machen Sie sich all Ihre Ressourcen bewusst: Ihre Werte, stärkende Überzeugungen, all Ihre Talente und Fähigkeiten und das, was Sie in Ihrem Umfeld bereichert – Menschen sowie Umgebungen und Dinge. Stärken Sie so Ihr Selbstbild und Ihr Selbstvertrauen!

▶    Es gibt Möglichkeiten, dieses „Kraftpaket" emotional zu verankern und sich in Krisenzeiten wieder schnell verfügbar zu machen. Im Coaching und in Seminaren zur Persönlichkeitsentwicklung können Sie dies erlernen.

Mentale und seelische Stärke sind das eine, die körperliche Kraft und Energie das andere. Was tut Ihnen gut, was braucht Ihr Körper? Stellen Sie sich Ihr individuelles Bewegungs-, Ernährungs- und Entspannungsprogramm zusammen. Sorgen Sie für Ihr körperliches Wohlbefinden! Anregungen erhalten Sie auch im Abschn. 9.2 Dimension Körper.

Sich einem größeren Ganzen zugehörig und sich verbunden fühlen, ist eine häufig ausgeblendete, aber sehr starke Kraftquelle. Darum empfehlen wir Ihnen, sich mit diesem Thema intensiver auseinanderzusetzen. Je nach Bewusstseinsebene und Glaubenssystem kann dies sehr unterschiedlich sein: Das kann die Zugehörigkeit zur Familie sein, zu einer bestimmten Menschengruppe, die sich für eine gemeinsame Aufgabe einsetzt, die Verbundenheit zur Natur oder dem Universum, die Auseinandersetzung mit der Spiritualität (was nicht gleichbedeutend mit Religiosität ist, Abschn. 9.4 Dimension GEIST). Viele Menschen, die sich auf die Suche begeben nach etwas Größerem als sie selbst, finden einen tiefen inneren Frieden, einen tieferen Sinn. Machen Sie sich auf zu einer spannenden Entdeckungsreise!

Ebenso spannend ist es, sich im Rahmen der Persönlichkeitsentwicklung mit den eigenen „blinden Flecken" zu beschäftigen. Denn diese blockieren uns in so mancher Situation. Sie zeigen sich z. B. in unerwünschtem Verhalten, das man verändern möchte, aber mit Willenskraft nicht schafft zu verändern, oder sie spiegeln sich in einer anderen Person wieder, die wir als unsympathisch empfinden. Es sind unsere sogenannten „Schatten", die uns häufig unbewusst hindern, erfolgreich zu sein, Ziele zu erreichen, guten Kontakt aufzubauen oder Ähnliches. Gehen Sie auf Spurensuche, und integrieren Sie ihre Schatten. Gewinnen Sie an Persönlichkeit und Authentizität. Anregungen erhalten Sie auch im Abschn. 9.5 Dimension Schatten.

▶   **Fazit:** Wie eingangs beschrieben, ist es wichtig, eine Bestandsaufnahme bei sich zu machen, einige Faktoren werden bei Ihnen sicher schon stark ausgeprägt sein, andere wiederum weniger stark. Jeden Resilienzfaktor kann man entwickeln durch Bewusstheit und Einüben von neuen Denk-und Handlungsmustern oder mittels spezieller Coaching- und Trainingsmethoden. Alle Resilienzfaktoren beeinflussen sich wiederum wechselseitig. Für die individuelle Resilienz- und Persönlichkeitsentwicklung sind unterschiedliche Wege und ein unterschiedlicher Mix möglich, jedoch sollten alle Quadranten berücksichtigt sein.

## 8.5   Was hat Resilienz mit Gesundheitsmanagement zu tun?

Zunächst möchten wir Ihnen auch an dieser Stelle einige offizielle Definitionen zu den Themen Gesundheit und Gesundheitsförderung/-management geben:

- **Definition Gesundheit: Die Weltgesundheitsorganisation (WHO)** hat Gesundheit wie folgt beschrieben: „Gesundheit ist ein Zustand vollkommenen körperlichen, geistigen und sozialen Wohlbefindens und nicht allein das Fehlen von Krankheit und Gebrechen" (Bundesministerium 2016).
- **Prof. Hurrelmann** definiert Gesundheit so: „Gesundheit ist ein Zustand des objektiven und subjektiven Befindens einer Person, der gegeben ist, wenn diese Person sich in den physischen, psychischen und sozialen Bereichen ihrer Entwicklung im Einklang mit den eigenen Möglichkeiten und Zielvorstellungen und den jeweils gegebenen äußeren Lebensbedingungen befindet" (Bundesministerium 2016).
- **Definition Betriebliche Gesundheitsförderung (BGF) und Betriebliches Gesundheitsmanagement (BGM),** wie sie z. B. von Krankenkassen wie der DAK (2014) beschrieben werden: Nach der Luxemburger Deklaration zur Betrieblichen Gesundheitsförderung (BGF) in der Europäischen Union ist Betriebliche Gesundheitsförderung „eine moderne Unternehmensstrategie und zielt darauf ab, Krankheiten am Arbeitsplatz vorzubeugen (einschließlich arbeitsbedingter Erkrankungen, Arbeitsunfälle, Berufskrankheiten und Stress), Gesundheitspotenziale zu stärken und das Wohlbefinden am Arbeitsplatz zu verbessern", und weiter: „Betriebliches Gesundheitsmanagement steuert und koordiniert die Aktivitäten der Betrieblichen Gesundheitsförderung mittels Managementmethoden und implementiert sie in die Betriebsorganisation" (DAK 2014).

Betrachtet man diese Definitionen, kann man folgende Verknüpfungen herstellen:
   **Die Entwicklung der individuellen Resilienz** ist nötig für eine gesunde Lebensführung und beugt so präventiv Burn-out und anderen stressbedingten Krankheiten vor.

**Organisatorische Resilienz:** Nachhaltiges Management und eine Gestaltungskultur (gepaart mit der Förderung der individuellen Resilienz) steigert die Motivation, die Leistungsbereitschaft und Leistungsfähigkeit aller Mitarbeiter. Krankheitstage werden reduziert, genauso wie die Produktionsausfallkosten. Die Wettbewerbsfähigkeit und Innovationskraft des Unternehmens werden gestärkt, dies schafft eine gute Basis für eine gesunde Entwicklung des Unternehmens.

Die Förderung der individuellen und organisatorischen Resilienz ist daher aus unserer integralen Sicht ein wesentlicher Bestandteil des betrieblichen Gesundheitsmanagements (BGM) und sollte als ein strategischer Erfolgsfaktor gesehen werden. Das BGM umfasst zusätzliche Maßnahmen wie z. B. Arbeitsschutz, flexible Arbeitszeitmodelle, Maßnahmen zur Vereinbarkeit von Familie und Beruf, Vorsorgeuntersuchungen und Suchtprävention. Neben Betriebssport- und Bewegungsangeboten sowie gesunder Ernährung in der Kantine sind dies auch die am meisten eingesetzten Maßnahmen im BGM.

Resilienz mit all seinen Facetten spielt bei vielen Unternehmen leider noch kaum eine Rolle. In der Realität wird also das Gesundheitsmanagement noch sehr stiefmütterlich behandelt – besonders im Mittelstand. Dies zeigt auch die Befragung „BGM im Mittelstand 2015", die die Zeitschrift „Personalwirtschaft" (2015) durchgeführt und veröffentlicht hat:

- 44 % der Unternehmen stellen keine personellen Ressourcen für das BGM bereit, 27 % haben eine halbe Stelle für das BGM reserviert.
- 40 % der Unternehmen geben kein Geld bzw. maximal 5000 € für Gesundheit aus, nur 12 % der Unternehmen mehr als 25.000 €.
- Nach den Hindernissen befragt, sind die häufigsten Nennungen: fehlendes Commitment der Unternehmensleitung, Widerstände bei den Führungskräften sowie fehlende Erfolgsnachweise.
- Die Befragungen zeigen zudem, „… dass das Thema BGM bei den mittelständischen Unternehmen aus der Maßnahmenperspektive gestartet wurde. Erste gesundheitsfördernde Maßnahmen können so vielleicht schneller umgesetzt werden. Damit leidet der Erfolg aber daran, dass ein strategischer Überbau fehlt und die Maßnahmen nicht in einem Gesamtkontext im Unternehmen verankert sind."

Diese Ergebnisse sind unseres Erachtens nicht nur sehr ernüchternd, sondern erschreckend. Natürlich stimmen wir zu, dass einzelne isolierte Maßnahmen ihre Wirkung verfehlen: Ein Gesundheitstag oder ein bisschen Betriebssport macht keinen gesunden Menschen und schon gar kein gesundes Unternehmen. Das ist so ähnlich, als würde man einmal eine Werbeanzeige schalten und sich fragen, warum das Produkt nicht erfolgreich ist, oder man besucht im Vertrieb den Kunden nur einmal und fragt sich, warum er nicht kauft.

Außerdem möchten wir provokativ in den Raum stellen: Sind die Zahlen der Krankheitstage, der Produktionsausfälle nicht aussagekräftig genug, um zu verdeutlichen, dass Handlungsbedarf besteht? Und was ist mit dem demografischen Wandel und dem zunehmenden Fachkräftemangel? Ist es nicht auch aus diesem Grund wichtig, dass Unternehmen umdenken und ihre Arbeitgeberattraktivität erhöhen sollten?

Ist dieses orange Zahlen-Daten-Fakten-Denken, jede einzelne Maßnahme mit Erfolgsfaktoren einzeln messen können zu müssen, nicht langsam als *ad absurdum* geführt? Ziehen Sie selbst den Vergleich: Im Marketing wissen die orangen Experten, dass der Erfolg einer Marke nur über einen entsprechenden Marketing-Mix zu erzielen ist und nahezu jeder Versuch, jede einzelne Maßnahme einzeln zu bewerten, nicht sinnvoll ist. Sie führt eher zu Selbstbetrug, da man sich in vermeintlicher Sicherheit wiegt, denn tatsächlich gibt es viele Wechselwirkungen mit anderen Maßnahmen, sich verändernden Kontexten etc. Auch in vorherigen Tests geht es nur um Wahrscheinlichkeiten, die komplexe Realität kann nie abgebildet werden.

Das Business ist komplex, unser Leben und auch das Thema Gesundheit ist es ebenfalls – alles besteht aus Wechselwirkungen –, und wir sollten uns endlich davon befreien, alles einzeln „steuern und vermessen" zu können. Es geht auch beim Gesundheitsmanagement darum, die Situation des Unternehmens ganzheitlich in den Blick zu nehmen – ganzheitlich zu analysieren, das Wesentliche zu fokussieren und auf dieser Basis unternehmensspezifische Ziele festzulegen. Daraufhin wird eine Strategie erarbeitet und Maßnahmenpakete geschnürt, die nach aller Wahrscheinlichkeit zieldienlich sind. Wirkliche Erkenntnisse haben wir immer erst im Nachhinein, denn wir sind zu jeder Zeit immer mit neuen Bedingungen und Kontexten konfrontiert, sodass Erfahrungswerte nur bedingt anwendbar sind.

Gesundheitsmanagement ist also – wie der Name schon zum Ausdruck bringt – eine Managementaufgabe und sollte als solche auch in den Chefetagen aufgehängt und mit entsprechenden Kompetenzen, Manpower und Budget ausgestattet sein. Resilienz sollte dabei besonders in den Blickpunkt gerückt werden. Was für eine nachhaltige Umsetzung wichtig ist, haben wir in dem von uns entwickelten Future-Excellence-Gesundheitsmanagement-Circle zum Ausdruck gebracht (s. Abb. 8.5):

**Future-Excellence-Gesundheitsmanagement-Circle**

- **Gesundheitsmanagement ist Chefsache:**
  Gesundheitsmanagement ist eine strategische Managementaufgabe und wird daher von ganz oben lanciert und gesponsert.
- **Die Bedarfsanalyse: Der Gesundheitscheck – alles im Blick:**
  Die Quadranten-Liniendiagnose erfasst die Ganzheit, sondiert alle Aspekte und zeigt deren Wechselwirkungen auf. Auf dieser Basis werden die Ziele festgeschrieben.
- **Das Bausteinkonzept – das Wesentliche zuerst:**
  Die Handlungsfelder und Maßnahmenpakete werden verabschiedet. Die Umsetzung erfolgt Schritt für Schritt und nimmt das Wesentliche in den Blick. Denn Entwicklung ist ein Prozess und braucht Zeit und Raum, damit die Maßnahmen wirken.

- **Die Implementierung – der Erfolg ist so gut wie die Akzeptanz:**
  Kommunikation – Präsentation – Vorbehalte aufgreifen – Trainieren und Nachsteuern – Widerstände aktiv aufnehmen. Erfolgreiche Implementierung braucht eine Prozessbegleitung durch ein Expertenteam aus internen und externen Fachleuten verschiedener Disziplinen.
- **Die Evaluation – Menschen zu Wort kommen lassen, Teilerfolge feiern:**
  Der Erfolg drückt sich in dem aus, was die Menschen sagen und tun. Kennzahlen und Berichtssysteme sollten nur Mittel zum Zweck sein, um dies zusammengefasst auszudrücken. Das aktive Gespräch seitens der Führung mit den Mitarbeitern und das Zelebrieren von Teilerfolgen sollten im Vordergrund stehen.

**Abb. 8.5**  Future-Excellence-Gesundheitsmanagement-Circle. (Quelle: „eigene Darstellung")

## 8.6    Praxisteil: Resilienz entwickeln

### 8.6.1    Individuelle Resilienz – mit der Rollenklärung beginnen

1. **Wer sind Sie? Welche Rollen leben Sie?** Wer ist sozusagen Teil Ihres inneren Teams? Machen Sie sich Ihre Rollen bewusst und listen diese in der Tab. 8.1 auf.
   **Beispiele**:
   Berufliche Rollen: Unternehmer/Geschäftspartner, Führungskraft, Kollege, Projektleiter, Fachmann für …
   Familiäre Rollen: Partner, Vater/Mutter, Kind, Schwester/Bruder, …
   Private Rollen: Freund/Freundin, Sportler, Träger eines Ehrenamtes, …

   Danach weisen Sie der jeweiligen Rolle ihre momentane „Größe" zu. Welche Bedeutung, welchen Raum (zeitlich/energetisch) nimmt sie ein? Wählen Sie zwischen klein, mittel groß.

**Tab. 8.1**  „Rollen" und deren „Größe" im Leben

| Rollen | Größe |
|---|---|
|  |  |
|  |  |
|  |  |
|  |  |
|  |  |
|  |  |
|  |  |
|  |  |
|  |  |
|  |  |
|  |  |

2. **Visualisieren Sie als Nächstes, wie die Rollen zu Ihnen in Beziehung stehen.** Nehmen Sie dazu ein Blatt Papier mindestens in DIN A4 Größe. Zeichnen Sie zunächst einen Kreis für Sie selbst „als Chef im Team". Diesen nennen Sie F für Fokus. Dann kennzeichnen Sie mit einem Strich die Blickrichtung des Fokus. Danach setzen Sie die Rollen in ihren festgelegten Größen in Beziehung zum Fokus, so als wenn jede Rolle ein Teammitglied von Ihnen wäre. Bitte folgen Sie Ihrem spontanen Impuls. Es geht nicht um richtig oder falsch, sondern um eine gefühlte Momentaufnahme. Auch die Blickrichtungen können Sie einzeichnen. Zum besseren Verständnis der Aufgabenstellung können Sie einen kurzen Blick auf die Abb. 8.6 werfen. Wir empfehlen, die Auswertung des Beispiels erst später zu lesen, damit Sie unvoreingenommen Ihr eignes Rollenbild erarbeiten können.

3. **Nun lassen Sie das Bild auf sich wirken:**
   Wie wirkt es alles in allem auf Sie? Was macht es gefühlsmäßig mit Ihnen?
   Was ist besonders wichtig, besonders im Blick? Welche Werte und Bedürfnisse sind damit verknüpft?
   Was ist derzeit nicht im Blick, hat eine untergeordnete Bedeutung?
   Wie ist insgesamt das Nähe/Distanz-Verhältnis aller Rollen zu Ihnen?
   Was sind Energiespender? Was Energiefresser?
   Was möchten Sie bewahren?
   Was möchten Sie verändern? Wovon möchten Sie weg?
   Wo möchten Sie hin? Was sind die ersten Ziele und Lösungsideen für die Zukunft?
   Welches „Selbstkonzept" wollen Sie in Zukunft für sich erreichen oder sicherstellen?

**Auflösung zum Fallbeispiel der „kranken" Mitarbeiterin:**
Abb. 8.6 zeigt, wie die Rollen der „kranken" Mitarbeiterin aus dem Fallbeispiel im zweiten Kapitel „Quadranten" aussehen könnten. Die privaten Rollen sind sehr dominant, „umzingeln" den Fokus (die Mitarbeiterin) geradezu, blicken sie erwartungsvoll an. Sie will sowohl eine fürsorgliche Mutter als auch eine sich kümmernde Schwiegertochter

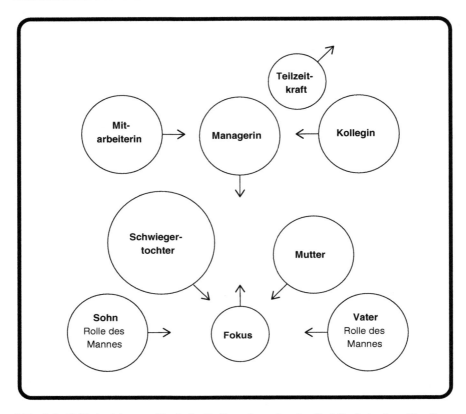

**Abb. 8.6** Fallbeispiel aus Kapitel: Rollen der „kranken" Mitarbeiterin. (Quelle: „eigene Darstellung")

sein. Sie hat auch die Rollen ihres Mannes übernommen (Vater- und Sohn-Rolle), da er im Ausland ist. Das erhöht zusätzlich den Erwartungsdruck und kostet sehr viel Energie. Der Fokus (das eigentliche Ich) ist klein und kommt deutlich zu kurz.

Die beruflichen Rollen sind in die „zweite Reihe" gerückt, sind durch die anderen Rollen nahezu verdeckt. Die Managerrolle ist noch in Blickrichtung und wird von der Mitarbeiterrolle und der Kollegenrolle angeschaut. Die Teilzeitrolle ist klein, abgewandt und versteckt sich hinter der Managerrolle. Das zeigt, dass sie sich von ihrer Manager-rolle noch nicht lösen konnte und dieser nachtrauert.

Sicher erkennen Sie anhand dieses kurzen Beispiels, wie schnell eine solche Bildana-lyse das Problem der Situation zeigen kann. In ähnlicher Form werden dann im weiteren Verlauf auch Lösungsansätze erarbeitet und in ihrer Wirkung getestet.

### 8.6.2  Ganzheitliches Gesundheitsmanagement – mögliche Inhalte bestimmen

Ein Unternehmen verzeichnet einen Anstieg des Krankenstandes. Eine Mitarbeiterbe-fragung hat eine hohe Unzufriedenheit ergeben. Zu hohe Arbeitsbelastung, Konflikte zwischen Abteilungen und auch innerhalb der Abteilung. Diese Konflikte führen zu Dauerstress. Ein BGM gibt es nicht, aber es wurden von der Personalabteilung bereits einige Maßnahmen in den vergangenen zwei Jahren eingeführt.

a) Ordnen Sie die bereits implementierten Maßnahmen des Unternehmens X in das Quadranten-Modell ein, um bisherige Schwerpunkte und vernachlässigte Quadranten zu ermitteln (s. Abb. 8.7):

- Flexible Arbeitszeitmodelle, Maßnahmen zur Vereinbarkeit von Familie und Beruf
- Vorsorgeuntersuchungen
- Betriebssportgruppen
- Rückenschule: Rückentraining, Kräftigung der Muskulatur
- Kantine „gesunde Theke"
- Gesundheitstag
- Seminar für Stressbewältigungstechniken

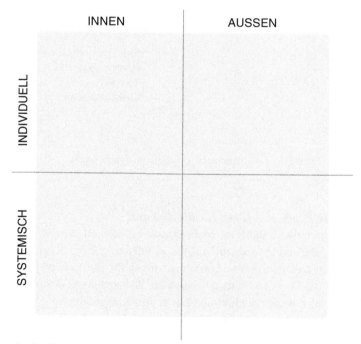

**Abb. 8.7**  Leerformular für Frage a). (Quelle: „eigene Darstellung")

b) Sind die bereits installierten Maßnahmen hinsichtlich der aktuellen Situation zieldienlich? Welche Maßnahmen könnten noch sinnvoll sein? Ergänzen Sie in Abb. 8.7 Maßnahmen, die Sie für zieldienlich halten. Natürlich sind dies lediglich erste hypothetische Annahmen, die es durch die Nachbefragung zu überprüfen gilt.

**Auflösung zu Frage a) – Ist-Situation**
Abb. 8.8 zeigt die Auflösung der Frage a). Auf den ersten Blick wird deutlich, dass keine
Maßnahmen zu den inneren Quadranten durchgeführt wurden.

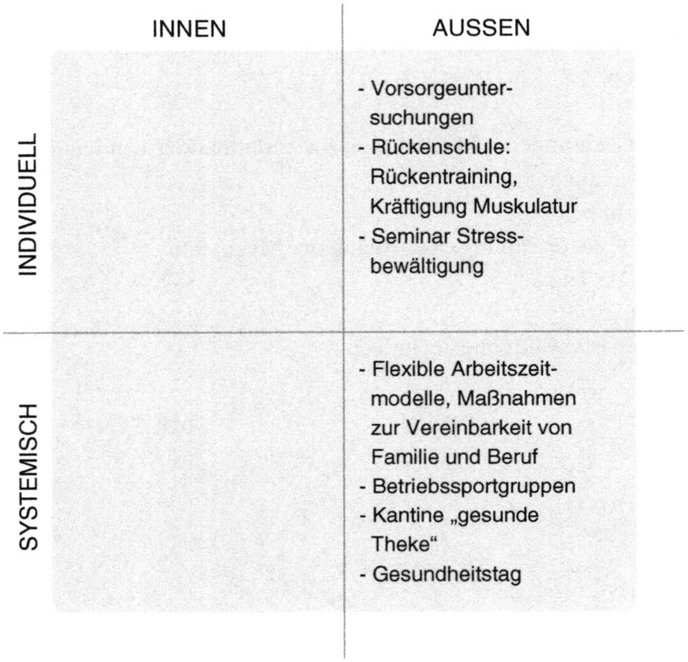

|  | INNEN | AUSSEN |
|---|---|---|
| **INDIVIDUELL** |  | - Vorsorgeunter-<br>  suchungen<br>- Rückenschule:<br>  Rückentraining,<br>  Kräftigung Muskulatur<br>- Seminar Stress-<br>  bewältigung |
| **SYSTEMISCH** |  | - Flexible Arbeitszeit-<br>  modelle, Maßnahmen<br>  zur Vereinbarkeit von<br>  Familie und Beruf<br>- Betriebssportgruppen<br>- Kantine „gesunde<br>  Theke"<br>- Gesundheitstag |

**Abb. 8.8** Auflösung des Fallbeispiels Gesundheitsmanagement – Frage a). (Quelle: „eigene
Darstellung")

**Auflösung zu Frage b) – Ideen für die Zukunft**
Sicherlich sind die bisherigen Maßnahmen für die allgemeine Gesundheitsförderung
zieldienlich, aber nicht in Bezug auf die Probleme, die die bereits durchgeführte Befragung ergeben hat. Am besten nutzt man direkt für die Erstbefragung die Quadranten-
Liniendiagnose. Dann erhält man schon klare Ansatzpunkte, denen man nachgehen kann.
In diesem Fall müssten noch einige Dinge hinterfragt werden. Die genannten Maßnahmen sind zunächst nur hypothetisch zu sehen (s. Abb. 8.9).

**Abb. 8.9** Auflösung
des Fallbeispiels
Gesundheitsmanagement –
Frage b). (Quelle: „eigene
Darstellung")

|  | INNEN | AUSSEN |
|---|---|---|
| **INDIVIDUELL** | - Angebot Coaching für Führungskräfte<br>- Coaching einzelner Mitarbeiter mit langer Ausfallzeit | - Trainings Führungskräfte Kommunikations- und Konfliktbearbeitung<br>- Seminare - Integrale Führung / Resilienz |
| **SYSTEMISCH** | - Überprüfung Führungskultur (zu orange / fordernd? Zu blau / dogmatisch?)<br>- Ressourcenorientierte Teamworkshops: Was lässt uns wieder effektiv und zufriedenstellend zusammenarbeiten? | - Zeigen sich die Probleme in fast allen Abteilungen oder nur in bestimmten Abteilungen?<br>- Überprüfung Strukturen / Prozesse<br>- Schnittstellenmanagement o.k.?<br>- Veränderungen bzgl. Personaldecke? |

**Zusammenfassung**

Individuelle Resilienz entwickelt sich einerseits „naturgemäß" durch die Bewältigung der Höhen und Tiefen unseres Lebens. Andererseits kann man Resilienz gezielt trainieren, denn die Resilienzfaktoren sind keine angeborenen Persönlichkeitsmerkmale. Die einzelnen Faktoren sind jedoch bei jedem Menschen unterschiedlich ausgeprägt. Wer sich initiativ auf den Weg macht, um seine schwächeren Resilienzfaktoren auszubauen, sorgt für mehr Zufriedenheit in seinem Leben und mehr Gesundheit. Organisatorische Resilienz sorgt einerseits für eine nachhaltige Ausrichtung auf den Kunden, anderseits für den Erhalt und die Entwicklung der wichtigsten Ressource, das wichtigste Kapital des Unternehmens: den Mitarbeiter. Auch das Gesundheitsmanagement wird als strategischer Erfolgsfaktor und als Chefsache gesehen, in dem die Resilienz des Einzelnen und des Unternehmens eine bedeutende Rolle spielt. Denn nur ein „gesundes" Unternehmen ist auch in Zukunft ein innovatives, wettbewerbsfähiges Unternehmen.

# Literatur

Baua/Bundesanstalt für Arbeitsschutz und Arbeitsmedizin (2013) Volkswirtschaftliche Kosten durch Arbeitsunfähigkeit 2013. http://www.baua.de/de/Informationen-fuer-die-Praxis/Statistiken/Arbeitsunfaehigkeit/Kosten.html. Zugegriffen: 22. Jan. 2016
Bundesministerium für Familie, Senioren, Frauen und Jugend. http://www.bmfsfj.de/doku/Publikationen/genderreport/8-Gesundheitsstatus-und-gesundheitsrisiken-von-frauen-und-maennern/8-1-einleitung.html. Zugegriffen: 22. Jan. 2016

DAK (2014) Broschüre Betriebliches Gesundheitsmanagement. https://www.dak.de/dak/download/
    Betriebliches_Gesundheitsmanagement_pdf_6_MB-1076234.pdf. Zugegriffen: 22. Jan. 2016
Gallup (2014) Pressemitteilung Gallup „Kostenfaktor schlechte Führung"/Engagement Index
    2014. http://www.gallup.com/de-de/181871/engagement-index-deutschland.aspx. Zugegriffen:
    22. Jan. 2016
Gruhl M (2008) Die strategie der Stehauf-Menschen. Herder, Freiburg
PsyGA Initiative Neue Qualität der Arbeit (2015) Daten und Fakten, Zahlen rund um das Thema
    psychische Gesundheit. http://psyga.info/psychische-gesundheit/daten-und-fakten/. Zugegriffen:
    22. Jan. 2016
TK Techniker Kasse (2013) Bleib locker Deutschland, TK Studie zur Stresslage der Nation.
    https://www.tk.de/centaurus/servlet/contentblob/590188/Datei/115474/TK_Studienband_zur_
    Stressumfrage.pdf. Zugegriffen: 22. Jan. 2016
Wustmann C (2016) Das Phänomen „Resilienz". http://www.eva-stuttgart.de/fileadmin/redaktion/
    pdf/Fachtage/Zusammenfassung_Resilienz_Wustmann.pdf Zugegriffen: 19. Jan. 2016
Zeitschrift Personalwirtschaft (2015) Da geht noch was – Befragung BGM im Mittelstand 2015,
    Ausgabe10(15): S 20–23

# Integrale Persönlichkeitsentwicklung

## 9.1    Was ist integrale Persönlichkeitsentwicklung

Wir Menschen entwickeln uns ständig weiter. Im Laufe unseres Lebens machen wir immer wieder neue Erfahrungen und lernen, unser Verhalten zu verändern und anzupassen. Neben den von außen gestellten Anforderungen, setzen wir uns eigene Ziele und möchten persönliche Vorstellungen verwirklichen.

Doch wie sollen wir uns persönlich weiterentwickeln, damit wir steigenden Anforderungen im Berufs- und Privatleben gewachsen sind? Welche Kompetenzen sind für die Zukunft unabdingbar, welche optional, welche eine Modeerscheinung?

Ken Wilber nennt vier Kernmodule, damit eine ganzheitliche individuelle Entwicklung entstehen kann (s. Abb. 9.1).

**Abb. 9.1**  Kernmodule der individuellen Entwicklung nach Ken Wilber

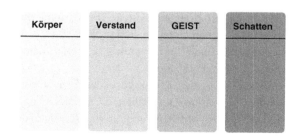

© Springer Fachmedien Wiesbaden 2016
H. Kuhlmann und S. Horn, *Integrale Führung*,
DOI 10.1007/978-3-658-13466-2_9

## 9.2   Dimension Körper

Unser Körper ist die einzigartige Heimat unseres Verstandes und unseres GEISTES (Schreibung in Großbuchstaben nach Ken Wilber, vgl. Abschn. 9.4 Dimension GEIST). Er bietet uns die Möglichkeit und die Voraussetzung, am Leben teilzunehmen und Erfahrungen zu machen. Wie wichtig er für uns ist, merken wir oft erst, wenn mit ihm etwas nicht in Ordnung ist, wir Schmerzen haben oder nicht wie gewohnt leistungsfähig sind.

Der integrale Ansatz differenziert sogar drei Körper und stellt damit den Zusammenhang zwischen den drei Zuständen Wachen, Träumen und Tiefschlaf her (s. Kap. 6 „Zustände"). Neben dem physischen, dem **grobstofflichen Körper** mit seinen Knochen, Muskeln, Organen und Zellen werden zwei weitere Körper unterschieden. Einerseits der **subtile Körper** mit seinen Energiebahnen und -zentren, die z. B. bei Akupunkturbehandlungen angeregt werden. Andererseits der **kausale Körper**, den Ort der inneren Ruhe, den wir im Tiefschlaf erleben. Alle drei Körper sind eng miteinander verbunden und stehen auch in Wechselwirkung mit den Dimensionen Verstand, GEIST und Schatten. Deshalb hat eine Beschäftigung mit einer Dimension immer Auswirkung auf die anderen Bereiche. Wer z. B. unter Depressionen leidet, dem wird von vielen Therapeuten inzwischen regelmäßiges Ausdauertraining angeraten, da sich die positiven Auswirkungen auf die Behandlung bestätigt haben.

Ein sportliches Training, aber auch meditatives Praktizieren bringt immer auch Veränderungen in den anderen Körpern mit sich. So profitiert jemand, der unter Schlafproblemen leidet von körperlichem Training und meditativer Entspannung. Schauen wir uns die drei Körper etwas genauer an.

**Der grobstoffliche Körper**

Unser physischer Körper ist ein komplexes Wunderwerk. Ärzte und Wissenschaftler beschäftigen sich seit Jahrhunderten damit, seine Gesetze und Funktionsweisen zu entschlüsseln, um daraus Anhaltspunkte für die Entwicklung von Medikamenten und Operationsverfahren abzuleiten. Die Gesunderhaltung unseres physikalischen Körpers ist auch in der hoch technisierten Welt des 21. Jahrhunderts eine wichtige Aufgabe, da Wohlbefinden und Teilhabe am gesellschaftlichen Leben zu großen Teilen von körperlicher Gesundheit abhängen.

Dass Bewegung neben gesunder Ernährung und ausreichend Schlaf grundlegend wichtig für unsere Gesundheit ist, ist sicher unbestritten. Kraft- und Ausdauertraining stärken unsere Muskeln und unser Herz-Kreislauf-System. Immer wieder erscheinen neue Formen und Kombinationsweisen am Markt und finden ihre Anhänger.

▶   Letztendlich ist ausschlaggebend, was Ihnen guttut und Ihnen Freude macht, denn nur, wenn Sie Spaß haben und eine Steigerung Ihres Wohlbefindens empfinden, werden Sie weiter motiviert trainieren. Ob Sie Joggen, Radfahren, Krafttraining machen oder eine Teamsportart wählen, ist dabei ganz Ihnen überlassen. Wichtig ist, dass Ihr Training möglichst ausgewogen Ausdauer, Kraft und Beweglichkeit einbezieht.

**Der subtile Körper**

Den subtilen Körper können wir uns am besten vorstellen, wenn wir uns vergegenwärtigen, was im Traumzustand passiert. Unser grobstofflicher Körper ist hier kaum im Einsatz. Wir liegen im Bett, unsere Sinne sind weitestgehend ausgeschaltet und auch die meisten Organe befinden sich im „Stand-by-Modus". Stattdessen ist unsere Wahrnehmung nach innen gerichtet, und wir nehmen Bilder, Emotionen, Gedanken und ganze Welten wahr, für die alle physischen Gesetze aufgehoben sind. Szenen und Personen wechseln sich scheinbar zusammenhanglos ab. Wir können fliegen, rennen, ohne müde zu werden, und unsere Gestalt verändern. Gleichzeitig können wir intensive Gefühle erleben. Wer schon einmal im Traum vor etwas geflohen ist, weiß, wie real einem die Situation vorkommt und die damit verbundene Angst wirkt. Genauso intensiv kann das Erleben einer positiven Situation sein. Wünsche, Ziele und Visionen strahlen mit besonderer Kraft und Lösungen für verzwickte Fragen erscheinen klar und einfach.

▶ Auch tagsüber können wir in Kontakt mit dem energetischen, subtilen Körper kommen. Angeleitet durch z. B. Fantasiereisen, Visualisierungstechniken oder einfach beim Tagträumen.

Sportarten wie Yoga, Tai-Chi oder Qigong sprechen den subtilen Bereich an und wirken sich positiv auf den gesamten Körper aus. Diese Bewegungsformen verbinden körperliche Bewegung mit Meditations- und Konzentrationsübungen zur Harmonisierung und Regulierung des Energieflusses.

Auf diesem Weg wirken auch Behandlungen wie Akupressur, das japanische Shiatsu und M.E.T. (Meridian Energie Techniken), die alle in Selbstbehandlung möglich sind. Durch Kurse, CDs oder DVDs lassen sich diese Techniken erlernen. Sie aktivieren bei Krankheiten sowie fehlendem Wohlbefinden die Selbstheilungskräfte und wirken ausgleichend.

**Der kausale Körper**

Der kausale Körper beschreibt im integralen Ansatz den Zustand des traumlosen Tiefschlafs. Es ist ein Zustand, in dem wir unsere Wahrnehmung weder nach innen noch nach außen richten, sondern im eigentlichen Sinne keine Wahrnehmung besitzen. Es ist vielmehr ein „Ort" oder „Raum" im übertragenen Sinne, in dem wir einfach *sind*. Auf diese Form von *Sein* lassen wir uns allnächtlich ein. „Ohne Bewusstsein" schöpfen wir im Tiefschlaf neue Kraft für den folgenden Tag.

Meditationen ermöglichen uns ebenfalls, diesen Zustand zu erlangen und unterstützen uns durch die Schulung von Achtsamkeit außerdem in unserer persönlichen Entwicklung. Mit den Zielen, dem Nutzen und unterschiedlichen Schwerpunkten der Meditationstechniken beschäftigen wir uns im anschließenden GEIST-Modul (s. Abschn. 9.4.3). Hier betrachten wir die natürlichste Möglichkeit, den kausalen Körper gesund zu erhalten, nämlich durch Schlaf.

## 9.2.1   Schlaf

Während des nächtlichen Schlafs wechseln sich die drei verschiedenen Phasen Wachen, Träumen und Tiefschlaf ab. So kommen wir im Laufe der Nacht mit allen drei Körpern in Kontakt. Wir erwachen viele Male und schlafen kurz darauf meist wieder ein. Dieser Mechanismus ist ein Rudiment aus unseren menschlichen Anfängen. In Zeiten, in denen unsere Schlafplätze keineswegs sicher waren, war es überlebenswichtig, sich auch nachts immer wieder zu vergewissern, dass keine Gefahr besteht.

In den Traumphasen kommen wir mit unserem subtilen Körper in Kontakt. Wir verarbeiten tagsüber Erlebtes und sehen unsere Wünsche und Bedürfnisse klar und leuchtend als Bilder in unserem Unterbewusstsein. Ängste, die unser Bewusstsein im Wachzustand in Schach halten können, treten nachts deutlich hervor, und wir sind nicht selten überrascht über die Heftigkeit der Bilder und Emotionen, die uns begegnen. Während unser Gehirn tagsüber damit beschäftigt ist, mithilfe unserer Sinne auf unsere Umwelt zu reagieren, verarbeitet es nachts alle Eindrücke. Was für längere Zeit gespeichert werden soll, wird ins Langzeitgedächtnis verschoben, was überflüssig ist, wird gelöscht.

In den Tiefschlafphasen regenerieren Geist und Körper. Die Energie, die wir tagsüber für körperliche und geistige Aktivität benötigen, steht in der Nacht dem Immunsystem zur Verfügung.

▶   **Schlafprobleme:** Zahlreiche Menschen leiden in unserer hektischen, spannungsreichen Zeit unter Schlafproblemen. Sie können schlecht einschlafen oder nachts nicht wieder einschlafen, wenn sie einmal wach sind. Das bedeutet für Körper und Geist Stress. Das Ergebnis sind neben Abgeschlagenheit und Müdigkeit am Tag, häufig Gereiztheit, Konzentrationsschwäche und weitere körperliche Stresssymptome, wie Magenschmerzen, Verdauungsprobleme oder muskuläre Verspannungen. Ohne die Ruhepausen, die wir unseren drei Körpern während des Schlafens ermöglichen, ergeben sich vielschichtige Probleme.

Dabei ist es unerheblich, ob wir freiwillig oder unfreiwillig zu wenig Schlaf bekommen. In unserer modernen Leistungsgesellschaft möchten manche Menschen ihre Leistungsphasen möglichst ausdehnen. Angetrieben von Karrierezielen und materiellen Wünschen, sprechen sie Erholung und Schlaf nicht die Bedeutung zu, die ihrem Anteil an Gesundheit und Wohlbefinden entsprechen. Man versucht mit Kaffee, Cola, Energydrinks, Süßigkeiten und Junkfood das Leistungsniveau aufrecht zu halten. Geschieht dies über einen längeren Zeitraum, machen sich die beschriebenen negativen Auswirkungen bemerkbar. Das tatsächlich benötigte Schlafpensum ist sehr individuell. Es schwankt zwischen fünf und zehn Stunden pro Tag. Ein guter Indikator dafür, ob Sie ausreichend schlafen, ist Ihr Leistungsvermögen am Tag. Wer ohne Probleme morgens aufstehen kann, geistig und körperlich leistungsfähig ist und dies über den Tag weitestgehend anhält, hat wohl ausreichend Schlaf.

## 9.3     Dimension Verstand

Dem Verstand kommt im integralen Ansatz eine elementare Rolle zu, denn er stellt die Verbindung zwischen Körper und GEIST her. Der Verstand lässt uns verstehen, macht uns neugierig und motiviert uns. Durch unseren Verstand können wir unsere Wahrnehmungen bewerten, verschiedene Perspektiven einnehmen und differenzierte Entscheidungen treffen. Wir stellen einmal Gelerntes infrage, beleuchten Sachverhalte und kommen zu neuen Erkenntnissen. Wir erweitern unseren geistigen Bezugsrahmen. Oft beschäftigen wir uns mit einem Thema lange, bevor wir tatsächlich unser Verhalten ändern. Wir lesen Bücher, besuchen Seminare und suchen den Austausch mit Gleichgesinnten. Unsere kognitive Linie ist in der Regel höher entwickelt als unsere übrigen Linien und damit oft Antrieb für unsere weitere Entwicklung.

Auch das Lesen dieses Buches und die Beschäftigung mit den Aspekten des integralen Ansatzes bedient die Verstandsdimension und erweitert unsere kognitiven Fähigkeiten.

## 9.4     Dimension GEIST

Wenn wir uns der Geistigkeit zuwenden und verstehen wollen, wie diese mit dem integralen Ansatz verbunden ist, kommt der Begriff der Spiritualität ins Spiel: *spiritus* = lat. Geist, Hauch. Ken Wilber unterscheidet zwischen GEIST (in Großbuchstaben geschrieben) im Sinne von „Spiritualität" (engl. *spirit*) und Geist (wie gewöhnlich geschrieben) im Sinne „denkender Geist/Verstand" (engl. *mind*).

Wir sprechen im Sinne des integralen Ansatzes also von GEIST = Spiritualität. Aber auch dieser hat viele Gesichter, je nachdem aus welcher Perspektive man schaut, ob aus der Sicht von Quadranten, Linien, Ebenen, Zuständen oder Typologien.

Ken Wilber (2014, S. 145) betont, dass das es sehr unterschiedlich ist, was Menschen unter „Spiritualität" verstehen. So werden dem Wort „Spiritualität" mindestens vier Bedeutungen zugeschrieben:

1. **Die höchste Bewusstseinsebene,** die man erreichen kann (türkis, koralle, …)
2. **Eine eigenständige Linie,** die die Entwicklung der unterschiedlichen Vorstellungen im Verlauf der Bewusstseinsebenen aufzeigt
3. **Eine außergewöhnliche Gipfelerfahrung,** das heißt Spiritualität als Zustand
4. **Eine bestimmte Haltung** und damit verbundene Religion (auch eine Form der Typologie)

Will man also seine Erfahrungen und Standpunkte zum Thema wirklich austauschen, ist es wichtig, sich zunächst darauf zu verständigen, über welchen Wortsinn man sprechen möchte, denn sonst sind Missverständnisse vorprogrammiert. Während eine Person über eine beeindruckende Gipfelerfahrung berichten möchte, will der Gesprächspartner vielleicht über die Konsequenzen der Haltung einer Glaubensgemeinschaft diskutieren.

Wir möchten uns an dieser Stelle zunächst mit Spiritualität als eigenständiger Linie beschäftigen und betrachten nachfolgend, wie sich das Gottesbild und die gelebte Religion mit der Entwicklung der Bewusstseinsstufen verändert haben.

### 9.4.1  Spiritualität im Verlauf der Bewusstseinsebenen

Im Verlauf der menschlichen Bewusstseinsentwicklung hat sich das Gottesbild, unabhängig von Religionen, immer wieder grundlegend verändert. Überhaupt, gibt es den *einen* Gott ja erst seit der Ebene blau.

Zu Beginn der Menschheitsentwicklung (Ebene **beige**) geht es den Menschen um das reine Überleben, das Finden eines sicheren Schlafplatzes und darum, genügend Nahrung für sich und die Nachkömmlinge zu finden. Bei allen Urhorden der Welt hat sich ein Totenkult zur Verehrung der Ahnen entwickelt, denn der Ursprung aller Religionen dürfte sein, mit dem „Mysterium des Todes" umzugehen.

Auf der Ebene **purpur** sind die Menschen ganz mit der Natur verschmolzen. Alles ist belebt, alles besitzt einen Geist – Menschen, Tiere, Pflanzen, Berge und Naturgewalten. Man verehrt die Ahnen und alle Geister der Natur, da man auf ihre Gunst angewiesen ist. Es bilden sich Rituale zur Besänftigung und Beeinflussung heraus.

Als auf der Ebene **rot**, die Kämpfer und Helden aus den Clans hervortreten, bestimmen diese die Regeln des Zusammenlebens. Ihre Untertanen sind abhängig von ihrer Gunst. Diese Anführer verehren Götter, die menschenähnliche Züge haben. Sie zeigen Emotionen wie Wut oder Rache, sie belohnen und bestrafen (z. B. in der griechischen Mythologie). Um die Götter gnädig zu stimmen, opfern die Herrscher den Göttern.

Mit dem Bedürfnis nach Gerechtigkeit und mehr Ordnung entsteht die Ebene **blau.** In dieser Phase entstehen alle großen Weltreligionen. Überall auf der Welt treten die Menschen in diese Bewusstseinsebene ein, um den egozentrischen, machthungrigen Expansionsdrang Einzelner einer höheren Ordnung und größeren Sinnhaftigkeit zu unterstellen. Gott als übergeordnete Instanz – als Schöpfer – taucht auf. Endlich ergibt alles einen Sinn und folgt einem höheren Ziel. Gott wird hier als der „gerechte" Gott gesehen, also als Richter und Erzieher der Menschen. Die Bibel mit ihren zehn Geboten gibt den Menschen Anleitung für das aufrichtige, „rechte" Leben.

Die Wissenschaft unserer modernen (**orangen**) Welt hat aus der Schöpfungsgeschichte die Urknalltheorie werden lassen und auch andere mystische Jesus- und Gott-Geschichten wissenschaftlich erklärbar gemacht und zum Teil *ad absurdum* geführt. Dieses Vertrauen in die Vernunft benötigt keinen Gott, der den Menschen in alltäglichen Fragen unterstützt. Durch Schnelllebigkeit und Effizienzsucht ist ohnehin kein Platz für gelebte Religiosität wie Gottesdienstbesuche und Kontemplation. Die Menschen werden zu Atheisten und treten aus den Kirchengemeinden aus.

Auf der Ebene **grün** entsteht eine neue Form der Religiosität, die der integrale Psychotherapeut Wulf-Mirko Weinreich (2011) in seinem Artikel „Gott entwickelt sich" so beschreibt:

„Seit Ende der 60er Jahre des letzten Jahrhunderts hat sich die New-Age-Bewegung entwickelt. Ein wichtiger Impuls dafür dürften die den Verstand sprengenden Drogenerfahrungen der 68er-Generation gewesen sein. Aus diesen Erfahrungen resultierte die unmittelbare Einsicht, dass es a) etwas Transzendentes gibt, welches b) aber doch deutlich anders ist als das Gottesbild der Bibel. Weil für diese Erfahrungen weder Materialismus noch traditionelles Christentum Erklärungsmodelle liefern konnten, sammelte diese Generation Techniken und Theorien aus allen Kulturen der Welt, mit denen sich jeder seine eigene Weltsicht entwarf. Diese friedliche Koexistenz verschiedener religiöser Versatzstücke ist der kongeniale Ausdruck der Spiritualität auf der pluralistischen Bewusstseinsebene."

Wie sehen das Gottesbild und die praktizierte Religion der entstehenden Stufe **gelb** aus? Grundsätzlich tun sich die praktizierenden Kirchen mit den ichbezogenen Stufen schwer, denn ausgeübte Religion spielt sich aus deren Sicht in Gemeinden und Gemeinschaften ab. Und nun machen sich hochintelligente, bewusste Menschen auf, eine für sie passende Form der Umsetzung ihrer Spiritualität zu finden. Die Offenheit und Akzeptanz der grünen Ebene hat es möglich gemacht, sich eine Religion frei auszuwählen. Nun ermöglicht die Ichbezogenheit der gelben Stufe, unabhängig von Gleichgesinnten oder praktizierenden Gruppen einen persönlichen Weg der Praxis zu finden. Unabhängig von Ort und Zeit oder Ritualen wie Anfangs- und Abschlussgebet kann Spiritualität erlebt werden.

„Somit müssen wir uns nicht auf bestimmte Formen von Praxis beschränken – wir müssen nicht auf ganz bestimmte Weise meditieren, beten oder gar an einen bestimmten Gott glauben. Der Bezugsrahmen konfrontiert uns jedoch mit der Tatsache, dass wir praktizieren oder bestimmte Dinge tun müssen, um Zugang zu bestimmten Erfahrungen, Wahrnehmungen und Dimensionen unseres Gewahrseins zu bekommen." (Wilber et al. 2011, S. 145).

Um Zugang zu bestimmten Erfahrungen und Dimensionen unseres Gewahrseins zu bekommen, ist es sinnvoll, sich sowohl mit der Entwicklung des Bewusstseins auf den Ebenen zu beschäftigen als auch mit spirituellen Zustandserfahrungen. Der nächste Abschnitt soll dies verdeutlichen.

## 9.4.2 Zustände und Ebenen in Bezug auf Spiritualität

Bereits bei seinen frühen Forschungen stellte Wilber den Zusammenhang zwischen der linearen Entwicklung der Bewusstseinsebenen und dem spirituellen Denken und Handeln der Menschen her. Er stellte fest, wie unterschiedlich sich Gott (bzw. Götter) und gelebte Religion auf den Ebenen zeigen. Im späteren Verlauf seiner Forschung stellte er eine weitere unabhängige Entwicklungsrichtung fest – die der Zustände. Dies bedeutet, dass die Entwicklung unseres Bewusstseins in zwei Richtungen erfolgt: zum einen durch das „Wachstum" von Ebene zu Ebene (Grow Up) und zum anderen durch das „Erwachen" mithilfe der meditativen Zustände von grobstofflich bis kausal, ggf. bis zur Non-Dualität (Wake Up). Diese Erweiterung des Modells ermöglichte die Beantwortung bisher offener Fragen:

- Wie kam es z. B. dazu, dass Menschen früherer Entwicklungsstufen hochspirituelle Gipfelerfahrungen machten, obwohl deren Bewusstsein nachweislich nicht sehr weit entwickelt war?
- Und wieso bekommen viele hochintelligente moderne Menschen keinen Zugang zum Erleben von spirituellen Zuständen (außerhalb des natürlichen Wach-, Traum- und Tiefschlafrhythmus)?

Es musste sich also um eine eigenständige Dimension handeln, die sich unabhängig von der Bewusstseinsebene entwickelt. Zu gleichen Erkenntnissen kam zur selben Zeit Allen Combs, der ebenfalls in dieser Frage Forschungen anstellte. Beide entwickelten daraus das sogenannte Wilber-Combs-Raster (s. Abb. 9.2). Es kombiniert Ebenen mit Zuständen und zeigt dadurch, dass grundsätzlich jede Zustandserfahrung auf jeder Ebene möglich ist. Jedoch werden Sie Ihre Erfahrungen je nach Bewusstseinsebene unterschiedlich interpretieren. Bahnbrechend an dieser Erkenntnis ist auch, dass die unterschiedlichen Erfahrungsräume von Menschen, die sich über Spiritualität austauschen, optisch dargestellt werden können.

Vergleichen wir die Erfahrungsräume eines hochspirituellen traditionellen Mönchs mit einem postmodernen Tai-Chi-Lehrer, ergibt sich unten stehende grafische Darstellung ihres gemeinsamen Erfahrungsraumes. Der Mönch erlebt durch seine jahrelange Meditationspraxis kausale Zustände. Seine Bewusstseinsentwicklung, auf die Ebenen bezogen, ist blau. Der Tai-Chi-Lehrer erlebt lediglich subtile Zustände durch seine Tai-Chi-Praxis, sein Bewusstsein hat einen Schwerpunkt auf der grünen Ebene.

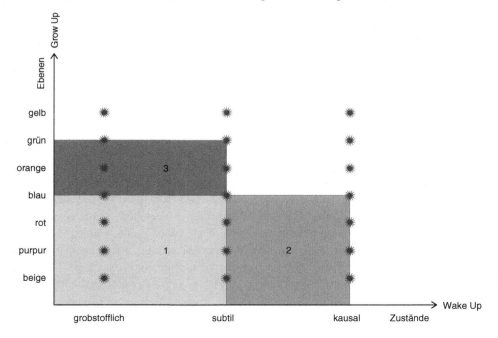

**Abb. 9.2** Wilber-Combs-Raster

Wollen diese beiden Menschen ihre spirituellen Erfahrungen austauschen, gelingt dies *nur* im Bereich eins der Abbildung, denn in dieser Schnittmenge findet sich der gemeinsame Erfahrungsraum. Der Bereich zwei zeigt die Zustände, die der Mönch erleben kann; der Tai-Chi-Lehrer hat diese Zustandserfahrungen jedoch noch nicht gemacht. Der Bereich drei zeigt den Erfahrungsbereich des Tai-Chi-Lehrers auf: Seine Sichtweisen und Perspektiven einer postmodernen, multikulturellen Welt kann der Mönch nicht teilen, da dessen Welt traditionellen Werten und einer mythisch-rationalen Betrachtungsweise folgt.

▶ **Fazit:** Für die Persönlichkeitsentwicklung ist es gut, beide Dimensionen auszubauen:

- Grow Up: „Wachstum" von Ebene zu Ebene
- Wake Up: „Erwachen" des Geistes

Beide befruchten sich wechselseitig.

### 9.4.3 Meditation und Achtsamkeit

#### 9.4.3.1 Meditation

Durch Meditation können wir die Dimension „Wake Up" entwickeln. Ihren Ursprung hat die Meditationspraxis in den spirituellen Lehren fernöstlicher Religionen. Zur Entwicklung des Bewusstseins wurde sie dort von jeher eingesetzt. Heute hat sich die Meditation in vielen Kontexten zu einer Praxis ohne zwingend religiösen oder esoterischen Bezug gewandelt und sich damit weiteren Interessierten erschlossen. Im Fokus steht die Beruhigung und Sammlung des Geistes.

Subjektive Wirkungen und Auswirkungen von regelmäßiger Meditation sind seit Langem auch für medizinische und therapeutische Zwecke relevant. So wird Meditation z. B. in der Schmerztherapie, bei chronischen Krankheiten sowie bei Stress- und Suchterkrankungen zur unterstützenden Behandlung eingesetzt. Zahlreiche Studien belegen, dass Meditation positive Effekte auf die Verbesserung der individuellen Gesamtsituation hat und dass der Umgang mit Sorgen, Anspannung und Anforderungen als leichter erlebt wird.

▶ **Übung: Klassische Atemmeditation**

Achten Sie einmal für eine Minute auf Ihren Atem. Beeinflussen Sie ihn nicht, sondern nehmen Sie nur wahr, wie Ihr Atem fließt. Atmen Sie eher in die Brust oder den Bauch? Ist Ihre Atmung eher flach oder tief? Fließt Ihr Atem eher ruhig oder eher schnell?

Wenn Sie möchten, können Sie im Atemrhythmus zählen. Beim Einatmen „eins", beim Ausatmen „zwei" und so weiter bis zwölf. Dann beginnen Sie wieder mit „eins". Wenn Gedanken kommen, lassen Sie sie einfach weiterziehen und beginnen wieder mit „eins" zu zählen.

Seitdem die Neurowissenschaften die Wirkung von regelmäßiger Meditation auf das Gehirn und die Hirnstruktur untersuchen und messen können, sind auch Unternehmen auf Meditation aufmerksam geworden. Denn die gesteigerten Anforderungen im Berufsalltag und die Beschleunigung der gesamten Geschäftsprozesse, schlagen sich in erhöhten Krankheitszeiten nieder (s. Kap. 8 „Resilienz"). Google startete 2007 als Erstes das firmeninterne Meditationsprogramm „Search Inside Yourself", an dem bereits mehr als 1000 Mitarbeiter teilgenommen haben. Um Mitarbeitern Hilfestellung im Umgang mit Stress zu geben und so positiven Einfluss auf Konzentrations- und Leistungsfähigkeit sowie deren Resilienz zu bewirken, bieten mittlerweile auch viele deutsche Unternehmen Entspannungs-, Achtsamkeits- und Meditationskurse an.

Die Wünsche, Motive und Erfahrungen von Meditierenden sind unterschiedlich. Manche möchten ihre Konzentrationsfähigkeit verbessern oder sich leichter entspannen können. Andere möchten inneren Frieden finden und Achtsamkeit praktizieren. Wieder andere möchten essenzielle Qualitäten entwickeln, wie Klarheit, Liebe, Dankbarkeit und Verbundenheit. Die höchste Erfahrung ist die sogenannte Non-Dualität. Etwas, das ist, grenzt sich immer ab gegen das, was es nicht ist. Damit entsteht Dualität. Im Zustand der Non-Dualität sind diese Grenzen aufgehoben. Wie im Tiefschlaf besteht hier eine Leerheit, eine Grenzenlosigkeit. Diesen Zustand einer „Gipfelerfahrung" zu erleben und auszudehnen, ist Ziel und Inhalt der Meditation. Zu diesen Erfahrungen ist es mit traditionellen Methoden oft ein langer Weg, deshalb versuchen innovative Lehrer, mit modernen Methoden den direkten Zugang zu den tiefen Erfahrungen der Meditation zu erlangen (z. B. Mondo Zen, Big Mind, Voice Dialogue).

### 9.4.3.2 Achtsamkeit

Achtsamkeit ist eine Form der Aufmerksamkeit, bei der alle Sinne bezogen auf eine Situation oder ein Objekt geöffnet sind. Die Aufmerksamkeit wird dabei ins Hier und Jetzt gelenkt. Dabei findet keine Bewertung statt, sondern ausschließlich die Wahrnehmung dessen, was ist. Wir möchten Sie zu einer kleinen Übung einladen, die Ihnen einen praktischen Eindruck über Art und Wirkung von Achtsamkeitsübungen vermittelt.

▶   **Übung: Achtsamkeit**
Nehmen Sie sich einen kurzen Moment Zeit und zünden Sie eine Kerze an. Wenn sie das mit einem Streichholz tun, betrachten Sie das Aufflackern der Flamme am Streichholz. Nehmen Sie den typischen Geruch wahr und sehen den aufsteigenden Rauch. Entzünden sie mit dem Streichholz den Docht der Kerze und beobachten Sie, wie die Flamme die Kerze entzündet.
Wenn die Kerze brennt und Sie das Streichholz gelöscht haben, betrachten Sie die Flamme am Docht. Welche Farben hat Sie? Flackert sie oder bewegt sie sich auf andere Weise? Oder steht sie ganz ruhig? Wie groß ist sie? Spüren Sie die Wärme, die von der Flamme ausgeht? Was hören Sie? Und was passiert mit dem Wachs der Kerze um den Docht herum? Ist bereits etwas davon geschmolzen? Was nehmen Sie sonst noch wahr?

Mit dieser kleinen Übung haben Sie bereits Ihre Achtsamkeit geschult. Wie geht es Ihnen nach dieser kurzen Sequenz? Hat sich etwas in Ihrer Wahrnehmung geändert?

Der immense Nutzen der Achtsamkeit liegt im gesteigerten Aufmerksamkeits- und Konzentrationsvermögen. Denn wer in Gedanken seiner Zeit immer voraus ist, erlebt wenig von der Gegenwart. Die Achtsamkeit lenkt unsere Aufmerksamkeit durch Übungen ins Hier und Jetzt und lässt dadurch das Gedankenkarussell für einen Moment stillstehen. Als zusätzlicher Effekt, stellt sich meist eine größere Zufriedenheit und Genussfähigkeit ein. Achten Sie beim Spazierengehen bewusst einmal auf die Geräusche, die Sie hören. Betrachten Sie die Farben der Bäume und Pflanzen und wie alles durch das Sonnenlicht strahlt. Vielleicht setzen Sie sich für ein paar Minuten auf eine Bank und lassen alles auf sich wirken. Das Zeitgefühl geht verloren, und wir fühlen uns nach einer solchen kleinen Übung meist ausgeruht und erholt.

## 9.5 Dimension Schatten

### 9.5.1 Definition und Fallbeispiel

Schatten bezeichnen die unbewussten Anteile unserer Psyche. Es sind Eigenschaften, Gefühle und Einstellungen von uns, die wir abgespalten und verdrängt haben. Dies haben wir unbewusst getan. Weil wir irgendwann im Leben keinen adäquaten bewussten Umgang mit einem Gefühl oder einer bestimmten Situation gefunden haben, hat unser Unterbewusstsein dafür gesorgt, dass wir uns nicht weiter mit einer für uns „unlösbaren" Aufgabe beschäftigen, und sie verdrängt.

Dass uns diese Schatten nicht bewusst sind, heißt aber nicht, dass sie nicht auf uns einwirken. Sie zeigen sich in ungesunden und unangemessenen Verhaltensweisen, die sowohl im Privat- als auch im Berufsleben auftauchen können. Dies führt zu Konflikten und schwierigen Situationen, die uns viel Energie kosten.

### Udo und der anmaßende Wolfgang

Vor einigen Jahren hatten wir einen Teilnehmer in einem unserer NLP-Masterkurse, nennen wir ihn Udo. Er hatte bereits die NLP-Practitioner-Ausbildung an unserem Institut absolviert und kannte somit die Kursleiter und einige der Teilnehmer, die wie er den Master erreichen wollten. Er war für seine konstruktive und wertschätzende Haltung bekannt und freute sich auf die Fortführung seiner Ausbildung.

Doch bereits im ersten Seminarmodul eckte Udo mit einem anderen Teilnehmer an. Nennen wir ihn Wolfgang. Wolfgang ist zehn Jahre jünger als Udo und hatte den Practitioner-Kurs an einem anderen Institut gemacht. Udo nahm jeden Satz, den Wolfgang sagte, auseinander und diskutierte in Erfahrungsrunden um Kleinigkeiten, die Wolfgang gesagt hatte. Udo fand Wolfgangs Aussagen anmaßend, unterstellte fehlendes Know-how und fand ihn schlicht „unmöglich".

Im Austausch mit Vertrauten aus der Gruppe, stellte Udo fest, dass niemand außer ihm, diese Probleme mit Wolfgang hatte. Ja, seine Kommentare seien manchmal provokativ und sein Erfahrungshintergrund eben ein ganz anderer, aber man fand seine Aussagen eher lustig – so war Wolfgang eben.

Udo wurde klar, irgendetwas triggerte ihn an. Irgendeine Eigenschaft oder Verhaltensweise löste diesen Argwohn aus. Udo nahm Kontakt zur Kursleitung auf, um die Situation zu besprechen. Es war ihm klar, dass, wenn er die Situation nicht lösen könnte, er in diesem Kurs nichts lernen würde. Er war zu sehr abgelenkt von der inneren Entrüstung über Wolfgang und den Fragen, die die Gesamtsituation für ihn aufwarf.

Im Gespräch mit der Kursleitung arbeitete Udo heraus, welche Eigenschaften und Verhaltensweisen es sind, die ihn an Wolfgang stören. Udo hielt Wolfgang für inkompetent und des Masterkurses nicht würdig. Und für jemanden, den er für total unreif und unerfahren hielt, waren die getroffenen Aussagen einfach respektlos und anmaßend. Doch was hatten diese Eigenschaften mit ihm zu tun? Er würde sich schließlich niemals so verhalten, da konnte man jeden aus der Gruppe fragen.

Was also passierte hier?

Eigenschaften und Verhaltensweisen, die wir ablehnen, weil wir einmal schlechte Erfahrungen damit gesammelt haben oder weil wir durch unsere Eltern Sanktionen erfahren haben, wenn wir diese zeigten, spalten wir aus unserer Persönlichkeit ab. Wir weisen sie so weit von uns, dass sie offensichtlich nichts mit uns zu tun haben. Unser Unterbewusstsein weiß, dass diese ungeliebten Eigenschaften von uns selbst sind. Die negative Erfahrung, die daran gekoppelt ist, soll aber unangetastet bleiben. Deshalb lehnen wir sie vehement ab.

In einem weiteren Gespräch mit der Kursleitung wurde Udo klar, welchen inneren Konflikt er durch das Verhalten von Wolfgang auszufechten hatte. In seiner Kindheit hatten seine Eltern sehr viel Wert auf respektvolles Verhalten gegenüber Erwachsenen und Autoritätspersonen gelegt. Bei Konflikten im Kindergarten oder der Schule standen die Eltern immer auf der Seite der Erwachsenen/Autoritätspersonen. Das Recht, seine Meinung zu äußern, hatte nur, wer erwachsen war und fundiertes Wissen besaß. Kinder hatten still zu sein und zuzuhören, wenn Erwachsene sprachen.

Und Udo wurde erwachsen, hat Schule und Studium absolviert und zahlreiche Fortbildungen und Ausbildungen besucht. Er hatte sich das Recht, respektvoll behandelt zu werden, hart erarbeitet und somit endlich verdient. Mit der Konfrontation durch Wolfgangs Verhaltensweisen und Aussagen geriet ein Glaubenssatz seines Lebens ins Wanken, der für Udo immer galt und der sein Leben mitbestimmt hat.

Das Entdecken dieser unbewussten Lebensregel erleichterte Udo sehr. Er konnte das offene Gespräch mit Wolfgang suchen und ihm sogar für das Erkennen seines Schattens danken. Und noch etwas Anderes hatte sich verändert: Der permanente Antrieb, eine Fortbildung nach der anderen zu machen, hörte auf. Udo konnte nun endlich stolz auf seine bisherigen Erfolge sein und sie anerkennen. Es war genug – er war genug.

## 9.5.2   Schatten können viele Erscheinungsformen haben

Häufig haben sie mit unseren Glaubenssätzen oder sogenannten „inneren Antreibern" zu tun. Diese grundlegenden Überzeugungen, die wir meist in der Kindheit als hilfreich, wahr und richtig bewertet haben, sind für uns auch im Erwachsenenalter eine wichtige Richtschnur für unser Verhalten. Doch die Funktionalität dieser Glaubenssätze ist abhängig vom Kontext, in dem sie wirken, und Aussagen, die für ein Kleinkind gelten, sind für einen Erwachsenen häufig dysfunktional.

So bekommen wir als Kleinkind häufig Sätze zu hören wie „Sei lieb und nett", „Gib Erwachsenen keine Widerworte". Wir sollen natürlich nicht schreien oder wütend aufstampfen, wenn wir unseren Willen nicht bekommen haben, denn „das gehört sich nicht!" Auch wenn wir in unserer Spielgruppe Rückschläge hinnehmen müssen, weil wieder nicht das gespielt wird, was wir uns wünschen, bekommen wir gesagt, dass wir eben auch auf die Wünsche der anderen eingehen müssen und eben auch zurückstecken müssen.

Sicherlich wollen unsere Eltern nicht nur Ruhe vor den Gefühlsausbrüchen ihrer Kinder haben, sondern diese zu sozialkompetenten Mitmenschen erziehen, die kompromissbereit und anpassungsfähig sind. Doch wie verhält es sich, wenn wir als Erwachsene immer noch keinen Weg gefunden haben, unsere Wünsche und Vorstellungen in Gruppen zu vertreten oder unserem Chef gegenüber unsere Karriereziele zu formulieren?

Wenn wir – wie in diesem Beispiel – auch im Erwachsenenalter zu angepasst oder immer nur nett zu anderen sind, nicht nein sagen können und die Wünsche der anderen in den Vordergrund stellen, nennt man dies einen „Mach es allen recht"-Antreiber. Antreiber deshalb, weil wir nicht anders können, als uns genau so zu verhalten. Es ist häufig ein immer wiederkehrendes Verhaltensmuster, eine verinnerlichte Lebensregel, die wir aufgrund der Erziehung oder auch von einem Elternteil unbewusst übernommen haben. Die Abb. 9.3 zeigt die Verankerung des Antreibers aus der Quadrantenperspektive.

**Abb. 9.3**   „Mach es allen recht"-Antreiber aus Quadrantenperspektive. (Quelle: „eigene Darstellung")

|  | INNEN | AUSSEN |
|---|---|---|
| **INDIVIDUELL** | Glaubenssatz / Lebensregel: Wenn ich nein sage, werde ich abgelehnt<br><br>Innerer Antreiber, „Mach's allen recht" | Verhaltensmuster / Eigenschaft:<br><br>z.B. Freundlichkeit, Hilfsbereitschaft, immer nett sein, ... |
| **SYSTEMISCH** | Gelebte Familienkultur / Unausgesprochene Beziehungsmuster<br><br>z.B. Streit ist Tabu, Harmonie als Muss | Regeln / Sätze der Eltern, Lehrer, ...:<br><br>„sei lieb und nett", „gib Erwachsenen keine Widerworte" |

Verhaltensmuster und damit verbundene Glaubenssätze können vielschichtig sein. Der Sinn und Zweck der Schattenarbeit besteht darin, die unbewussten Glaubenssätze und Muster bewusst zu machen und die verdrängten Anteile wieder zu integrieren, um ihnen mit heutiger Reife zu begegnen. Dies führt zu mehr Klarheit über die eigene Persönlichkeit, mehr Bewusstsein für sich selbst – und damit zu mehr Selbst-Bewusstsein und neuen, häufig befreienden Handlungsmöglichkeiten.

Doch mit welchen Methoden lassen sich diese unbewussten Anteile wieder bewusst und damit integrierbar machen? Es gibt zahlreiche Möglichkeiten und Schulen, die unterschiedliche Wege beschreiten, die Schatten zu „erhellen". Neben therapeutischen Ansätzen können auch Seminare zur Persönlichkeitsentwicklung, Coaching und Supervision unterstützen, Licht in die verdunkelten Bereiche des Bewusstseins zu bringen. Gute Erfahrungen haben wir auch mit den Methoden der Organisations- und Strukturaufstellungen gemacht. Dieses Verfahren wurde von Prof. Matthias Varga von Kibéd und Insa Sparrer entwickelt, um das Bild, das sich eine Person von einer für sie problematischen Situation macht, zu verändern und daraus Lösungsschritte abzuleiten. Dabei können auch Muster sichtbar gemacht werden, die man z. B. „den Eltern zuliebe" unbewusst übernommen hat, und dieses Muster kann durch die Aufstellung gelöst und verändert werden.

Um Ihnen eine Idee zu geben, welche Themen sehr verbreitet sind bzw. wo sich Schatten zeigen können, möchten wir Ihnen an dieser Stelle die fünf Antreiber aus der Transaktionsanalyse vorstellen (s. Tab. 9.1). Im gesunden Ausmaß sind sie stützend und hilfreich, aber bei zu starker Ausprägung sollte man unbedingt daran „arbeiten".

**Tab. 9.1**  Antreiber und ihre äußeren und inneren Botschaften

| Antreiber | Äußere und innere Botschaften |
|---|---|
| Mach es allen recht! | Wenn ich „nein" sage, werde ich abgelehnt<br>Bloß keinen Streit! Sei freundlich zu allen<br>Ich bin nur dann wertvoll, wenn alle mit mir zufrieden sind |
| Sei stark! | Ich komme allein zurecht. Gefühle zeigt man nicht<br>Bewahre immer Haltung! Niemand darf mitbekommen, wenn ich schwach oder ratlos bin |
| Sei perfekt! | Ich muss alles noch besser machen, so ist es noch nicht gut genug<br>Wenn ich eine Arbeit mache, dann gründlich und fehlerfrei – egal wie lange es dauert |
| Beeil dich! | Ich bin ständig in Bewegung, dauernd beschäftigt<br>Ich bin der Motor, der Dinge vorantreibt<br>Sei immer auf Trab! Ich darf keine Zeit verschwenden |
| Streng dich an! | Wer nie aufgibt, erreicht alles! Erfolg muss man sich hart erarbeiten<br>Ich muss mich bemühen, auch wenn ich es nicht schaffe |

#### 9.5.2.1  Schattenarbeit – ein begleitender Prozess

Wer bereits im Rahmen einer Maßnahme Erfahrungen mit Persönlichkeitsentwicklung gemacht hat, kennt die Befreiung, die mit der Integration vorher abgelehnter Eigenschaften und Verhaltensweisen unserer Persönlichkeit einhergeht. Es ist ein Prozess, nach dessen Abschluss wir eine reifere und flexiblere Person geworden sind. Wir fühlen uns stärker, uns steht mehr Energie zur Verfügung und wir sind zu Recht selbstbewusster geworden. Wir wissen, dass wir aus der erlebten Blockade/„Schwäche" eine Stärke entwickeln können und fühlen uns nach der Auseinandersetzung damit viel besser gewappnet für die Herausforderungen der Zukunft. Doch „ganz gleich, wie bewusst Sie werden – die Psyche kennt keine endgültige Vollkommenheit. Sie kann in jedem Augenblick von neuem hinterrücks und unsichtbar mit sich selbst Verstecken spielen. Aus diesem Grund hört die Arbeit, Licht in den Schatten zu bringen, nie auf." (Wilber et al. 2011, S. 95, 96)

Allerdings geht es bei der Schattenarbeit nicht darum, sich durch ständige und damit vielleicht „überkritische" Selbstanalyse infrage zu stellen, sondern vielmehr darum, sich selbst als entwicklungsfähiges Individuum wahrzunehmen und Eigenverantwortung für unsere Weiterentwicklung zu übernehmen.

### 9.5.3   Praxisteil: Schattenarbeit

Vielleicht mögen Sie noch ein bisschen mehr Bewusstheit in Bezug auf Ihre Schatten gewinnen. Dazu gibt Ken Wilber (2015) kleine Anregungen:

Machen Sie sich bewusst, was Sie im Moment beabsichtigen, sich wünschen oder begehren.

1. Wunsch/Ziel: _____

   _____

Überlegen Sie sich, was das genaue Gegenteil von dem ist, was Sie sich wünschen.

Gegenteil: _____

**Beispiel**

Wunsch/Ziel: „Ich beabsichtige, heute konzentriert und ausdauernd zu arbeiten. Ich muss dranbleiben, ich habe viel zu tun, ich muss richtig was wegarbeiten."
Gegenteil bewusst machen: „Die andere Seite in mir merkt, dass es mir heute schwer fällt, ich brauche eine Pause, möchte relaxen, den Kopf frei machen."
Schlussfolgerung: „Dies macht mir mal wieder bewusst, dass dies ein Schatten von mir ist, ein altbekanntes Muster: Ich bleibe dran und gönne mir zu wenig Auszeiten. Das löst in mir Unzufriedenheit, einen inneren Konflikt und Anspannung aus. In dem Moment, wo ich mir dies bewusst mache, kann ich den Konflikt auflösen oder wenn es schwierig für mich ist, den Schatten auf andere Art bearbeiten."

2. Denken Sie an eine Person, die Ihnen unsympathisch ist. Und dann machen Sie sich das Gegenteil bewusst, machen Sie sich den Teil Ihres Selbst bewusst, der den anderen schätzt oder sogar gern hat.

Ken Wilber (2015): „Dies bedeutet nicht, dass man gemäß dem Gegensätzlichen handeln, sondern nur, dass man sich seiner bewusst sein sollte … In dem Augenblick, in dem Sie sich Ihrer Gegensätzlichkeit wirklich bewusst sind, sowohl der positiven wie auch der negativen Gefühle gegenüber irgendeiner Situation, fallen viele mit dieser Situation verbundenen Spannungen weg, weil der Kampf der Gegensätze, der die Spannungen erzeugt hat, sich auflöst."

> **Zusammenfassung**
> Wer sich ganzheitlich entwickeln möchte, dem helfen die vier Kernmodule Körper, Verstand, GEIST und Schatten des integralen Ansatzes, sich persönliche Ressourcen und Kraftfelder bewusst zu machen sowie die wichtigsten Handlungsfelder und Potenziale zu erkennen. Diese Module bilden Rahmen und Schwerpunkte zugleich, um sich vom Experten einer Profession (Linie) zu einer ganzheitlich reifen Persönlichkeit zu entwickeln.

## Literatur

Weinreich W-M (2011) Gott entwickelt sich – Einige Aspekte der integralen Spiritualität
Wilber K, Patten T, Leonard A, Morelli M (2011) Integrale Lebenspraxis. Kösel, München
Wilber K (2014) Integrale Spiritualität. Kösel, München
Wilber K (2015) Wege zum Selbst, Zeitschrift Integrale Perspektiven, Ausgabe 32 – Oktober 2015

## Weiterführende Literatur

Küstenmacher M, Haberer T, Küstenmacher W (2010) Gott 9.0. Gütersloher Verlagshaus, Gütersloh
Franke R, Franke R (2014) 100 Situationen, in denen Sie klopfen sollten. Heyne, München
Kothes PJ, Rosmann N (2014) Mit Achtsamkeit in Führung. Klett-Cotta, Stuttgart
Ott U (2010) Meditation für Skeptiker. O. W. Barth, München
Schneider M (2012) Stressfrei durch Meditation. O. W. Barth, München
Tamdjidi C, Kohls N (2013) „Leben und Arbeiten im Augenblick", Sonderheft Personalwirtschaft 11/2013
Wilber K (2009) Integrale vision. Kösel, München

## 10.1  Integral beraten, coachen und trainieren

In Seminaren und Trainings geht es meist um die Optimierung und Veränderung von Verhalten. Wir vermitteln Wissen, um Mitarbeitergespräche zu führen, Excel anzuwenden oder professionell zu präsentieren. Als Seminarleiter stellen wir Theorien, Methoden und Ansätze vor und lassen die Teilnehmer anschließend damit Erfahrungen sammeln, also neues Verhalten anwenden und trainieren. Mit dieser Vorgehensweise bewegen wir uns im oberen rechten Quadranten, und die Logik dieser Vorgehensweise ist ganz einfach: Man betrachtet das gewünschte Ziel (Soll) und den derzeitigen Kenntnisstand (Ist), die Lücke gilt es mittels Schulungen zu schließen. Als Trainer wissen Sie, dass diese Gleichung nicht so einfach aufgeht, denn sonst würden alle Teilnehmer nach der Schulung gleich gut Gespräche führen können, Excel anwenden und präsentieren können. Tatsächlich ist dies aber nicht so. Woran liegt das?

Nehmen wir die Quadrantenperspektive hinzu, können wir feststellen, dass sich Verhalten aus vielen Aspekten ableitet. Einem Verhalten liegt immer auch eine innere Einstellung, persönliche Werte, Gefühle, Erfahrungen, Ängste, Ziele etc. zugrunde (Quadrant OL). Deshalb ist es wichtig, diesen Quadranten methodisch in das Konzept einzubauen und mit den Teilnehmern über ihre Einstellungen etc. zu reflektieren, persönliche Ressourcen zu nutzen und Hindernisse zu erkennen und zu bearbeiten.

Welche Rolle spielen die unteren Quadranten bei der Seminarkonzeption? Wahrscheinlich sind Sie als Trainer auf bestimmte Themen und Fragestellungen spezialisiert. Wir gehen davon aus, dass sie trotz desselben Themas unterschiedliche Erfahrungen mit unterschiedlichen Zielgruppen machen. Wie wird z. B. ein Thema wie Stressmanagement bei Pflegekräften ankommen und wie in einer Gruppe von Bankern? Welchen Unterschied wird es machen, ob Ihre Teilnehmer aus der Verwaltung, der IT-Abteilung oder dem Verkauf stammen? Es ist Ihnen klar, dass das Umfeld, in dem Menschen

© Springer Fachmedien Wiesbaden 2016
H. Kuhlmann und S. Horn, *Integrale Führung*,
DOI 10.1007/978-3-658-13466-2_10

arbeiten, Einfluss darauf hat, wie die Inhalte Ihres Seminars in der Praxis eingesetzt werden (Quadrant UR). Genauso beeinflusst die Team- und Unternehmenskultur, inwieweit Seminarinhalte transferiert werden (Quadrant UL).

**Zwei Beispiele:** Das Unternehmen bietet ein **Seminar** zum Thema Stressmanagement an, in dem die Wichtigkeit von Pausen vorgestellt wird, idealerweise kombiniert mit einer kurzen Entspannungsübung oder Bewegung. In der Personalabteilung und im Controlling werden die Pausen durchgeführt und die Anregungen angewendet, und die Mitarbeiter bestätigen die positive Wirkung. Im Vertrieb und Kundenservice ist die personelle Besetzung allerdings so schlecht, dass keine Pausen gemacht werden. Es wird nebenher am Arbeitsplatz gegessen, die gesetzlich vorgeschriebenen Pausenzeiten werden ignoriert, lediglich die Raucher erkämpfen für sich immer mal wieder ein paar Minuten. Die Stimmung ist gereizt und Ärger über „die Ungleichbehandlung" vorprogrammiert.

Als Trainer und Seminarleiter ist es deshalb wichtig, Ihre Methoden und Inhalte nicht nur auf die Zielgruppe anzupassen, sondern auch die unteren Quadranten zu beleuchten, um festzustellen, wie das Thema tatsächlich in die Kultur des Unternehmens passt und ob die strukturellen Rahmenbedingungen zur erfolgreichen Umsetzung gegeben sind. Denn ist dies nicht der Fall, wird ihr Seminar kein „Renner" und als „unrealistisch" abgetan.

Nehmen wir als zweites noch ein Beispiel aus dem **Beratungs-/Coaching-Kontext:** Als systemischer Coach/Berater haben Sie sich umfassend qualifiziert. Sie haben viele Tools in Ihrem „Werkzeugkoffer", die Sie sicher anwenden können und gerne einsetzen möchten. In Ihrer Ausbildungsgruppe haben all die Methoden prima funktioniert. Alle Teilnehmer waren begeistert von den Ergebnissen und Wirkungen.

Nur in der Zusammenarbeit mit einem Coachee funktioniert die Methode nicht wie geplant. Es scheint, als habe der Klient Schwierigkeiten sich darauf einzulassen. Sie fragen sich, ob Sie die Methode nicht anschaulich genug erläutert haben oder welche Gründe es sonst noch geben könnte. Sie versuchen es mit einem anderen Coachee noch einmal, doch die gewünschten Ergebnisse bleiben aus. Nach vielen Gedankenspielen zu möglichen Gründen, setzen Sie die Methode nicht mehr ein.

Betrachten wir die Situation einmal mithilfe der Ebenen. Das Modell der Ebenen beschreibt die Entwicklung unseres Bewusstseins. Das heißt, wir machen im Laufe der Zeit nicht nur immer mehr Erfahrungen, sondern unser gesamter Horizont erweitert sich. Wir können stärker abstrahieren, komplexere Zusammenhänge erfassen und empathischer kommunizieren. Einige Methoden, die in (systemischen) Fortbildungen zum Berater oder Coach erlernt werden, setzen ein komplexes, systemisches Denken (grün) voraus. In der Ausbildungsgruppe sind Sie von Gleichgesinnten umgeben, die ihren Schwerpunkt wahrscheinlich auf derselben Ebene haben wie Sie selbst. Ohne die Differenzierungen der Bewusstseinsebenen wird aber nicht deutlich, warum manche Menschen die Methode nicht im eigentlichen Sinne durchführen können. So ist es z. B. in weiten Teilen der Produktion oder auch in der medizinischen Pflege, die mit vielen Aushilfen arbeitet, meist nicht möglich, systemische Zusammenhänge zu erkennen oder mit ihnen zu arbeiten. Übungen wie systemische Stuhlarbeit oder Metaperspektiven scheitern, da die Menschen auf einer hauptsächlich blauen Ebene diese Perspektiven (noch) nicht einnehmen können (s. Kap. 4). Die Nennungen dieser Teilnehmer beziehen sich dann ausschließlich auf die beiden Standpunkte, Ich- und Du-Position. Ebenso verhält es sich mit den Experten der frühen orangen Ebene. Das Einnehmen der Metaperspektive kann hier gelernt werden und bringt einen enormen Fortschritt im Abstraktionsvermögen und eröffnet somit völlig neue Lösungsansätze. Die Berücksichtigung der Ebenen liefert Ihnen also wertvolle Hintergründe über die Werte, Einstellungen und typische Probleme der jeweiligen Ebene Ihrer Coachees. Sie erhalten Hinweise, um sich auf sie einzustellen und darüber, welche Methode Sie am besten einsetzen, um Ihre Kunden im Prozess der Persönlichkeitsentwicklung einen Schritt weiter zu bringen.

Als Trainer, Berater und Coach haben Sie eine verantwortungsvolle und wichtige Aufgabe. Sie entwickeln die Kompetenzen von Menschen und unterstützen die Entwicklung von Unternehmen und Organisationen. Ihre Kunden und Teilnehmer verlassen sich auf Ihre Einschätzungen und geben damit Ihrer Meinung und Beurteilung ein starkes Gewicht. Um dieser Verantwortung gerecht zu werden, ist es aus unserer Sicht wichtig, sich ständig weiterzuentwickeln. In seinen Kompetenzen, in der Bearbeitung der Schatten, in der Weiterentwicklung bestimmter Linien in allen Quadranten.

**Der integrale Ansatz kann Ihnen auch hier als Navigationsinstrument Ihrer persönlichen Entwicklung dienen:**

- Er zeigt Ihnen Ihre Stärken und Kompetenzen sowie Entwicklungsbedarfe sowie blinde Flecken auf (Quadranten-/Liniendiagnose).
- Durch die Ebenen können Sie den Schwerpunkt Ihres Bewusstseins, Ihre Werte und Einstellungen etc. feststellen und die Unterschiede zu Menschen und Organisationen anderer Ebenen leichter nachvollziehen. Ihnen kann dadurch die Einstellung auf Ihre Kunden und Zielgruppen leichter gelingen.
- Die Berücksichtigung von Typologien gehört möglicherweise sowieso bereits zu Ihrem Verständnis- und Handlungsrepertoire und erfährt durch die integrale Sichtweise Transparenz und Bestätigung.
- Auch das Zustandsmanagement gehört für die Steuerung der Dynamiken in Gruppen für Trainer und Berater bereits zum professionellen „Handwerkskoffer" und ist auch für jeden Freiberufler und Selbstständigen eine sehr wichtige Kompetenz.
- Der integrale Ansatz entwickelt im ersten Schritt insbesondere unsere Kognition, vervollständigt die Verstandsdimension. Die vertiefende Auseinandersetzung mit den Themenbereichen Körper, GEIST und Schattenarbeit unterstützt Sie in Ihrer ganzheitlichen Entwicklung zu einer reifen authentischen Persönlichkeit.

## 10.2   Ein integraler Blick auf Familie und Kindererziehung

Elternschaft ist eine äußerst bereichernde und gleichermaßen herausfordernde Erfahrung im Leben. Sie stellt Mütter und Väter immer wieder vor neue Fragen und Herausforderungen. Als Eltern fragen wir uns: „Wie soll ich mich in dieser Situation verhalten, um erzieherisch sinnvoll zu handeln?" „Mit welcher Intervention meinerseits beeinflusse ich die Entwicklung meines Kindes am effektivsten?" „Wie muss ich agieren und reagieren, damit mein Kind ein eigenständiger, verantwortungsvoller und glücklicher Mensch wird?" Kurz: Wir wollen einfach „das Richtige" tun.

Wie kann uns der integrale Ansatz bei der Erziehung von Kindern unterstützen, also wie kann das, was wir über die Entwicklung von Menschen erfahren haben, hilfreich für unseren Alltag als Eltern sein? Die wichtigste Hilfestellung aus dem integralen Ansatz bieten gewiss die Entwicklungsebenen (s. Kap. 4). Die Erkenntnisse darüber, wie sich Kinder in den unterschiedlichen Entwicklungsphasen selbst und die Welt wahrnehmen, können uns viele Fragen konkret beantworten. Allein die Erkenntnis, dass sich Kinder auf einer anderen Bewusstseinsstufe befinden als wir, ermöglicht uns, adäquatere Verhaltensmöglichkeiten zu entwickeln. Es ist unsere Aufgabe, unsere Werte und Einstellungen altersgerecht zu transportieren. Damit das gelingt, müssen wir uns vergegenwärtigen, auf welcher Bewusstseinsebene sich das Kind derzeit schwerpunktmäßig befindet.

**Anregungen für die Kindheitsphase**
Ein Kind hat während der Grundschulzeit den Schwerpunkt seines Bewusstseins auf der blauen Ebene. In dieser Phase geht es um das Einhalten von Regeln und Strukturen, das Erkennen von „richtig" und „falsch" sowie das Erleben von Gemeinschaft und Sicherheit.

Menschen, die den Schwerpunkt ihres Bewusstseins ebenfalls in „blau" haben, werden das Kind in dieser Lebensphase optimal unterstützen können. Eltern unterstützen ihr Kind nicht altersgemäß, wenn sie mit zu frühen Leistungserwartungen, flexiblen Regeln und Individualismus, auf ihr Kind einwirken. Dies sind Werte, die erst auf der orangen Ebene ausgebildet werden sollten, wenn das Abstraktionsvermögen und der Erfahrungshintergrund sich erweitert haben. Wichtige „blaue" Kompetenzen können sonst nicht entwickelt werden. Ebenso verhält es sich, wenn die Eltern ihren Bewusstseinsschwerpunkt auf der grünen Ebene haben. Sie erziehen mit viel Verständnis, Empathie und Weitsicht, was von großem Vorteil ist. Nachteilig wirkt sich allerdings aus, wenn das Kind als gleichberechtigter Gesprächs- und Verhandlungspartner gesehen wird. Das Grundschulkind kann sich seine Regeln nicht selber machen, es muss auch nicht mit ihnen einverstanden sein. Es lernt, sich innerhalb der Regeln sicher zu bewegen, wenn die Regeln transparent, sinnvoll und nicht zu weit gesteckt sind. Dann erlebt sich das Kind als selbstständig, selbstwirksam und erfolgreich.

Bereits die wenig erfolgreiche antiautoritäre Erziehung der 68er-Generation hat gezeigt, dass die blaue Ebene mit ihren Regeln und Strukturen notwendig für die Reifung der Persönlichkeit und die Anpassungsfähigkeit in Gruppen ist. Wird sie nicht durchlaufen, können erhebliche Probleme entstehen.

Lernt das Kind nicht die „Errungenschaften" der Ebene, bleibt es in seiner Bewusstseinsentwicklung stehen. In diesem Fall auf der roten Ebene, die durch Egozentrik, und Machstreben gekennzeichnet ist. Im schlimmsten Fall werden junge Erwachsene, die ihren Schwerpunkt noch auf der roten Ebene haben, gewalttätig oder kriminell, da die moralische Linie, und damit das Schuldbewusstsein noch nicht ausgebildet sind. Auch besteht die Möglichkeit, dass sie keine Ausbildung zu Ende bringen, da sie nicht in der

Lage sind, sich an (blaue) Regeln wie Pünktlichkeit, Ordnung und Sauberkeit zu halten. Das Erfüllen der individuellen/egozentrischen Wünsche steht im Vordergrund.

Unterstützen wir unsere Kinder adäquat, können wir sicher sein, dass sie sich weiterentwickeln und die rote als auch die blaue Ebene hinter sich lassen. Dafür müssen Eltern gute Beobachter sein und flexibel reagieren können. Da Kinder sich rasant entwickeln, müssen Eltern ihre Werte und Ziele immer wieder neu bewerten und ausrichten.

**Anregungen für die Pubertät**

Was geschieht eigentlich während der Pubertät? Müssten sich die Heranwachsenden nicht langsam auf den Weg zur orangen Ebene machen und eigenständiger und vernünftiger werden, statt impulsiv, irrational und risikobereit? Aus der Hirnforschung wissen wir inzwischen, dass während der Pubertät das Gehirn einer „Großbaustelle" ähnelt. „Alle unsere Verhaltensweisen, die über Reflexe hinausgehen, hängen aber mit der Hirnstruktur zusammen, also mit der Organisation verschiedener Regionen des Gehirns und den Prozessen, die darin ablaufen. Diese Struktur steckt auch den Rahmen ab, in dem sich unsere Persönlichkeit, unser Charakter, unser Ich-Bewusstsein und damit unser Verhalten im sozialen Umfeld entwickeln" (Schulte Drach 2. Januar 2014).

Bezogen auf das Bewusstsein gibt es einen zeitweiligen Rückschritt auf die rote Ebene. Denn die dahinterliegenden Themen, die Heranwachsende beschäftigen, sind dieselben wie die in der Trotzphase (Abschn. 4.3). Es geht um die Entwicklung einer eigenen Persönlichkeit, um die Entdeckung des eigenen Egos und um die Abnabelung und Abgrenzung von den versorgenden Eltern. Dies ist ein Prozess, der außerdem mit hormonellen Schwankungen einhergeht, die sich auf die Gemütsverfassung auswirken, bis hin zu Depressionen.

Eine wichtige Einstellung ist, dass wir versuchen, in Kontakt zu bleiben. Wir sollten uns als Gesprächs- und Diskussionspartner zur Verfügung stellen, ohne uns aufzudrängen. Denn wie soll man sich als Heranwachsender von Eltern abgrenzen, wenn Sie keine Reibungsfläche bieten, keine Position beziehen, gegen die man sich stellen kann. Eine Freundin sagte einmal, es sei nie wichtiger gewesen, das gemeinsame Abendessen als Ritual zu pflegen, als in der Pubertät. Manchmal werde über Politik und Gesellschaft diskutiert, manchmal über Erlebtes berichtet, manchmal beharrlich geschwiegen. Und gäbe es doch den Wunsch des Kindes nach einem Gespräch, könne es unverfänglich beim Essen oder später beim Abräumen die Gelegenheit nutzen.

Am Ende dieser Phase sind die jungen Menschen zu eigenständigen Erwachsenen geworden. Ihr Platz im Leben hat sich gefestigt. Sie sind (zum großen Teil) auf der orangen Bewusstseinsebene angekommen. Viele gehen zeitweise ins Ausland oder beginnen in anderen Städten ihre berufliche Laufbahn. Sie haben die „Nabelschnur" gekappt und fühlen sich dennoch aufgehoben in der Welt.

**Typologien**

Eine für die Entwicklung unserer Persönlichkeit wichtige Typologie ist die Ausprägung männlich/weiblich. Sie zeigt nicht nur unser Geschlecht, sondern auch die energetische

Qualität an. In der heutigen Zeit streitet niemand mehr ab, dass es Unterschiede in der Wahrnehmung, im Denken und im Handeln von Männern und Frauen gibt. Innerhalb unserer (grün werdenden) Gesellschaft versuchen wir zwar derzeit durch Gleichberechtigung, Gleichstellung und Gleichbehandlung diese Unterschiede zu negieren, jedoch gibt es hierzu seit Jahren Veröffentlichungen, die amüsant unseren Alltag beschreiben oder wissenschaftliche und medizinische Belege für diese Unterschiede liefern. Dabei geht es nicht um Gleichmachung beider Qualitäten, sondern um Erkenntnis, Würdigung und Ergänzung dieser beiden Prinzipien. Männlich und weiblich sind die grundsätzlichen Qualitäten, die in jedem Menschen existieren. Wie in dem Yin-Yang-Symbol ergänzen sie sich zu einer vollkommenen Form, wobei jedes auch immer einen Teil des anderen enthält.

**Das weibliche Prinzip steht für:**

- SEIN
- Fühlen, Spüren, Intuition
- Empfangen, loslassen, passiv
- Kooperieren, Gemeinschaften bilden, integrieren

**Das männliche Prinzip steht für:**

- TUN
- Denken, analysieren, Ratio
- Machen, entscheiden, aktiv
- Kämpfen, siegen, Macht haben

Naturgemäß haben Frauen einen tieferen Zugang zum weiblichen Prinzip und Männer zum männlichen Prinzip. Jedoch haben wir alle beide Anteile in uns. Was bedeutet dies für die Erziehung unserer Kinder?

Wir Menschen sind alle gleich wertvoll, aber wir sind nicht gleich. Wir sind sogar sehr unterschiedlich, was an der Dualität von männlich/weiblich deutlich wird. Beide Ausprägungen haben ihre Qualität. Sie ermöglichen uns, kontextbezogen mal die eine, mal die andere Seite stärker zu betonen. Wir profitieren davon, indem Frauen ihre Weiblichkeit leben und gleichzeitig „ihren Mann stehen" und wirtschaftlich unabhängig leben. Männer können beruflich erfolgreich sein und gleichzeitig Kontakt zu ihrer Intuition und ihren Gefühlen halten, wenn sie beide Qualitäten in sich anerkennen.

Da Männer den stärkeren Kontakt zu den männlichen Prinzipien haben und Frauen zu den weiblichen, ist es für die Erziehung unserer Kinder unseres Erachtens wichtig, wenn Kinder männliche und weibliche Bezugspersonen haben. Sie sind für Kinder Vorbilder und Modelle ihres eigenen und des anderen Geschlechtes. Dies müssen nicht zwingend die leiblichen Eltern sein. Verlässliche Bezugspersonen in der Familie sowie in Kindergärten und Schulen können diesen Part ebenfalls übernehmen.

**Elternschaft und Partnerschaft**

Die Elternschaft stellt auch die Partnerschaft immer wieder auf die Probe, durch Fragen wie „Muss unser Kind am Tisch sitzen bleiben, bis alle fertig sind?" „Wie viel Medienkonsum ist erlaubt?" „Müssen freiwillige Zusatzaufgaben der Schule bearbeitet werden oder nicht?" Fragen, die einfach klingen, aber viel Sprengstoff beinhalten. Eltern, die darüber schon einmal erbittert diskutierten, haben erlebt, dass es keineswegs einfach ist, immer einen für beide gangbaren Weg zu finden. Denn hinter diesen Fragen stehen unsere Sichtweisen über das Leben, unsere Einstellungen und Werte. Auch wenn wir vor der Elternschaft schon einige Jahre zusammen gewesen sind, so sind wir in unserer modernen Welt doch Individuen gewesen, die weitestgehend eigene Wege gegangen sind. Das gemeinsame Sorgerecht, die gemeinsame Hege und Pflege des Nachwuchses stellt uns vor die Aufgabe, wie wir dies im Alltag leben wollen. Darüber braucht es Gespräche und Verhandlungen sowie Gelassenheit und den Wunsch, diese Aufgabe gemeinsam zu erfüllen.

## 10.3 Einige geopolitische Beispiele für die unterschiedlichen Meme

Auch Länder und Kulturen können mittels der Meme beschrieben werden. Wie bei den Prinzipien erwähnt, finden wir die Meme jedoch selten in „Reinform", sondern sie existieren wellenförmig nebeneinander, das heißt, dass nicht die gesamte Bevölkerung eines Landes einer Bewusstseinsebene angehört.

Nachstehend möchten wir in Kurzform einige Gedankenanstöße für ausgewählte Länder geben. Wir haben bewusst einen sehr generalisierenden Blick gewählt. Natürlich sind die Zusammenhänge viel komplexer. Unser Ziel ist ausschließlich, gewisse typische Denk- und Handlungsmuster im Kontext „Länder/Kulturen" deutlich zu machen, die sich immer wieder in der Geschichte der Menschheit wiederholen – nur an einem anderen Ort. Dies ermöglicht Ihnen sicher das politische Weltgeschehen in Zukunft anders zu betrachten und die unterschiedlichen Denkweisen und Handlungsstrategien anders einzuordnen.

Den Schwerpunkt des Denkens haben wir gekennzeichnet, indem wir die jeweilige **MEM-FARBE** fett und in Großbuchstaben gedruckt haben.

**BEIGE** finden wir heute vornehmlich nur noch als „regressives" Mem, als Folge von Kriegen, großen Hungersnöten oder extremer Armut. Und leider müssen wir uns als Gesellschaft in der westlichen, wohlhabenden Welt eingestehen, dass wir zum Teil durch Ressourcenausbeutung oder „Wegschauen" dazu beitragen, dass dieses Dilemma von Menschen, die sich auf beige befinden, bestehen bleibt.

**PURPUR** in ausgeprägter Form finden wir noch in einigen afrikanischen, südamerikanischen und arabischen Ländern bzw. Landstrichen, wo die Clan-Wirtschaft und Stammesfürsten regieren. So gibt es noch einige Stämme im afrikanischen Regenwald oder im Amazonasgebiet, die noch sehr verbunden mit der Natur leben und magische Rituale vollziehen.

## Purpur – ROT

Als ein weiteres Beispiel möchten wir Afghanistan anführen, wo Clans, Stämme, Dorf-
gemeinschaften sowie religiös oder ethnisch definierte Gemeinschaften miteinander um
die Vorherrschaft kämpfen, eine staatliche Durchdringung Afghanistans fand trotz mehr-
maliger Versuche niemals statt. Hier finden wir die Bewusstseinsebenen purpur und
rot vermischt vor. Auch der Versuch der westlichen Welt das Land zu demokratisieren,
konnte nur fehlschlagen, wenn man sich vor Augen führt, dass dazu das Land blau hätte
überspringen müssen, was faktisch nicht geht. Afghanistan dabei zu unterstützen, eine
(blaue) gesunde Monarchie einzuführen, wäre die bessere Alternative gewesen.

## ROT – blau

Diktaturen wie sie z. B. im Irak mit Saddam Hussein oder in Libyen mit Gaddafi bestan-
den, sind eindeutig der roten Ebene zuzuordnen. Es gibt einen Anführer und seine
Gefolgschaft, die mit allen Mitteln ohne Rücksicht auf Verluste ihre Machtansprüche
durchsetzen. Das rote „System" wurde durch rote Maßnahmen (sprich Krieg) gestürzt
bzw. zerstört. Aber auch hier besteht seither die Schwierigkeit, ein neues stabiles System
mit blauen Elementen aufzubauen. Noch zu viele in der Bevölkerung haben ein Bewusstsein, das sich zwischen purpur und rot bewegt. Die religiöse islamische Prägung ist ein
Hauch von blau, wird aber mit roten Mitteln versucht durchzusetzen. Dasselbe betrifft
die derzeitige Entwicklung „Islamischer Staat". Hier wird die aus Blau-Sicht einzig richtige und wahre Glaubensrichtung versucht mit roten Mitteln durchzusetzen und die Vorherrschaft (rot) auf der Welt sicherzustellen.

Dieselbe Entwicklung haben wir Europäer vor ein paar Jahrhunderten durchlaufen:
Die Kolonialmächte Spanien, Portugal, Frankreich, England, Holland und Deutschland
waren zu Zeiten ihrer Eroberungszüge Monarchien mit rot-blauem Bewusstsein. Rot
deshalb, weil sie sich mit Waffengewalt neue Länder untertan machen und ausbeuten
wollten, blau, weil sie blaue Ordnung, Strukturen und Prozesse in der Legislative/Ver-
waltung eingeführt haben, aber auch die Bevölkerung zum christlichen Glauben mis-
sionieren wollten. Viele Länder haben bis in die 1950er Jahre unter der Herrschaft der
Kolonialherren blaue Strukturen ausgebaut. Jedoch nach dem Abzug der Kolonialmächte
haben sowohl in einigen afrikanischen wie auch südamerikanischen Ländern vom Volk
gewählte Präsidenten das System häufig nicht stabilisieren können, durch Putsch haben
„rote Diktaturen" die Macht übernommen. Denn das Bewusstsein der breiten Bevölke-
rungsschicht und auch der Elite war noch nicht in blau angekommen, sondern purpur-rot.

## Rot – BLAU

Einen Rückschritt in ein früheres Mem können wir in der Geschichte des Öfteren
beobachten. Denken wir an Deutschland nach dem Ersten Weltkrieg. Nach der Monarchie bereits einen Schritt in Richtung oranger Republik unterwegs, wurde bedingt
durch die Wirtschaftskrise der Weg zurück zu „vermeintlich blauer Sicherheit"
bereitet. Hitlers „blaue" Propaganda in den 1930er Jahren endete mit den fatalen,
kranken Allmachtsfantasien des Diktators und dem Zweiten Weltkrieg. Die blauen

Bedürfnisse nach Ordnung, Struktur, Arbeit und einem sicheren geregelten Leben wurden bedient. Die „deutschen Tugenden" wurden als das „einzig Wahre" dargestellt, der Boden für den zunehmenden Rassismus mit seinen schrecklichen Folgen bereitet, durch den das deutsche Volk noch heute eine große Schuld trägt.

## Rot – BLAU – orange

Die sozialistisch-kommunistischen Bewegungen sind sicher durch ein blaues Bewusstsein „getrieben", mit dem Ziel für alle „gleich" zu sorgen, Sicherheit und Stabilität zu garantieren. Natürlich brauchte dieses System klare Hierarchien, um es überlebensfähig zu machen. Die Vision von Marx „alle gleichzustellen", funktionierte nicht in der Alltagspraxis, da ein blaues Bewusstsein „Anleitung" braucht und es immer in der Gesellschaft Menschen gibt, die „egozentriert" (rot) mehr Macht ausüben wollen. So wurde China lange totalitär gesteuert. Erst in jüngerer Vergangenheit öffnete sich China mehr und mehr für das orange Bewusstsein. So konnten sich nicht nur viele kleine und mittelständische Unternehmer im Markt etablieren, sondern China konnte im internationalen Wettbewerb eine immer stärkere Rolle spielen.

## BLAU – orange

Japans Kultur wird schon seit einigen Jahrhunderten sehr stark geprägt durch ein blaues Bewusstsein. Das „Wir" steht im Mittelpunkt, Ehre und Moral gebieten es, der Familie und dem Unternehmen zu dienen. In Verbindung mit klaren Hierarchien, Strukturen und Prozessen sorgt dies für Stabilität, Ordnung und Sicherheit. Dadurch hat sich Japan seither eine sehr autarke Position erarbeitet, produziert alles selbst, was für blau typisch ist. Dieses gesunde Blau ermöglichte es Japan bereits vor einigen Jahrzehnten, die Entwicklung in Richtung Orange zu vollziehen. Die Typischen Zeichen des orangen Bewusstseins „Ziel- und Erfolgsorientierung, Fortschritt, Wachstum" haben auch hier Einzug gehalten. Heute findet man in Japan verbreitet ein BLAU-oranges Bewusstsein.

## Orange

Das orange-getriebene „schneller – höher – weiter" ist besonders in den USA und in einigen westlichen, europäischen Ländern ausgeprägt. Im positiven Sinne hat es zu blühenden Wirtschaftsnationen geführt, mit vielen weitreichenden technischen Entwicklungen und wissenschaftlichen Fortschritten und Wohlstand in der Bevölkerung.

Aber es gibt auch einige negative Aspekte des orangen Erfolgsstrebens. Beispielhaft möchten wir hier die Bankenkrise mit ihren Ursachen und weitreichenden Auswirkungen hervorheben: Das uferlose Streben nach Profit hat die amerikanischen Banken in einer Niedrigzinsphase dazu getrieben, über die Steigerung der Anzahl der Immobilienkredite ihren Profit sicherzustellen. Ohne ausreichende Sicherheiten zu verlangen, wurden Immobilienkredite nahezu an „jedermann" vergeben. Als die Rückzahlungen ausblieben, kam es zur bekannten Krise: die Immobilienblase platzte.

Auch in Europa sind mehrere Fälle bekannt, bei denen einige Banken maßlos ungesicherte Kredite vergeben haben und zum Schluss von den europäischen Staaten gerettet werden mussten.

Profit und Eigennutz zeigen sich leider auch in anderen Bereichen, wo das orange Bewusstsein dominant ist; z. B. wenn es um die Ausbeutung der Bodenschätze geht. So ist es in der jüngeren Vergangenheit nicht nur einmal vorgekommen, dass Machthaber in dem einen oder anderen Staat von Unternehmen oder auch Regierungen Panzer und Waffen bekamen, um im Gegenzug günstig an die Bodenschätze zu kommen. Die Auswirkungen für die Bevölkerung werden in Kauf genommen, Moral und Verantwortung sind abgelegte Werte des blauen Mems.

**Orange – grün**

Ein grünes Bewusstsein ist in der westlichen Bevölkerung zwar mit circa 20 % Anteil vorhanden und auch bereits seit einigen Jahren in der Politik einiger westlicher Länder wie den USA, Deutschland, Norwegen, Schweden, England sichtbar, dennoch gibt es in der Umsetzung immer wieder Schwierigkeiten, weil die „kritische Masse noch sehr gering ist". Das betrifft Umweltthemen genauso wie Gleichstellungsthemen.

Nehmen wir das Beispiel „Umwelt" heraus: Im August schrieb die „New York Times", Barack Obama wolle den Kampf um den Klimawandel verschärfen und die Schadstoffemission bis 2030 um 32 % verringern (im vgl. zu 2005). Das würde u.a. auch eine Schließung vieler Kohlekraftwerke bedeuten. Diese Aussage ruft sofort die **BLAU**-orangen Republikaner auf die Barrikaden, die die amerikanischen Wirtschaftsinteressen höher bewerten (blau-orange) als die globalen, systemischen Auswirkungen der Schadstoffemissionen in Bezug auf das Klima auf lange Sicht (grün).

Wenn es in Ländern, in denen bereits das grüne Bewusstsein erwacht ist, so schwierig ist, wie sieht es dann erst aus, wenn es um den internationalen Klimawandel geht? Das bisherige Klimaabkommen, das Kyoto-Protokoll, umfasst nur Industrieländer, hauptsächlich der EU. Dies macht mittlerweile nur noch etwa 15 % der globalen Treibhausgas-Emissionen aus. Inzwischen wurden die Schwellenländer, allen voran China, zum größten Klimasünder der Welt – bisher ganz ohne Verpflichtung zum Klimaschutz. Das G7-Treffen im Juni 2015 in Elmau ließ erstmals hoffen, dass sich auch China zu Emissionsreduzierungen committet (allerdings ab 2030 und dies wird bereits „als Erfolg gesehen").

Zur Vorbereitung des Welt-Klimagipfels Ende 2015 in Paris sind alle 195 Staaten aufgefordert worden, möglichst bis Ende März 2015 ihre Klimaschutzpläne vorzulegen, bis August hatten nur 22 Staaten ihr Programm eingereicht. Auch aus diesen Zahlen wird schon deutlich, wie schwierig es sein wird, unter 195 Staaten „unterschiedlichster Bewusstsein-Ebenen" ein globales Abkommen zum Schutz des Klimas zu erreichen. Die Beiträge zur UN-Klimakonferenz werden *de facto* bestimmt von nationalen ökonomischen, sozialen und wahltaktischen Aspekten.

## 10.4   Jede Reise beginnt mit einem ersten Schritt

Unser Anliegen mit diesem Buch ist, das integrale Bewusstsein bei mehr Menschen zu wecken, den integralen Ansatz und den Nutzen daraus mehr Menschen zugänglich zu machen. Der Fokus dieses Buches liegt dabei auf der „integralen Führung", auf der ganzheitlichen Betrachtung und Entwicklung von Unternehmen, Mitarbeitern und sich selbst.

Wir hoffen, dass es uns aber auch gelungen ist, Sie mittels der obigen drei Beispiele dazu inspirieren, Ihr integrales Bewusstsein auszuweiten und mehr und mehr auf alle Bereiche auszudehnen. Wir sind sicher, dass die integrale Landkarte für Sie ein hilfreiches Navigationsinstrument ist. Die vielen von uns vorgestellten Beispiele und Methoden werden Sie in Ihrer alltäglichen Praxis dabei unterstützen, neue Sichtweisen und Lösungsideen zu entwickeln – für Ihr „ganzes" Leben.

Zum Abschluss möchten wir Sie in dem letzten Praxisteil dazu einladen, sich Gedanken über andere Themen zu machen. Vermutlich werden Sie verblüfft sein, welche Facetten sich zeigen – einerseits Schattenseiten und blinde Flecken, andererseits wunderbare neue Dinge, die im Entstehen sind. Sie werden so mehr Verständnis gewinnen – für das „große Ganze" in unserer Gesellschaft und in der Weltpolitik.

Und vielleicht werden Sie dadurch angeregt, Ihren ganz persönlichen Beitrag zu leisten – für ein sinnvolles, würdigendes Miteinander.

Wir wünschen Ihnen weiterhin eine spannende Entdeckungsreise und viele bereichernde Erfahrungen!

## 10.5   Praxisteil: Themen integral durchdenken

Wir laden Sie ein über nachstehende Themen aus der integralen Perspektive nachzudenken (s. Tab. 10.1).

Wählen Sie zunächst ein Thema aus, das Sie persönlich sehr interessiert oder das Sie gemeinsam mit anderen erörtern wollen. Nutzen Sie die Quadranten, Linien, Ebenen, Typologien und Zustände, um die gesamte „Wirklichkeit" des Themas zu erfassen. Dabei

**Tab. 10.1**  Themen zur integralen Betrachtung

| Persönliche Themen und der Umgang damit | Gesellschaftspolitische Themen und der Umgang damit |
|---|---|
| Partnerschaft | Medizin |
| Mehrgenerationen-Haushalt | Gesundheitssystem |
| Schulsystem | Wirtschafts-/Finanzsystem |
| Berufswahl | Umwelt/Ökologie |
| Ernährung | Politik/Parteiensysteme |
| Gesundheit/Krankheit | Demografie |
| Medien | Flüchtlingsthematik |
| … | … |

ist es auch spannend, der Ist-Situation eine Soll-Situation gegenüberzustellen. Nachstehend ein paar Leitfragen zur Unterstützung:

- Welche Facetten des Themas sind bisher im Fokus, welche ausgeblendet?
- Welche Linien sind sehr weit entwickelt, welche sind unterdurchschnittlich ausgeprägt?
- Welcher Schwerpunkt des Denkens herrscht jeweils vor? Welche positiven Effekte sind damit verbunden? Was ist ggf. hinderlich, schwierig bzw. verhindert eine positive Entwicklung? Was müsste thematisiert bzw. verändert werden?
- Was sind dauerhafte Entwicklungen, was ist davon zu trennen und eine vorübergehende Zustandserfahrung? Wie können die Negativ-Zustände verändert werden?
- Inwieweit kann der bewusste Einsatz von Typologien eine positive Veränderung herbeiführen? Auch die männliche und weibliche Typologie kann in diesem Zusammenhang beleuchtet werden.
- Und wie könnte z. B. integrale Schule, integrale Medizin etc. aussehen?

Wenn Sie Interesse an Austausch und Feedback mit uns haben, dann freuen wir uns über Ihre Kontaktaufnahme.
www.future-excellence.de; info@future-excellence.de
www.horn-supervision.de; kontakt@horn-supervision.de

## Literatur

**Drach, M. C. S. von** (2. Januar 2014). „Großbaustelle Gehirn". *Süddeutsche Zeitung.* http://www.sueddeutsche.de/wissen/pubertaet-grossbaustelle-gehirn-1.1833081. Zugegriffen: 26. Jan. 2016.

# Die Autoren

## Interesse an einem integralen Blick auf die Autoren?

**Heike Kuhlmann** 15 Jahre Erfahrung als Trainerin, Coach und Beraterin, Inhaberin Future-Excellence – Institut für Persönlichkeits- und Unternehmensentwicklung. 18 Jahre Management- und Führungserfahrung im Marketing und Vertrieb, in leitender Position bei großen Markenartikel-Unternehmen.

**Ausbildungen/Zertifizierungen:**

- Zertifizierte Lehrtrainerin DVNLP und Lehrcoach DCV
- Systemisch-hypnotherapeutische Ausbildung für Coaching und Organisationsberatung bei Gunther Schmidt
- Weiterbildungen in systemischem Management, Integrale Strukturaufstellungen, Integrales Coaching

**Sandra Horn** 13 Jahre Erfahrung als selbstständige Trainerin, Coach und Supervisorin. 7 Jahre Erfahrung als Personalentwicklerin und Trainerin im Handelskonzern.

**Ausbildungen/Zertifizierungen:**

- Systemische Supervisorin DGSv und NLP-Master DVNLP
- Dipl.-Betriebswirtin (BA)
- Weiterbildungen: Integrale Strukturaufstellungen, Integrales Coaching

© Springer Fachmedien Wiesbaden 2016
H. Kuhlmann und S. Horn, *Integrale Führung,*
DOI 10.1007/978-3-658-13466-2

Diese Art von Profilen geben Informationen ausschließlich im oberen rechten Quadranten preis: Erfahrungen und Fähigkeiten aufgrund der Ausbildungen und Tätigkeiten. Wir haben uns gefragt, wenn wir ein Buch über „integrale" Sichtweisen schreiben, stellen Sie dann nicht zu Recht den Anspruch, mehr über uns zu erfahren? Darum ein kurzer integraler Blick auf uns.

### Heike Kuhlmann:

„Ich bin in den 1960er Jahren groß geworden, meine Umwelt war weitestgehend blau geprägt. Der Übergang zu Orange war bei mir erst spät. Mitte 20 war ich dann in der „schillernden" orangen Erfolgswelt „angekommen", und mit 29 Jahren bekam ich als Senior-Product-Manager meine erste Führungsverantwortung. Weiter ging es über mehrere Stationen – u. a. als Key-Account-Managerin – hin bis zur Gesamtverantwortung Marketing (mit acht Abteilungen inklusive Category-Management, PR, Sponsoring, Marktforschung). Für eine Frau damaliger Zeit machte ich schnell Karriere in drei großen Markenartikel-Unternehmen. Heute weiß ich, es gibt mehrere Gründe dafür: Es war eine Mischung aus orangem, zielorientierten, strategischen (unternehmerischen) Denken und dem blau geprägten wohlwollenden Miteinander und der daraus resultierenden Umsetzungsstärke. Ich hatte wohl die Gabe, die Menschen „mitzunehmen". Aber auch eine Portion Glück gehört dazu, ich habe die richtigen Chefs zur richtigen Zeit gehabt und viel lernen dürfen.

Eine systemische Management-Weiterbildung im Unternehmen eröffnete mir Mitte der 1990er Jahre eine neue Denkrichtung. Der Sprung zur „ernsthaften" Auseinandersetzung mit den inneren Quadranten war nicht mehr weit: Es begann mit dem Interesse für Teamentwicklung. Ich spürte aber auch mit Ende 30 zunehmend den Wunsch, mich mehr mit mir selbst auseinanderzusetzen, mehr Zeit für mich zu haben und einen neuen Weg einzuschlagen. Der Sprung zu grün, bei mir verbunden mit dem Wechsel in die Selbstständigkeit, war da. Mehrere Aus- und Weiterbildungen eröffneten mir einen völlig neuen Horizont. Und seither gebe ich all die wertvollen Dinge, die ich gelernt habe, gerne weiter. Heute habe ich zwei Standbeine: an meinem Institut Future-Excellence bilde ich Coaches und Resilienztrainer aus, biete offene Seminare für Führungskräfte und zur Persönlichkeitsentwicklung an. Zum anderen bin ich in Unternehmen als Coach und Berater für Führungskräfte und Teams tätig. Beides mit großem Engagement und viel Herzblut. Das Integrale ist für mich eine enorme Bereicherung, um alle Prozesse mit mehr Leichtigkeit und Effizienz zu steuern."

### Sandra Horn:

„Meine Kindheit war blau-orange geprägt. Die Werte der blauen Ebene gaben mir Sicherheit und Struktur; die der orangen Ebene unterstützten meinen Ehrgeiz und meine Selbstständigkeit. Ich war vielseitig interessiert und habe häufig mit meinen Eltern und Lehrern diskutiert und die kritische Auseinandersetzung gesucht. Ihrer Ernsthaftigkeit und Geduld ist es sicher zu verdanken, dass ich mich früh in die Eigenständigkeit aufgemacht habe. Während des Studiums war ich endgültig in der orangen Welt angekommen.

Mein Berufswunsch stand fest. Es war mir ein Anliegen, Menschen Wissen zu vermitteln. Später wurde es mir immer wichtiger, sie in der Entwicklung ihrer Persönlichkeit zu unterstützen. Die Weiterbildung zur Supervisorin öffnete mir die Tür zur grünen Welt. Die Auseinandersetzung mit systemischen Aspekten beantwortete mir viele Fragen, auch warum Führung nicht so funktionierte, wie in den Managementtheorien der 1990er Jahren proklamiert wurde. 2003 machte ich mich selbstständig, um all das nach meinen Vorstellungen umzusetzen.

Heute bin ich als Trainerin (Kommunikation/Führung/Work-Life-Balance), Supervisorin und Beraterin in Unternehmen und Organisationen tätig. Ich bin Partnerin und Mutter und schätze die Vielfalt meiner Aufträge und die Unterschiedlichkeit der wichtigen Anliegen, mit denen meine Klienten mich beauftragen. Sie verbinden sich für mich zu einer Aufgabe auf der integralen Landkarte."

# Danksagung

## Wir sind dankbar für all die Unterstützung und die Fülle an Ressourcen

Die Auseinandersetzung mit dem Integralen hat uns um vieles bereichert. Wir können die Fülle des Lebens besser wahrnehmen und spüren viel mehr Akzeptanz und Verständnis für alle Ebenen des Seins. Auch in der Phase des Schreibens ist uns noch mal vieles bewusster geworden:

- Die Verbundenheit zur Natur (**beige**) haben wir als kraftvolle Ressource in Stuck-States erlebt. Ein Spaziergang oder das Verweilen an einem schönen „Kraftplatz", wo man die Seele baumeln lassen kann, hat die Gedanken wieder in den Fluss gebracht.
- Wie wichtig die **purpurnen** Rituale sind, ist uns in den ersten Wochen des Schreibens sehr klar geworden. Wir hatten uns jeder vorgenommen, drei Seiten pro Woche zu schreiben, was sich neben dem Tagesgeschäft und der Familie zunächst überhaupt nicht realisieren ließ. Wir mussten erst mal unsere Rituale „entdecken", z. B: zwischen sieben und neun Uhr morgens noch halb in Schlaf-Trance bei einem ersten Kaffee ließ es sich erstaunlich gut schreiben.
- Das **rote** „egoistische" Mem wollte auch gelebt werden. Wir mussten für mehr Freiräume und für unsere eigenen Erholungsräume sorgen. Besonders unseren Freunden und Familien sind wir sehr dankbar für ihre Geduld und ihr Verständnis.
- Unseren Eltern sind wir besonders für die vermittelten **blauen** Werte sehr dankbar. Sie haben uns von Anbeginn Liebe und Vertrauen auf unseren Weg mitgegeben. Die blaue Strukturiertheit und die Regeln haben uns auch im Miteinander des Schreibens und in der Zusammenarbeit besonders unterstützt.
- Der **orange** Erfolg ist uns natürlich auch wichtig. Wir haben einen großen Management-Verlag gesucht. Springer Gabler war unsere Präferenz, wir haben ihn als ersten Verlag angeschrieben und haben uns sehr gefreut, als wir innerhalb einer Woche eine positive Antwort bekamen. Vielen Dank an den Verlag, allen voran Frau Winter, für das Vertrauen in uns und die immer freundliche Unterstützung.

- Ein herzliches Dankeschön geht auch an all unsere Ausbilder, die uns durch viele persönliche Erfahrungen mit uns selbst konfrontiert haben (**grün**), uns systemisches und integrales Gedankengut haben Schritt für Schritt erleben lassen. Auch der offene Austausch mit unseren Kunden und Teilnehmern in Seminaren, die Auseinandersetzung mit ihren Fragen und Problemen haben unseren eigenen Horizont erweitert, eigene blinde Flecken erleuchtet und Grenzen gesprengt.
- Wir sind sicherlich noch nicht bei **gelb** (integral) in allen Facetten – **auf allen Linien** – angekommen, aber die intensive Beschäftigung mit diesem Thema hat uns nochmals als Ganzes bereichert. Wir hatten Hochs und Tiefs, mussten insbesondere einige Methoden des **Zustandsmanagements** auf uns selbst anwenden, den einen oder anderen **Resilienzfaktor** uns noch mal bewusst machen, neu aktivieren. Auch haben wir in der Endphase des Schreibens gemerkt, dass die **Typologie** „Global – das große Ganze wahrnehmen" uns sehr liegt, aber das Programm „Spezifisch, kleiner Chunk" uns schwerer fällt. Hier danken wir Kollegen und Freunden, die uns unterstützt haben durch ihr detailliertes Feedback.
- Und *last, but not least* möchten wir uns bei unseren **„männlichen Typologien"** – unseren Partnern – herzlich bedanken: für den intensiven Austausch und Input, den Freiraum, so manch moralisch aufmunterndes Wort und Geste wie z. B. ein genussvolles selbst gezaubertes Essen ;-).

Und damit sind wir wieder bei etwas ganz „Menschlichem" angekommen: dem Bedürfnis nach einem wertschätzenden Miteinander und dem Gefühl, ein (sinn-)erfülltes Leben zu führen.

Heike Kuhlmann
Sandra Horn

Printed by Printforce, the Netherlands